LE MYSTÈRE DE L'ÎLE AUX COCHONS

Création graphique de la couverture : Éléonore Gerbier

Photographie de couverture : © Xavier Desmier
La photographie de couverture n'a pas été prise sur l'île aux Cochons, mais sur l'île de la Possession, également située dans l'archipel Crozet. Nous l'avons cependant choisie car elle exprime parfaitement l'atmosphère du lieu.

Cartes : Anne-Solange Muis

Les éditions Paulsen sont une société du groupe Paulsen Media

MICHEL IZARD

LE MYSTÈRE DE L'ÎLE AUX COCHONS

Paulsen

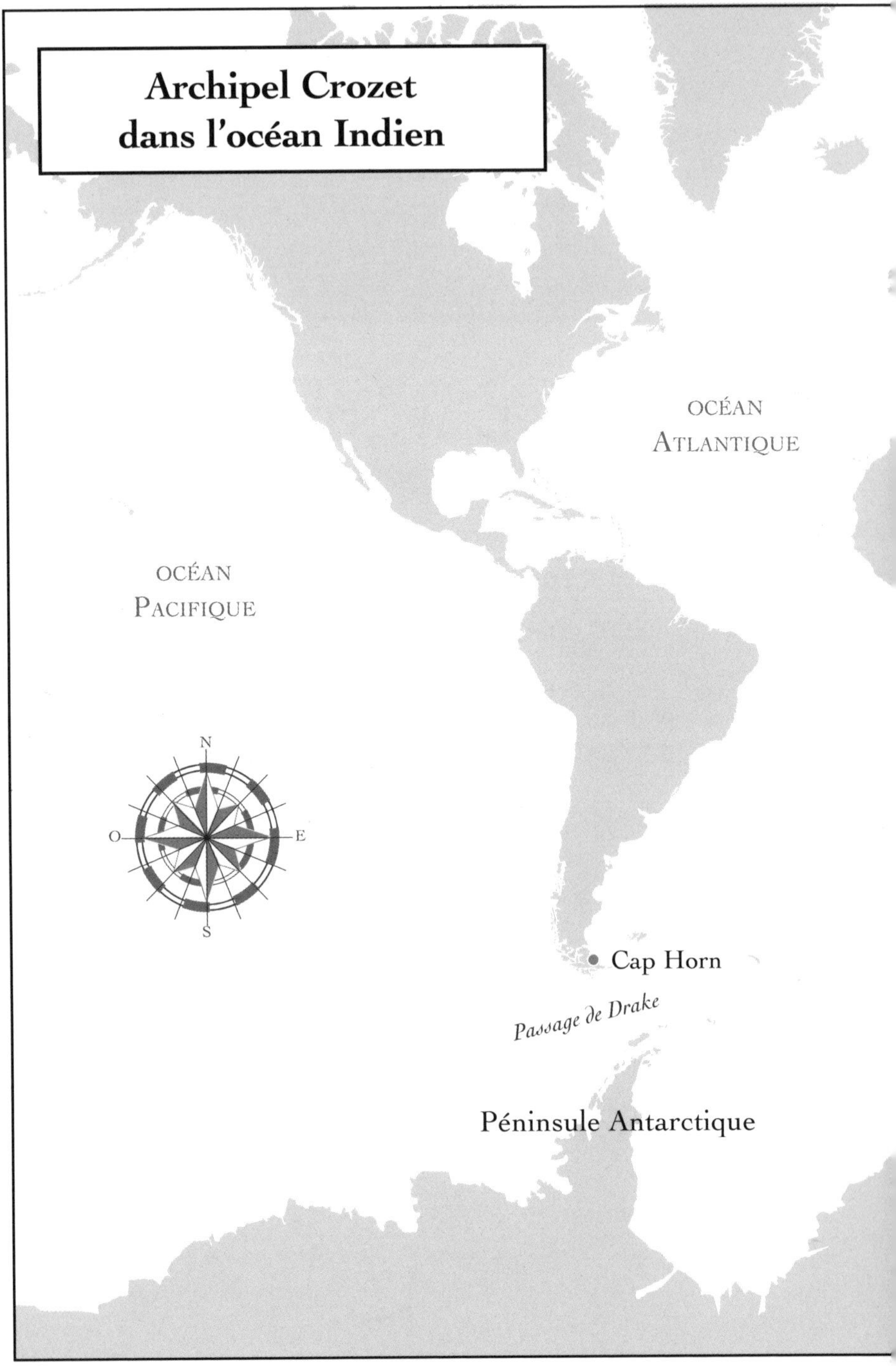
Archipel Crozet
dans l'océan Indien
OCÉAN
ATLANTIQUE
OCÉAN
PACIFIQUE
N
O
E
S
Cap Horn
Passage de Drake
Péninsule Antarctique

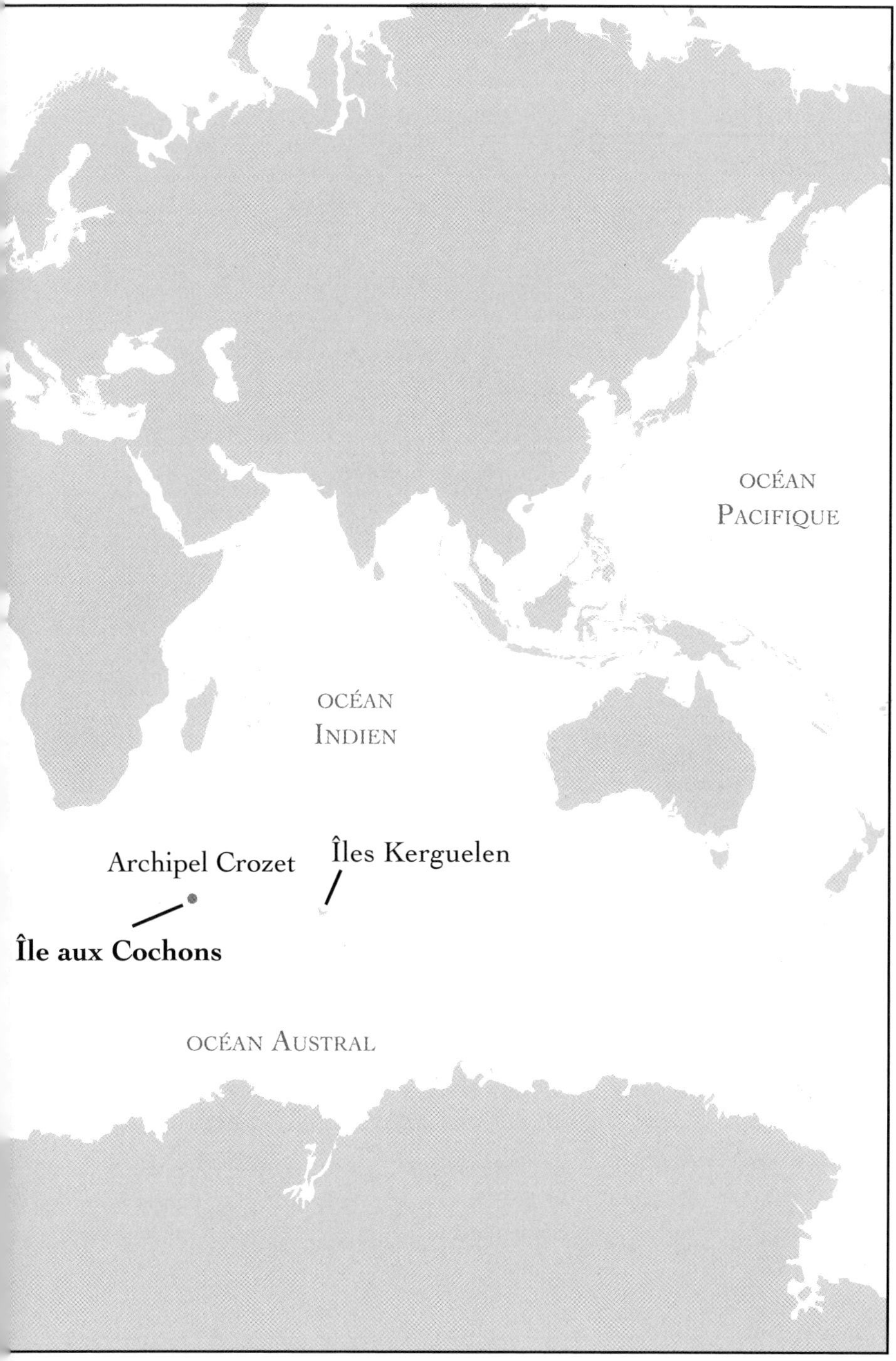
OCÉAN
PACIFIQUE
OCÉAN
INDIEN
Archipel Crozet
Îles Kerguelen
Île aux Cochons
OCÉAN AUSTRAL

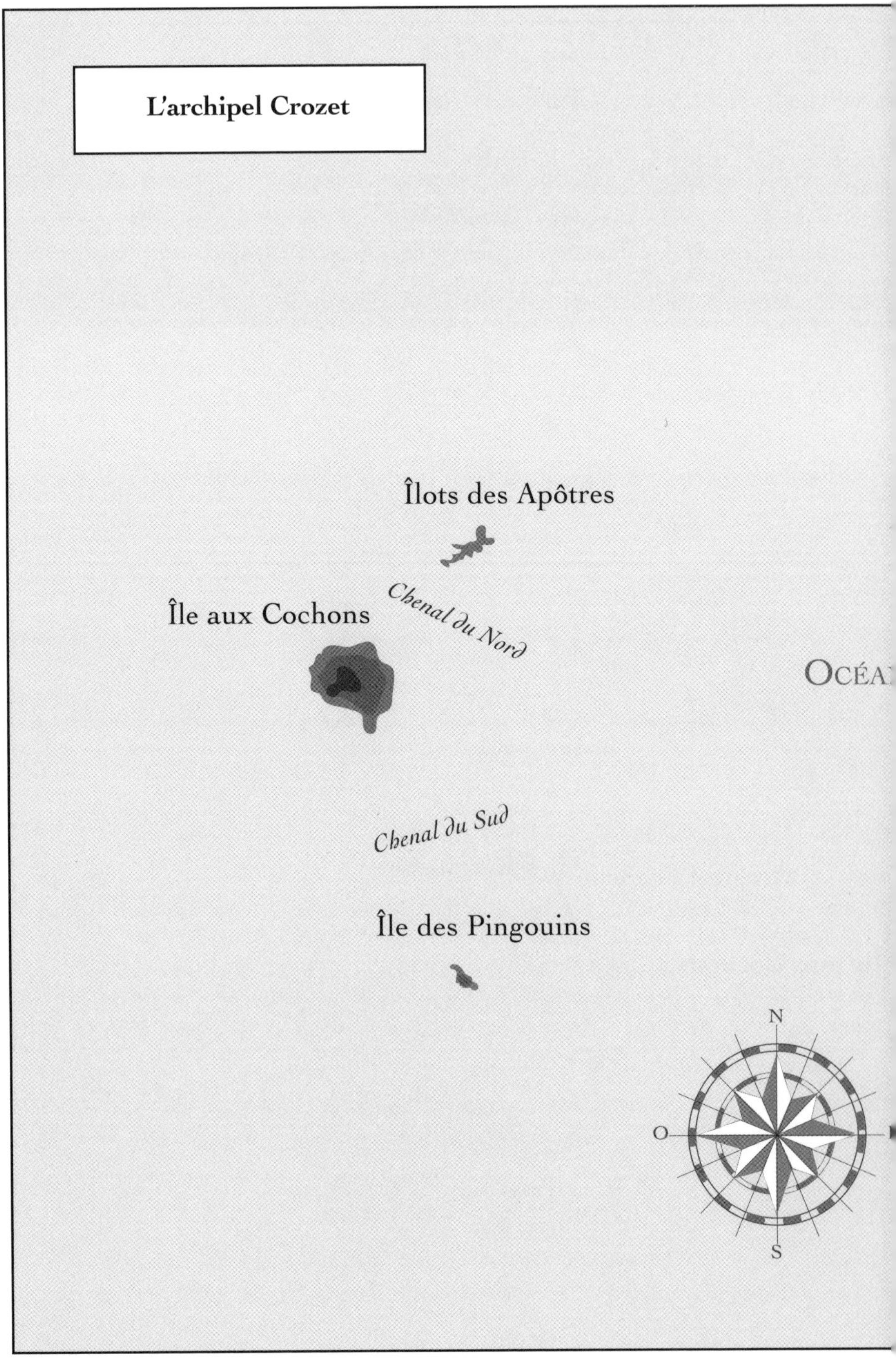
L'archipel Crozet
Îlots des Apôtres
Île aux Cochons
Chenal du Nord
Océa
Chenal du Sud
Île des Pingouins
N
O
S

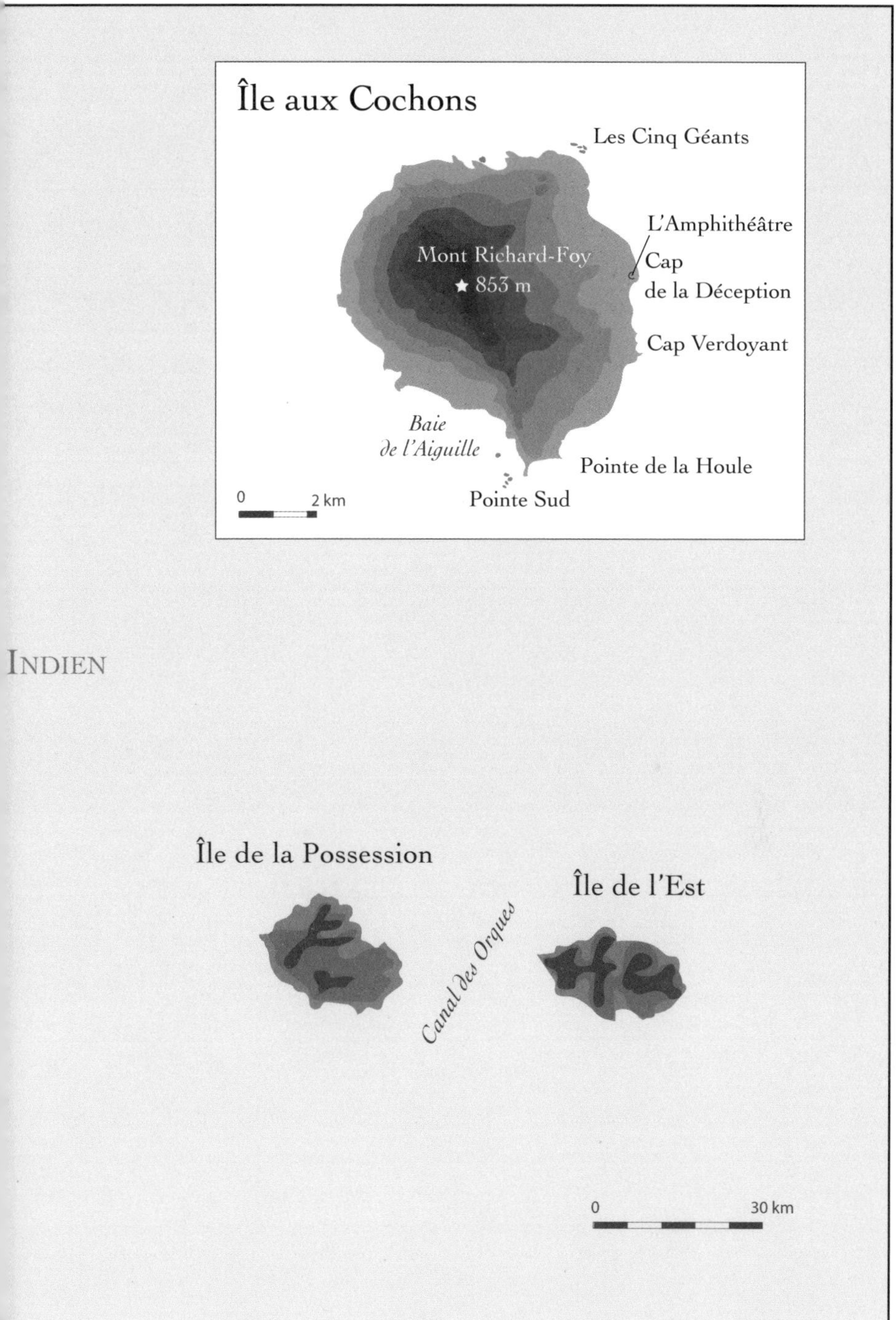
Île aux Cochons
Les Cinq Géants
L'Amphithéâtre
Cap
de la Déception
Mont Richard-Foy
★ 853 m
Cap Verdoyant
Baie
de l'Aiguille
Pointe de la Houle
Pointe Sud
0
2 km
Indien
Île de la Possession
Île de l'Est
Canal des Orques
0
30 km

Préambule

Je me souviens qu'un jour, le quatrième ou le cinquième jour, j'étais revenu au campement presque en rampant. Remonter les 600 mètres qui séparent la plage bondée, bruissante de manchots, de l'endroit où nous avions planté les tentes, marcher dans ces herbes molles où les pieds s'enfoncent et tanguent comme sur le pont d'un navire, avancer à contrevent, le visage giflé, griffé, rouge vif, tanné comme si j'avais passé ma vie à affronter la rage des mers du Sud, m'avait coupé les jambes. Les rides autour de mes yeux s'étaient creusées en de profondes rigoles où des larmes coulaient. J'en frissonnais. C'était rude. Rudement bon.

Près des tentes, la petite flamme du réchaud peinait à faire bouillir l'eau. Les manchots étaient à côté, serrés les uns contre les autres comme nous étions serrés au moment de manger, piaillant sans cesse comme nous palabrions pour évoquer les dernières péripéties, l'avancement des recherches, le déroulement de ces jours hors du temps.

La semoule achevait de cuire, le ciel s'assombrissait. Avant de rejoindre mes compagnons, j'ai regardé de nouveau vers la plage en contrebas où je m'étais épuisé à marcher parmi les manchots. J'aurais pu y rester des heures. Je crois que je n'en suis pas encore tout à fait revenu. Il me suffit de fermer les yeux pour m'y retrouver.

Certains jeunes achevaient leur mue, abandonnant le gros duvet marron qui les fait ressembler à des grenadiers de la vieille garde, se couvrant de brassées de plumes froufroutantes qui jaillissent du jabot, percent sur la tête en leur donnant des airs de punks qui se seraient allègrement fondus dans les quartiers *underground* de Londres à la fin des années 1970. Bientôt, ils endosseraient le parfait habit d'apparat du manchot royal, lisse, ferme, compact, imperméable, blanc et gris aux reflets d'argent, digne de servir le thé à Buckingham Palace avec, partant du cou et montant sur le crâne, en forme de point d'interrogation, la touche de couleur jaune orangé, cette larme d'or qui leur donne une classe folle et leur a valu leur nom. Mais au moment d'entrer dans l'âge adulte, les jeunes royaux gardent parfois quelques plumes rebelles dans le dos ou sur le plastron. On les voit frissonner avant de se détacher, s'élever, puis redescendre au ras du sol et remonter, voleter, virevolter selon les caprices du vent. Le ciel en est rempli. On dirait qu'il neige.

Elles sont, ces plumes, comme les boules de pissenlit sur lesquelles on souffle et qui se défont, libérant leurs aigrettes et leurs capitules, légères, soyeuses, blanches comme des flocons. Elles me font penser à la scène d'ouverture du film *Amarcord* de Federico Fellini, dans laquelle une bande de gamins joyeux sautillent en essayant d'attraper au vol les fleurs blanches qui se détachent des arbres chaque année au printemps et annoncent l'arrivée des beaux jours.

Le duvet des manchots se noyait dans la poudre du soir. Le printemps austral commençait à Crozet. Les jeunes royaux allaient prendre leur premier bain, partir pour leur premier voyage, en laissant, sur la plage, le souvenir volatile du poussin qu'ils étaient et ma mémoire gardera, parmi tant d'images, tant d'émotions, la force et la légèreté de ce moment. L'île aux Cochons comme une plume au vent.

Introduction

Au départ, il y a eu une information passée largement inaperçue, mais qui a frappé de stupeur tous ceux qui s'intéressent aux îles subantarctiques. En avril 2018, un article scientifique basé sur l'analyse de photos aériennes annonçait que la colonie de manchots royaux de l'île aux Cochons, considérée comme la plus grande du monde, avec 500 000 couples reproducteurs, avait chuté de manière vertigineuse. Un phénomène incompréhensible pour les ornithologues. Un mystère.

Cette île, dans l'archipel Crozet, est une réserve intégrale. Personne n'y avait posé le pied depuis près de quarante ans. Il fallait rompre l'isolement : trois chercheurs et trois agents de la réserve naturelle ont été envoyés sur place pour mener une enquête. En novembre 2019, ils ont embarqué sur le *Marion Dufresne*, le navire des Terres australes et antarctiques françaises, qui, lors de sa tournée pour ravitailler ces territoires perdus au sud de l'océan Indien, allait faire un détour pour les déposer.

Avec Bertrand Lachat et sa caméra, nous avons eu la chance de les accompagner. Nous avions déjà passé de longs jours ensemble sur un bateau, dans le confort très british d'une cabine du *RMS St Helena*, vers la tombe de Napoléon à Sainte-Hélène, dans les bannettes ballottées de l'*Astrolabe*, vers la terre Adélie, et nous rêvions du *Marion Dufresne*. Sa ligne, sa trajectoire, sa mission, les paysages de sel et de vent qu'il traverse, les lieux égarés qu'il dessert. Nous nous y étions projetés maintes fois durant les semaines précédant le départ, inspirés par les sonorités rugueuses de Kerguelen et Crozet, attirés par ce nom curieux de l'île aux Cochons et, quand la possibilité d'y débarquer s'est confirmée pour nous, le voyage a pris une autre dimension.

Entre la terre sans arbres, le vent sans frein, les papillons sans ailes et les oiseaux qui ne volent pas ; entre la rumeur de leurs cris et celle de l'océan ; entre le temps qui nous était compté et la durée étirée jusqu'à la rupture de chaque instant, il y avait de quoi se sentir loin. Je ne parle pas de la distance – broutille que 13 000 kilomètres ! « C'est loin, parce que c'est indéchiffrable », écrivait Albert Londres découvrant le Japon. C'est loin parce que c'est différent. Les critères de la vie en société ne s'y appliquent pas. L'homme est un intrus. L'homme n'existe pas.

Nous étions au bord du monde, et même de l'autre côté, dans un autre monde.

Je veux penser à l'île avant le premier pas, avant toute perturbation humaine, toute salissure.

Le 22 janvier 1772, le Malouin Marc-Joseph Marion-Dufresne s'était contenté de l'observer depuis le pont du *Mascarin*, sans s'attarder ni débarquer. Il la posa pour la première fois sur une carte, ce qui lui vaut aujourd'hui d'être française.

À l'époque, il y avait déjà des manchots par dizaines de milliers et des éléphants de mer par centaines sur les plages où nul n'avait mis le pied. Au tout début du XIXe siècle, les chasseurs de phoques furent les premiers à fouler le sol de l'île aux Cochons. Ils n'avaient pas l'esprit contemplatif. Ils venaient de la côte est des États-Unis, d'Angleterre ou de France et se livrèrent à un massacre. Les cris ne sont plus les mêmes. Je vois la plage rouge sang. Je sens l'odeur de la graisse fondue dans de grands chaudrons. Des bateaux les déposaient pour plusieurs semaines avant de venir les récupérer avec la cargaison d'huile. Certains vécurent là pendant des mois dans des conditions à peine concevables, qui nous renvoient aux premiers temps de l'Humanité. Ces premiers hommes sur cette terre sauvage, qui se sont protégés du froid sous des peaux de bêtes, étaient comme les Cro-Magnon de l'âge de pierre, à quelques outils et quelques armes de métal près.

Au XXe siècle, la chasse a cessé et la présence humaine s'est réduite au strict minimum. Le passage d'un aviso de la Marine nationale en 1931, à la faveur duquel un groupe de savants fit de rapides observations. Une expédition scientifique de huit jours durant l'été austral de 1962. Une autre, de trois mois et demi, en 1974, qui ébaucha un inventaire sommaire de la faune et de la flore. Enfin, un dernier séjour en 1982, qui rapporta une photo devenue mythique.

Depuis, l'île aux Cochons a été laissée à l'écart de toute route et de tout regard pour être rendue à la nature sans aucune interférence. Elle entretient de ce fait même une part de mystère et nourrit une foule de questions. Pourquoi ce nom ? Pourquoi une si grande concentration de manchots ? Pourquoi un déclin si brutal ?

Nous allons traverser deux siècles et demi d'histoire, depuis la première apparition de l'île dans la brume, en 1772, jusqu'à ce que nous la voyions disparaître, en partant, un matin de 2019 ; nous naviguerons entre le passé et le présent ; nous mettrons nos pas dans les pas de l'enquête, la démarche des scientifiques, leur éthique, leur engagement sur le terrain et leur passion pour les animaux du Grand Sud ; nous suivrons à la lettre les journaux de bord des capitaines d'autrefois et nous laisserons parfois l'imagination dériver pour raconter les histoires des explorateurs et des chasseurs en même temps que l'expédition qui nous a menés là.

Première partie

Chapitre 1

Départ

Le nuage boursoufflé soudain se déchire, après toute une nuit de limbes à 30 000 pieds, le petit jour révèle une masse verte et brune, le liseré de la côte, ourlé d'écume, fend le hublot par le milieu et, malgré la cabine pressurisée, c'est comme si une vague de chaleur nous montait au visage. Le haut-parleur crachote « *Bienvenue à l'aéroport Roland Garros* », et cette impression devient sensation réelle quand, fenêtres ouvertes, l'air brûlant de La Réunion fouette les joues sur la route du bord de mer d'où l'on voit se dessiner au loin les infrastructures du Port. Le Port. Comment mieux nommer une ville où l'on va prendre le bateau ?

La grue fait tanguer dans les cieux un container blanc rempli de victuailles surgelées sur fond de mornes où s'accrochent en cascades de petites maisons colorées. Le quai bout. La sueur perle sur les tempes, percole sur les cils et le *Marion Dufresne*, dans le bleu de ses 120 mètres, se noie dans le regard.

Marion, prénom de femme. Dufresne, nom de sous-bois où l'on irait chercher un peu de fraîcheur à cette heure où le feu de midi nous cloue sur place, crucifie toute envie de se mouvoir.

Un son nous sort de la torpeur. Un bruit qui donne le signal du départ. Grincement. Craquement. Sifflement. La rampe posée sur le quai fumant, accrochée en diagonale à la coque du navire, nous appelle. Elle frémit, elle vibre, elle crie. Elle porte un drôle de nom qui a traversé les siècles de la marine à voile jusqu'aux supertankers : l'échelle de coupée. On y monte en vacillant. Elle hurle quand nos sacs et nos équipements viennent buter sur chacune des marches. Elle se rebiffe. Elle se cabre et se tend. Elle est grave ou stridente, brusque, ondulante.

– On se croirait en pleine mer ! me dit Bertrand qui tangue en hissant une caisse.

Elle mugit, vagit, rugit selon ses humeurs et, dans mon imagination en branle, je l'associe à un vieil éléphant de mer qui se dresse et s'aplatit, qui lâche d'énormes rots dans le flapissement de son gros nez et qui, de la profondeur caverneuse de sa trompe, nous parle déjà des rivages des Kerguelen, des parages de Crozet, des terres australes.

L'échelle de coupée, bien que son nom ne signifie pas cela, nous a coupés du monde. Transition sonore. Premier chant de notre odyssée.

La voilà qui se relève, vient se ranger, se coucher, dormir le long du bastingage jusqu'à notre retour à La Réunion. Elle ne couine plus. Le voyage peut commencer.

Un soleil droit vient cogner sur le bronze et le ferait presque tinter. Encore un son dans la tête pour nous embarquer. À cette heure, la cloche est presque blanche. Le bateau des Terres australes et antarctiques françaises, les TAAF, dont l'acronyme nous accompagnera tout au long du récit, est sorti des chantiers navals du Havre le 25 novembre 1995. Il remplaçait alors le *Marion Dufresne I*, premier navire spécialement conçu et construit en 1973 pour cette mission de ravitaillement des îles subantarctiques françaises. Le reportage de l'époque, au moment de sa mise à l'eau, vantait ses qualités uniques dans la marine marchande : à la fois cargo pour le transport de marchandises, méthanier pour le gasoil qui alimente les stations françaises des îles subantarctiques, paquebot pour les passagers, navire scientifique pour les recherches océanographiques avec des laboratoires et des postes de carottages à bord. Pendant vingt-cinq ans sur les mers les plus tourmentées de la planète, il en a vu de toutes les couleurs et sa cloche de bronze, blanche à midi, mordorée au point du soir, grise dans la nuit, rose au petit matin, raconte son histoire.

Nous ferons claquer le tympan pour le plaisir d'entendre s'envoler sa mélodie, *si* bémol montant *crescendo* pour finir dans un soupir, qui remplace la corne de brume en cas de danger. Elle n'a jamais servi.

La sirène prend le relais, note profonde au passage de la digue. L'air en frissonne. Le *Marion Dufresne* quitte son bassin. Le Port s'éloigne.

La brise chaude favorise l'euphorie. Elle chahute les cheveux, caresse la peau, dessine des sourires sur les visages. On agite les mains comme à l'époque des Transatlantiques. On prend des photos. La préfète des TAAF, Évelyne Decorps, aussi. Accoudée à la rambarde parmi les autres passagers, elle profite du moment, en tenue décontractée, chemisette blanche, pantalon bleu marine, lunettes de soleil, elle n'a pas mis le « grand blanc », le costume officiel qu'elle revêtira quelques jours plus tard pour la cérémonie du 11 novembre en pleine mer. Elle connaît bien le trajet et pourtant, comme les autres, comme moi, elle se laisse gagner par l'émotion du départ.

– On dit au revoir à la civilisation et bientôt il n'y aura plus rien. Que nous, au milieu du grand océan. C'est quelque chose de fabuleux !

Elle dirige un territoire à part, sans équivalent dans la République française. Elle est l'administratrice supérieure d'une collectivité d'outre-mer sans habitants permanents ni électeurs, comprenant trois districts : les Terres australes avec les archipels Crozet et Kerguelen et les îles de Saint-Paul et Amsterdam ; les îles Éparses, Tromelin, Glorieuses, Juan de Nova et Europa, autour de Madagascar ; la terre Adélie en Antarctique.

Un point bourdonne dans le ciel, grandit et se pose en faisant voler nos cheveux. Il ne manquait plus que l'hélicoptère.

Le *Marion Dufresne* est maintenant au complet. Cales pleines, cabines aussi. Cent treize passagers. Quarante-cinq hommes et une femme d'équipage. Sur le dernier pont bondé, chacun à sa manière fait ses adieux à la terre ferme. Chacun emporte dans ses bagages une part de ce qu'il laisse derrière, une part de ce qu'il attend. Certains vont à Kerguelen pour un an, d'autres à Amsterdam qu'ils atteindront après trois semaines et demie de trajet, d'autres encore, les premiers à descendre, s'arrêteront à Crozet, sur l'île de la Possession, à la base Alfred-Faure, un des pionniers de l'exploration des terres australes.

Inlassablement depuis un quart de siècle, quatre fois par an, ce bateau ravitaille et assure la relève des équipes dans les territoires les plus improbables de France. C'est sa route, sa routine. Une routine extraordinaire, exaltante, qui, dans bien des cas, va changer la vie de celles et ceux qui partent en mission. Et je suis frappé de la vitesse à laquelle, pour les passagers novices, moi le premier, ce navire, monument flottant, devient familier au point que dans les conversations, comme s'il s'agissait d'un vieil ami auquel on donne un diminutif, nous ne l'appelons plus que le *Marion*.

Le *Marion* avance. Le *Marion* s'en va.

Pour ce voyage, appelé dans le jargon des TAAF « OP3 2019 », la troisième opération, troisième rotation de l'année, le bateau va sortir de sa route et de sa routine pour faire un détour.

La Réunion paraît si petite déjà, avant de disparaître dans le bouillonnement est du sillage et nous laisser seuls. Seuls sur la mer. La mer pour unique paysage. La mer « *à toute vue* » pour reprendre la formule de Jules Dumont d'Urville dans son récit de la découverte de la terre Adélie.

Après l'étuve, l'étrave.

Une lumière d'ambroisie baigne la passerelle. Le commandant Adrien Eyssautier s'approche d'un meuble où s'étage une dizaine de larges tiroirs et, dans un froissement, en sort les cartes marines du secteur où nous allons. Une part de la poésie du voyage se trouve dans ces grandes feuilles rectangulaires d'1 mètre 20 sur 80 centimètres. Par le grain du papier, l'encre des contours, les courbes des hauts-fonds, le pastel des couleurs, ces cartes forment à elles seules un tableau et me font penser, même si elles sont aujourd'hui très précises et très modernes, au travail des hydrographes sur les navires des grandes découvertes qui dressaient à main levée les contours incertains de mondes nouveaux.

– Cap au 189, ordonne le commandant.

C'est quasiment plein sud. Tout droit sans aucune terre sur le chemin pendant 1 508 milles nautiques. 2 792 kilomètres. Cela me rappelle un beau souvenir. Curieusement, c'est pratiquement la distance qui sépare Hobart, en Tasmanie, de la station Dumont-d'Urville, en Antarctique. Le trajet que nous avions fait, Bertrand et moi, sur l'*Astrolabe* [1].

Le commandant se penche sur la carte et trace une ligne. Son crayon traverse le 30e parallèle sud, le 40e, s'approche du 50e et s'arrête sur une forme ronde hérissée de quelques aspérités. La lumière rasante du soir sur la carte fait briller, au milieu de l'immensité marine, le nom de l'île aux Cochons.

Position exacte : 46° 06' de latitude sud, 50° 14' de longitude est. À vol d'oiseau, elle se trouve à 13 000 kilomètres de Paris. Nous allons briser sa solitude.

---

1. *Adélie, mon amour*, Michel Lafon, 2018.

Chapitre 2

En mer

Journal de bord du Marion Dufresne
10 novembre 2019. 12 heures. 20° 43' 2" S – 54° 34' 1' E.
Mer peu agitée.

La flèche de la proue fend le bleu. La girouette des radars découpe un ciel limpide. Tout est calme et le navire donne une impression de force tranquille.

Dans le vacarme de la salle des machines, sous la ligne de flottaison, casque sur les oreilles, combinaison rouge, clé à molette dans la main, Angèle Martin, au-dessus d'une trappe, resserre des boulons. Elle avait entendu un bruit suspect. Un problème sur la crémaillère de la pompe à injection.

Les vibrations des 6 000 chevaux diesel favorisent peut-être la naissance de la passion. Angèle vient d'achever sa formation d'officier mécanicien et commence sa carrière sur ces routes perdues dans le Grand Sud. Le *Marion Dufresne* est un des rares bateaux qui descendent aussi loin. C'est une référence dans la marine marchande.

– Pour moi, c'est un honneur de servir à bord, nous dit Angèle.

La chance d'être là, ce sentiment, tout le monde l'éprouve. Mais très vite, on peut noter qu'il y a deux catégories de passagers. Ce n'est pas une question de préséance ou d'importance ; pas une question de privilège. À première vue, rien ne les distingue. Ils se mélangent dans les cabines ; ils mangent à la même table du restaurant et profitent avec le même bonheur de la qualité de la cuisine et du service impeccable de l'équipage malgache ; ils jouent ensemble des parties endiablées de baby-foot ; ils s'accoudent de concert au bar ; ils prennent les mêmes grandes bouffées d'air sur le pont, contemplent les mêmes vagues qui se brisent sur la coque, écoutent le murmure inlassable du sillage ; mais une sorte de barrière impalpable les sépare, un peu comme la convergence antarctique, cette frontière invisible qui marque le passage entre les eaux froides de l'océan Austral que nous allons bientôt frôler et les eaux tempérées où nous flottons encore. La différence n'est pas non plus une question d'implication. Le *Marion* transporte une cargaison de passionnés. Aurélie Tasiemski, par exemple, qui a installé son bureau dans les reflets des eaux derrière les vitres de la salle réservée aux scientifiques sur le pont D. Enseignante-chercheuse à l'université de Lille et à l'Institut Pasteur, elle revient aux Kerguelen pour étudier l'immunité des organismes endémiques en milieu extrême. Treize mille kilomètres pour disséquer des vers marins. Elle brûle d'y être. Ses yeux disent combien cet endroit est extraordinaire, unique, bouleversant.

– On se sent tout petit parce que l'on voit bien que ce n'est pas un territoire conquis par l'homme. Il nous remet à notre place.

Tous les passagers ressentent la force de cette plongée dans le Sud profond. Mais parmi eux, six sont à part. La différence ne tient pas à ce qu'ils sont, mais à ce qu'ils font. La différence se résume en un mot : Cochons.

Depuis que le *Marion Dufresne* a largué les amarres, trois jours déjà de pleine mer, ils n'ont que ça en tête. Et si quelqu'un, parachuté sur le bateau, ignorant tout de ce qui se trame à bord, laissait traîner ses oreilles dans le couloir du pont F et s'arrêtait devant la porte de la salle de projection au-dessous du quartier des officiers, il pourrait se méprendre sur les intentions du groupe assemblé là. « *On ne sait rien de cochon… si on va à cochon… cochon par-ci… cochon par-là…* » Cochons dans chaque phrase. Cochons tel un code pour des initiés.

L'écran affiche la photo satellite de l'île dont nous avions vu les contours sur la carte marine. Cédric Marteau, le directeur de la réserve naturelle, pointe avec une baguette en bois la zone qui nous intéresse : l'Amphithéâtre, où se trouve la grande colonie dont la population a baissé de 88 % au cours des 37 dernières années.

Le problème avait été soulevé au moment de la présentation du projet de classement des Terres et des Mers australes françaises au patrimoine mondial de l'humanité, en 2018. Les enquêteurs de l'UNESCO qui avaient pu survoler le site s'étaient émus de la situation. Alertée, l'UICN, l'Union internationale pour la conservation de la nature, a demandé à la France d'apporter des explications. Ainsi fut lancée la « mission Cochons », première incursion humaine depuis 1982. Le projet est sur le point de se concrétiser. Il faut régler les derniers détails.

– Il y aura sans doute beaucoup de surprises, prédit Cédric Marteau.

Une douzaine de personnes sont présentes : Adrien Eyssautier, le commandant ; Thierry Clot, le responsable des opérations pour les TAAF, qui régente la logistique et les mouvements à bord ; Évelyne Decorps, la préfète des TAAF qui supervise l'organisation ; et Jean-Baptiste Hery, le pilote d'hélicoptère. Ceux-là resteront sur le bateau. S'ajoutent les six « élus » qui fouleront le sol de « Cochons ». Et, comme pour une soirée mondaine, il est temps de faire les présentations, nous familiariser avec les personnages qui nous accompagneront tout au long du récit.

Ils ont un point commun. Tous connaissent bien le *Marion*, tous sont déjà venus plusieurs fois dans les Terres australes pour de longs séjours ou pour ce qu'on appelle un hivernage, tous ont la fibre pour ces lieux, tous ont une grande expérience du terrain. Il y aura trois binômes.

Fabrice Le Bouard, 40 ans, intermittent du spectacle austral, biologiste de formation, régulièrement embauché sur les programmes scientifiques. Peu volubile, efficace, scrupuleux. Il fera équipe avec Jérémy Tornos, 35 ans, chercheur de l'université de Montpellier, amateur de courses en montagne, habitué aux conditions extrêmes, spécialiste en épidémiologie. Il prépare une thèse sur les albatros à bec jaune, espèce menacée. Le deuxième binôme est un duo de choc. Deux stars incontestables au niveau international, puits de science sur le thème des manchots royaux et des oiseaux marins vivant sous le 45e parallèle sud. Charles-André Bost, surnommé Charly, 60 ans, directeur de recherche au laboratoire de Chizé du CNRS. Grande culture, grande sensibilité. Il a les manchots dans la peau. Yves Cherel, 60 ans, même parcours que Charly. Tombé amoureux de Crozet lors de son premier hivernage en 1982. Affûté, caustique, méticuleux.

Le troisième binôme représente la réserve naturelle. Adrien Chaigne, 30 ans, agent contractuel de l'État, est chargé d'enregistrer et compiler toutes les données. Discret, précis, fiable. Il seconde Cédric Marteau, qui est aussi le directeur de la réserve naturelle. En 2002, âgé de 22 ans, Cédric avait passé un hivernage aux Kerguelen. Dix-sept mois qui l'ont marqué à vie. Il n'habite pas ce territoire, il est habité par lui. C'est lui qui a monté le dossier pour le classement au patrimoine mondial. 625 000 kilomètres carrés, 50 millions d'oiseaux marins désormais protégés par le label UNESCO. Cédric Marteau dirige la « mission Cochons ».

Avec Bertrand Lachat, nous formons le quatrième binôme. Lui, le croqueur d'images qui a roulé sa bosse des sommets de l'Himalaya aux rivages de l'Antarctique, de la vallée du Panshir aux sables de l'Irak. Moi, qui, enfant, n'aurais jamais imaginé que ce métier de reporter puisse me mener si loin, depuis mes premiers pas dans le lit asséché de la Gardonnenque à l'été 1989 en passant par la charpente de Notre-Dame de Paris juste avant l'incendie et l'antre millénaire de la grotte Chauvet.

Nous serons les yeux et les oreilles, une caméra et quelques mots pour raconter cette expédition.

Ce jour-là, enfoncé dans un des confortables fauteuils de la salle de projection, coupé de la rumeur des flots que je devine à travers l'épaisseur du hublot, bercé par un léger tangage qui entretient l'impression, et la joie, d'avancer, excité par les évocations de campement, de tempête, de récifs, de manchots, d'éléphants de mer, je ne peux cacher que l'idée de faire partie du petit groupe « Cochons » nous procure, à Bertrand et moi, une forme d'ivresse.

L'équipe doit envisager tous les scénarios possibles. Le premier problème est d'accéder à l'île. Située au nord-ouest de l'archipel Crozet, battue par les bourrasques des 46es, elle est réputée dangereuse. Le moyen le plus sûr sera d'y être déposé par hélicoptère si le plafond nuageux n'est pas trop bas et s'il n'y a pas trop de vent. La mer est envisagée uniquement comme une option de secours en extrême urgence pour le retour au cas où aucun vol ne serait possible. La carte de l'Institut géographique national affichée au mur montre ce petit caillou de 67 kilomètres carrés, 9 kilomètres de diamètre, presque rond, mais hérissé de pointes sur le littoral qui laissent deviner le risque. La toponymie le dit clairement : au pied du lieu-dit « de l'Amphithéâtre », où est mentionnée la grande manchotière, se trouve le cap de la Déception.

La toponymie, c'est une part d'histoire.

Chapitre 3

TENTATIVE

En janvier 1939, un aviso de la Marine nationale, le *Bougainville*, quitte le port de Tamatave, direction Crozet. En ces temps, les Terres australes dépendaient de la colonie de Madagascar. Le navire a pour mission de repérer de redoutables hauts-fonds signalés par un autre bâtiment français, l'*Antarès*, en 1931. Le 26 janvier 1939, le *Bougainville* arrive à proximité de l'île aux Cochons. Il utilise une nouvelle technique de sondage du relief sous-marin avec des appareils à ultrasons. À bord, le naturaliste René Jeannel, du Muséum national d'Histoire naturelle, décrit ce monde caché aux regards : « *Un archipel d'aiguilles, de roches-quilles, de donjons doit se trouver là, au fond de l'océan, semblable à ces rochers en dentelles qui bordent si souvent les caps des îles Australes comme ceux de l'île aux Cochons.* » Ce sont, dit-il, les « *restes d'une île affaissée sous la mer, témoins engloutis d'une époque où l'archipel des Crozet devait former une vaste terre* ». Ces reliefs invisibles d'un monde enfoui représentent un péril.

Le *Bougainville* se positionne devant une vaste plage face à un renflement de la côte et lance une embarcation à l'eau. La houle est si forte, le vent si violent, les creux si profonds, le ressac si mordant que le commandant renonce après plusieurs tentatives infructueuses. Le rivage de l'échec sera baptisé cap de la Déception. L'aviso n'abdique pas et tente sa chance un peu plus au sud, à la faveur d'une accalmie, mais cette fois encore l'équipe envoyée à terre est renversée et doit faire demi-tour à quelques encablures d'un lieu au nom plus attrayant, le cap Verdoyant, appelé ainsi depuis la fin du XIXe siècle en raison des rochers couverts d'une dense végétation que l'on voit de loin.

Le naturaliste René Jeannel ne foulera pas le sol des Cochons. Il se contente de regarder de loin et de sentir peut-être les effluves de cette vie sauvage qui palpite au bout de ses jumelles. On imagine sa frustration. Les descriptions du précédent voyage sur l'île, huit ans plus tôt, qui l'avaient fasciné, resteront, pour lui, la page d'un livre.

En 1931, l'équipage de l'*Antarès* avait connu plus de succès. Ce navire de la Marine nationale était en mission de souveraineté et de prospective dans le secteur de Crozet. Le 16 janvier, durant toute la journée, des quantités impressionnantes de baleines, que l'on traquait toujours à l'époque, sont aperçues sur le trajet. À la nuit tombée, dans un froid de plus en plus vif, l'*Antarès* prend son mouillage devant l'île aux Cochons, au niveau du cap Verdoyant. Le lendemain, au petit jour, Albert Loniewski, directeur des domaines de Madagascar, parvient à débarquer avec quelques marins. Ils arpentent un rivage entièrement couvert d'éléphants de mer, traversent une colonie de manchots en se frayant un passage. Ils arrivent dans une grande prairie couverte de plantes basses et de mousses spongieuses où l'on s'enfonce jusqu'aux genoux. La marche est très difficile. Ils ne s'aventurent pas très loin, aperçoivent les sommets enneigés de l'île quand les nuages daignent s'écarter. Ils notent la présence de nombreux grands albatros qui nichent dans les herbes et dont la taille des œufs les impressionne. Tour d'horizon rapide. Ils ne voient pas de lapins, contrairement à ce qui était mentionné dans certains récits. À 7 heures du matin, Loniewski plante le drapeau français sur le promontoire du cap Verdoyant pour réaffirmer l'appartenance de l'île aux Cochons à la France. À 7 h 30, les hommes sont de retour sur l'*Antarès* pour continuer la route vers les autres îles Crozet et les Kerguelen.

Séjour fugitif qui met l'eau à la bouche.

Le cap Verdoyant semble être un des accès les plus favorables. C'est là qu'en 1887 le navire la *Meurthe* avait mouillé pour venir chercher les rescapés d'un terrible naufrage sur lequel nous reviendrons, celui du *Tamaris*. C'est là qu'en 2005, lors d'un survol, un chaudron dans lequel les chasseurs faisaient fondre la graisse des éléphants de mer avait été aperçu sur la plage. Témoignage du passage des hommes et d'une histoire enfouie.

Le commandant Adrien Eyssautier montre la plage du cap Verdoyant.

– En cas de problème, nous viendrons vous chercher ici avec notre canot. Mais je vous le dis, je préférerais ne pas en arriver à cette extrémité !

Chapitre 4

UNE HISTOIRE

Dans les tiroirs du planex dorment les cartes marines
Et dans les cartes dorment mes rêves de « Cochons »

Le *Marion* qui glisse sur ces eaux et parfois les chevauche n'est pas un bateau, le *Marion* n'est pas un ravitailleur, pas un moyen logistique pour servir la science, pas le bras de la France qui s'avance pour toucher du bout des doigts une des zones les plus isolées de la planète. Pas seulement. Le *Marion* est un porteur d'histoires. Autant que par le vent, autant que par les vagues, sur cette immensité déserte, on se sent porté par les histoires de ceux qui, avant nous, s'y aventurèrent. Leurs traces sont ténues, leurs témoignages rares, mais c'est avec eux que j'avance et que je plonge chaque jour un peu plus dans cet univers hostile et grandiose.

En 1980, la bibliothèque du Mystic Seaport Museum dans le Connecticut, sur la côte est des États-Unis, publie un manuscrit ignoré pendant un siècle. La première édition française paraîtra en 2009 sous le titre *Le Maître de la Désolation*. C'est le récit du capitaine Joseph Fuller qui, pendant trente-six ans, de 1859 à 1895, sillonna le secteur de Crozet et surtout de Kerguelen. Infatigable chasseur de baleines et de phoques, il raconte dans le détail cette vie de voyages, de massacres et de dangers.

*

New Boston, Nouvelle-Angleterre, 5 août 1873

Les histoires de marins sont des histoires de séparation. Partir, c'est toujours quitter quelque chose ou quelqu'un. Jane Mary Adams le sait bien. Quand on habite dans le deuxième port du monde pour la pêche à la baleine, l'essentiel de la vie consiste, après avoir vu les bateaux s'en aller, à espérer leur retour. On ne peut pas dire qu'elle s'y est habituée, à chaque fois c'est un déchirement, ni même qu'elle s'est faite à ce nom de Mrs Fuller par lequel on l'appelle désormais. Et ce matin encore elle est bouleversée en regardant s'éloigner le *Roswell King* qui emporte le capitaine Joseph Johnson Fuller, son époux.

Ils se sont mariés le 25 juin 1870. Quatre jours après, il partait pour une nouvelle campagne. À 31 ans, il ne pouvait refuser son premier poste de capitaine après dix ans comme second. Il revint à New London le 26 avril 1873. Presque trois ans d'absence. Et voilà qu'au bout de 100 jours à peine, il rembarquait. Mrs Jane Fuller se retrouvait seule. Le bateau disparut. Elle l'attendrait encore 1 an et 9 mois. Sans aucune nouvelle.

À bord du *Roswell King*, le capitaine Fuller taillait la route vers l'Atlantique sud, tout entier dédié à sa tâche, en se disant peut-être qu'il goûterait plus tard, quand le métier lui aurait suffisamment rapporté, le bonheur conjugal si furtivement entrevu.

La goélette sous le vent avançait bien, la cale remplie de barils vides. Lors de la précédente campagne, Fuller avait engrangé 22 000 litres d'huile de baleine et autant de fanons qui serviraient à la fabrication de parapluies et de corsets. Cette fois, l'armateur Williams, de New London, lui avait assigné un autre objectif. Les otaries. Moins juteuses pour l'huile, mais très profitables pour leur fourrure, dont les cours montaient. On avait besoin de se bien couvrir l'hiver en ces temps-là dans les villes d'Europe et de Nouvelle-Angleterre.

Escale au Cap-Vert. On embarqua huit matelots, qui s'ajoutèrent aux seize présents. Direction plein sud. Joseph Fuller arrondit le cap de Bonne-Espérance et s'engouffra dans la zone de turbulence. Il la connaissait bien, mais jusqu'à présent, il avait toujours filé directement vers les Kerguelen, que les pêcheurs appelaient alors par le surnom sympathique que leur avait donné James Cook : la Désolation. Cette fois, il devait faire étape dans les Crozet où il ne s'était jamais arrêté. En franchissant le 46e parallèle sud, le capitaine s'étonna. Cinquante-cinq jours de voyage sans encombre. Usher, le second, y voyait un bon signe, la campagne démarrait sous des auspices favorables, mais Fuller tenait à rester prudent.

Dix années de bourlingue dans ce secteur lui avaient appris qu'il ne faut se fier à rien. Les conditions changent à la vitesse de l'éclair. En ce début d'octobre 1873, le printemps commençait à Crozet. Un ciel rouge perlé de nuages éclaboussait le soir. À la poupe du *Roswell King*, droit devant, la forme d'une île apparut. C'est la première qui se montre quand on arrive du nord-ouest. Les pêcheurs américains ne l'avaient pas tous vue, mais tous la connaissaient par son nom. Un drôle de nom qui souvent les avait fait rire : Hog. Hog Island.

L'île aux Cochons.

Fuller jeta l'ancre. Nuit calme. Repos. « *Where is my wandering boy tonight…* » Les chants de l'équipage se mêlaient aux cris des manchots qui parvenaient jusqu'au bateau à moins d'un kilomètre en l'absence de vent.

– Descendez le canot, ordonne le capitaine.

Le lendemain, Fuller profita du beau temps. Du bateau, à la jumelle, il n'avait pas vu d'otaries, mais il lui fallait vérifier sur place, et puis il voulait aussi connaître cette île, l'accrocher en quelque sorte à son tableau de chasse et parfaire ainsi sa connaissance de la région.

Le premier contact fut vif et bref. La mer avait beau être belle, la plage, très irrégulière, rendait le débarquement difficile. Le canot s'échoua sur une plage et les hommes partirent en repérage en longeant la côte. Des manchots par milliers, des éléphants de mer par centaines, des skuas planant au-dessus. Ils avaient déjà vu ce type de tableau sur les plages de la Désolation.

– Pas d'otaries, capitaine.

– Pas d'otaries, répète un autre groupe qui revient de l'intérieur.

– On va aller voir derrière ces rochers, lance Usher, le second.

– Non, répond fermement Fuller. Il faut rentrer.

Le ciel avait noirci d'un seul coup.

Ils eurent juste le temps de pousser le canot dans la vague et de souquer furieusement jusqu'au bateau. Un vent de nord-ouest s'était levé. La tempête menaçait. Ils allaient vivre une semaine d'enfer. Pendant trois jours, la goélette fut secouée au mouillage. Fuller hésitait. La sagesse aurait voulu qu'il lève l'ancre, mais la sagesse n'est pas le trait dominant du caractère des chasseurs de phoques, sinon ils ne feraient pas ce métier. Le capitaine savait que le risque était partout. Il fallait savoir le prendre. Il cherchait des otaries. Il se devait de trouver au moins des pistes. Les témoignages disaient que ces animaux étaient présents dans les Crozet, mais rien de précis. En général, les chasseurs de phoques ne partageaient guère leurs informations, ils les taisaient comme on garde secret un bon coin à champignons. Fuller décida d'attendre. Il y avait peut-être dans ce lieu méconnu un bon coup à jouer. Et puis cette île, cette mystérieuse île aux Cochons, l'intriguait. Il y avait goûté quelques minutes seulement. Il en voulait plus.

*

Île aux Cochons, 8 octobre 1873

La houle s'était calmée. Un rayon de soleil réchauffait le pont. Signe que l'hiver austral était en train de s'achever. Usher, plein de fougue ce matin-là, revint à la charge :

– Capitaine, je pense que nous pouvons essayer à nouveau. Les conditions sont favorables.

– Pas sûr, Usher, pas sûr ! Regardez comme la mer est violente sur la côte. C'est dangereux.

L'insistance du second l'emporta. Fuller, épuisé par trois mauvaises nuits, alla se reposer dans sa cabine. Au bout d'une demi-heure, les cris du gabier le tirèrent de sa sieste.

– Le canot s'est retourné. Le canot…

Aux abords de la plage, la mer était démontée. Les matelots se battaient pour tenir les rames. Usher hurlait des ordres à peine audibles dans le fracas des vagues. À quelques mètres du rivage, alors qu'ils croyaient pouvoir se poser sur le sable, le canot fut propulsé sur un rocher, le bois craqua, les hommes furent projetés à l'eau, l'écume étouffa leurs cris, ils s'échouèrent sur le sable. Usher était sonné. Joseph, le second lieutenant, compta. Recompta. Ils n'étaient plus que dix. Manquaient quatre hommes. On ne les voyait plus. On ne les entendait pas. Le canot était brisé. Ils étaient coincés sur l'île aux Cochons.

Sur le bateau, le capitaine Fuller fulminait. Impossible d'aller les chercher aujourd'hui. Le deuxième canot du *Roswell King* ne parvint à terre que le lendemain après-midi, trouvant les hommes en piteux état, frigorifiés, affamés. Depuis leur mésaventure ils avaient arpenté le secteur et trouvé une maison. Une plaque indiquait qu'elle avait été bâtie sept ans plus tôt par des chasseurs de phoques de la Compagnie du cap de Bonne-Espérance. Un toit de toile goudronnée, un poêle, des casseroles. De quoi mener une petite vie de Robinson améliorée. Une aubaine, car la mer intraitable ne les laisserait pas repartir le soir même. Des poussins de grand albatros bien gras et bien charnus firent leur repas. Les habits séchèrent. Les marins chantèrent. L'île semblait montrer un visage plus humain et leur accordait un instant de répit.

Joseph Fuller s'endormit très vite, mais son sommeil fut assailli par des rêves étranges, des scènes d'angoisse. Le *Roswell King* se dirigeait inexorablement vers les rochers. Il allait se fracasser. Fuller se voyait prisonnier de l'île aux Cochons. Il se réveilla en sursaut.

La maison était en flammes. Négligence du veilleur exténué. La toile goudronnée s'était embrasée d'un coup. Les voilà tous à moitié dévêtus dans le vent de Crozet, dans le froid et l'obscurité où crépitent les restes de leur logis.

– Comme des fantômes, lâcha le capitaine à son second hébété.

Ils trouvèrent refuge dans une caverne sur les hauteurs qu'avaient repérées les matelots la veille pour une fin de nuit spartiate et humide à l'abri de la pluie qui s'était mise à tomber. Aux premières lueurs du jour, Fuller rassembla tous ses hommes sur la plage en vérifiant qu'il ne manquait personne en dehors des quatre malheureux qui n'avaient pas reparu. La mer avait molli. Il fallait saisir l'occasion. Sans la moindre hésitation, ils entrèrent jusqu'à la taille dans l'eau à cinq degrés. Ils poussèrent le canot et sautèrent à l'intérieur d'un même élan. Il y eut trois déferlantes à affronter. Le capitaine avait fait son calcul. Il laissa passer la première avant de déclencher les rameurs qui battirent des avirons à une cadence folle. Ils passèrent la deuxième vague quand se dressa devant eux, comme un mur, la troisième, monstrueuse. Ils ramèrent plus fort encore au moment où elle s'abattit dans un bruit de tonnerre. Le canot était inondé. Les hommes s'agrippèrent, résistèrent, écopèrent. Ils se croyaient perdus. Mais la chance tourna. Ils passèrent, parvinrent à regagner le bateau. Un repas chaud les attendait. Le capitaine bénit le pain, symbole du retour à la civilisation, ce pain essentiel que les marins appellent « le soutien de la vie ».

Ce n'était pourtant pas fini. La goélette roula, heurtée de travers par d'énormes blocs de mer, le pont était inondé, des trombes d'eau s'abattaient, la chaîne de l'ancre se tendit. Fuller, qui avait pourtant connu bien des tourments, se crut entraîné dans un cycle infernal qui le perdrait. Pas question de rester. Il se résolut à prendre une décision douloureuse.

Un crève-cœur. Du sale travail. Indigne d'un bon marin. Mais il n'y avait pas d'autre possibilité de salut.

– Coupez la chaîne. On laisse l'ancre.

Le *Roswell King,* avec la misaine et les deux ris au vent, s'éloigna enfin et mit le cap vers la Désolation, une destination plus propice malgré son nom, à 900 milles plein est. Fuller se retourna. Il regarda le rivage funeste où il avait failli laisser sa peau et réalisa qu'il n'avait pas vu la moindre otarie ni le moindre porc. Il ne devait jamais revenir sur l'île aux Cochons.

Chapitre 5

PRÉPARATIFS

Journal de bord du Marion Dufresne
13 novembre 2019. 12 heures. 37° 04' 4" S – 52° 31' 6" E.
Mer peu agitée.

Depuis le départ de La Réunion, nous restons sur la même longitude tandis que la latitude défile sur les appareils de contrôle. Au sommet du navire, à 47 mètres de hauteur, on peut contempler à 360°, sans aucun obstacle, sinon parfois les crêtes que forment les vagues, l'ampleur de notre solitude flottante. Yves Cherel est à la passerelle. Profil d'aigle, sec comme un marathonien, il supporte le roulis des 40es depuis trente-sept ans et, à chaque voyage, il prend son quart pour le comptage des oiseaux, comme les étudiants, comme un jeune enthousiaste qui fait son premier voyage. Dix minutes au début de chaque heure. C'est la servitude et le plaisir des ornithologues. Un relais ininterrompu durant les cinq semaines de la rotation du navire qui fournit de précieuses informations sur l'état des populations dans cette région du monde où les observations sont rares.

Les pailles-en-queue, que nous avions vus en quittant La Réunion, les puffins à pieds pâles, les pétrels de Barau ont disparu du paysage. Les sternes fuligineuses, les pétrels à menton blanc, les puffins de Buller qui nous avaient accompagnés un moment se sont évanouis. Tandis que le *Marion* grignote les gradients, les espèces changent en fonction de la position géographique. Après les zones tropicale et subtropicale, nous entrerons bientôt dans la zone subantarctique où d'autres oiseaux, qui n'existent pas au nord, apparaîtront.

Yves ajuste ses jumelles. Sur le cahier du suivi ornithologique, pas beaucoup d'observations, car il n'y a aucune terre à proximité. Il note la présence d'un pétrel soyeux et d'un albatros à cape blanche à midi, mais son esprit est occupé par un autre sujet et, naturellement, la conversation dérive vers les Cochons. Depuis le départ, il est suspendu aux bulletins météo. L'incertitude fait partie du désagrément et du charme de ces missions. Elle renforce le désir. Il sait qu'il ne sera vraiment satisfait que lorsque nous serons à terre.

Il a fait son premier séjour à Crozet en 1982 sur la base de l'île de la Possession. Sa thèse porte sur les adaptations métaboliques au jeûne prolongé chez le poussin de manchot royal. Il connaît ces oiseaux sur le bout des doigts. Il a travaillé dans presque toutes les îles subantarctiques. Mais il en manquait une à son tableau.

– Les Cochons, c'est l'endroit où l'on voudrait tous aller. Et, évidemment, comme c'est très difficile d'avoir les autorisations et très compliqué logistiquement, cela nous fait rêver.

Yves sourit et reprend ses jumelles. Un albatros fuligineux. Bon signe avant l'appel pour le premier service.

Le respect des horaires est la règle de base sur le bateau. Sachant qu'il est toujours préférable de vomir le ventre plein, et mieux encore plein de bonnes choses, on s'attache à profiter de la table du *Marion*. Polenta et crevettes de Madagascar.

Bananes rôties nappées de chocolat. Le hublot de la salle de restaurant est juste au-dessus de la ligne de flottaison. Pour l'instant, pas de soucis. Le bateau, avec ses 6,95 mètres de tirant d'eau et sa ligne profilée, est infiniment plus stable que l'*Astrolabe* qui nous avait malmenés comme dans un tambour de machine à laver vers la terre Adélie.

À bâbord, des nuages sombres dans un ciel bleu charbon qu'un faisceau de lumières vient percer pour se poser en pointillé sur l'océan comme s'il pleuvait des rayons. À tribord, la mer noire qui palpite et qui tremble.

Avec Bertrand, nous nous disons, à chaque pas dans les coursives, à chaque bouffée d'air sur le pont, à chaque soubresaut des vagues, que nous ne sommes pas pressés. Vitesse de croisière 13 nœuds, 13 milles nautiques à l'heure soit un peu plus de 500 kilomètres avalés en 24 heures. Il nous faudra cinq jours et demi, depuis La Réunion, pour atteindre notre destination. Nous voulions profiter de chaque instant. Bertrand accrochait son objectif à des bouts de métal rouillés ; à la proue, il enfonçait sa caméra dans le trou du chaumard où passent les aussières pour donner encore plus de mouvement au voyage ; il suivait dans la courbe des flots la trajectoire d'un pétrel à menton blanc et je tentais de distinguer, sur le plumage noir, la tache claire au niveau du gosier qui vaut son nom à cet oiseau virevoltant.

Le quatrième jour, sur le pont avant, tandis que le vent sifflait et que le soleil pâlissait sous la bruine d'une fin d'après-midi, emmitouflés dans d'épais anoraks, le visage rosi par le froid, nous entrâmes dans le secteur subantarctique. Sur le bateau, tout le monde en frissonnait. En particulier les six, ou plutôt les huit, avec Bertrand et moi, de l'opération Cochons.

L'ambiance est studieuse à la « salle sciences ». Les chercheurs travaillent sur tout un éventail de programmes soutenus par l'Institut polaire français Paul-Émile Victor : l'étude de l'atmosphère sur l'île d'Amsterdam, l'exploration des fonds marins à Crozet ou la paléoclimatologie dans les lacs glaciaires des Kerguelen. Même ceux qui vont rester trois mois savent que le temps sera compté. Pour la « mission Cochons », c'est encore plus vrai. Elle durera cinq ou six jours à peine, si l'on parvient à débarquer. La grande table centrale est couverte de matériel. Jérémy Tornos classe des sachets et range des tubes pour les échantillons de sang qui serviront à détecter d'éventuels virus ou des bactéries. Il emportera une centrifugeuse de poche pour séparer les globules rouges du plasma. Il faudra le faire tous les soirs avant que le sang ne coagule. Il va travailler avec Fabrice Le Bouard sur l'hypothèse d'une maladie.

Pour tenter d'expliquer la décroissance de la colonie, le conseil scientifique de la réserve naturelle a défini deux autres hypothèses : une carence de nourriture et un problème de prédation. C'est le plan de bataille suggéré par l'article scientifique publié en avril 2018.

Charly Bost vérifie le bon fonctionnement des balises qui seront posées sur des manchots pour connaître leurs déplacements et leurs zones d'alimentation.

Yves Cherel numérote des tubes.

– Il faut s'organiser avant pour que tout se passe bien pendant, explique-t-il. Ce n'est pas là-bas, sous la pluie, dans le vent, que nous pourrons numéroter correctement nos échantillons.

Rigueur de la méthode. Premier pas vers le succès. Sur le carnet « *all weather* » de la marque « Rite in the Rain », résistant à l'eau, bien connu des ornithologues travaillant sur des terrains difficiles, Yves, avec un stylo *waterproof*, d'une écriture soignée, comme un écolier appliquant les leçons de la maîtresse, écrit les trois mots qui me transportent : île aux Cochons.

Adrien Chaigne, de son côté, reporte sur la carte la position des manchots que montrent les photos aériennes de décembre 2016 pour pouvoir les comparer ensuite sur le terrain avec leur réelle implantation.

Avec Cédric Marteau, ils partiront sur la piste des prédateurs. Des chats, des souris et peut-être des rats sont présents sur l'île et pourraient avoir joué un rôle néfaste. La présence d'espèces invasives, introduites au XIXe siècle, est une plaie pour les îles subantarctiques où elles font de considérables dégâts sur la faune et la flore. Le directeur de la réserve naturelle a une obsession : empêcher l'introduction de graines, de pollens, venant de l'extérieur. L'île est une réserve naturelle intégrale. Protection maximale. Tous les vêtements qui vont débarquer sont neufs.

Nous serons équipés de pied en cap. Pantalons, bottes, blousons, pull, gants, survêtements étanches, sacs à dos, tentes. La biosécurité est devenue une priorité pour les TAAF. Un protocole strict est imposé avant chaque débarquement, que ce soit sur la base de Crozet, aux Kerguelen ou Amsterdam et, pour l'île aux Cochons, on ajoute un degré de rigueur supplémentaire avec un équipement fourni par la réserve naturelle.

Sur le *Marion Dufresne*, un local est dédié à la biosécurité. Son nom illustre bien son rôle : le sas. Comme le sas qui permet aux plongeurs de sortir du bathyscaphe, aux astronautes de quitter leur module pour entrer dans l'espace. Un sas entre deux mondes qui, peut-être – une question philosophique m'assaille soudain –, n'auraient jamais dû être en contact. Mais c'est une autre histoire. Il n'y aurait pas d'histoire. Avant la fin du XVIIIe siècle, aucun être humain ne s'était aventuré dans ces lieux. Aucun navigateur. Ni Vasco de Gama qui, le premier, en 1497, contourna par le sud du continent africain ; ni Magellan en 1520 ; ni Abel Tasman en 1620, qui explora l'océan Indien et repéra, sans y aborder, la Tasmanie.

On s'active dans le sas. Nos chaussures d'appoint sont brossées, lavées à grande eau, aspergées d'un liquide biocide pour tuer les germes. Nous devons vérifier et nettoyer tous nos sous-vêtements, seuls effets non fournis par l'organisation – les gants, les slips, les chaussettes en particulier –, dans le tissu desquelles auraient pu se ficher des plantes glanées lors d'une randonnée à la campagne dans le Brionnais ou les Corbières, aspirer les poussières et les pollens, traquer les graines qui se seraient incrustées, retirer la moindre brindille à la pince à épiler. Notre matériel est également passé au peigne fin : la caméra, et la caméra de secours – Bertrand est du genre prévoyant dans ce domaine –, les objectifs semi-grand-angle et téléobjectifs, les batteries et le chargeur, le trépied et la caisse, le spot d'éclairage, les micros et les piles. Au retour, il faudra réitérer l'opération dans le sas pour ne rien ramener des Cochons. Sinon des souvenirs et des images.

L'hélice du radar tournoie en haut du mât. La mer est grise et plate. Des albatros à sourcils noirs ont fait leur apparition dans le sillage. Les passagers sont maintenant tous chaudement couverts quand ils sortent mitrailler les oiseaux avec leurs appareils photos. Cette nuit, à 2 heures du matin, nous sommes entrés dans les 40es. L'officier de quart n'a pas osé faire un appel général et réveiller tout le monde pour l'annoncer au milieu de la nuit.

C'est une nouvelle étape. Elle évoque les grands vents, la forte houle, le rugissement des éléments qui emportent à toute allure les concurrents du Vendée Globe vers leur gloire ou leurs déboires dans la course autour du monde. Parfois, la route des voiliers et celle du navire des TAAF se croisent. En décembre 2016, le *Marion Dufresne* s'était détourné pour secourir, dans des creux de huit mètres, par une tempête force 9, Kito de Pavant, en perdition au niveau du 44e parallèle, au nord de Crozet. Son monocoque s'était brisé sur un OFNI, l'un de ces objets flottants non identifiés qui sont la hantise des skippers.

À 7 heures du matin, ce 14 novembre 2019, notre position est 41 ° 10' 8" S. Mer forte. Ça bouge et pourtant je n'ai rien senti pendant mon sommeil. Nous avons passé le 40e parallèle comme dans un rêve. Je veux me rattraper en célébrant dans mes pensées matinales ce moment symbolique, comme on fête le passage de la « ligne » en franchissant l'équateur dans la marine à voile.

En janvier 1772, Marion-Dufresne était à peu près à la même position que nous. Un peu plus à l'ouest. Il avait dû sentir, lui aussi, le vent fraîchir et les températures chuter, celle de l'eau et celle de l'air, dans les parages des 40es. Les vents le poussaient. Aujourd'hui, dans le bateau qui porte son nom, au pont H, accrochée sur le mur du salon de l'armateur, une mappemonde raconte son histoire en creux.

Son titre me laisse rêveur. *Carte universelle de la Terre. Dressée sur les relations les plus nouvelles, soumises aux observations astronomiques des Messieurs de l'Académie Royale des sciences*. Par J.-B. Nolin géographe. Paris. 1755.

Elle est richement illustrée, avec quatre personnages costumés aux quatre coins symbolisant les quatre continents : Europe, Afrique, Asie, Amérique. Et des animaux, cheval, lion, tigre, crocodile, sur fond de palmiers. Dans deux grands cercles collés l'un à l'autre, au centre, les contours des terres et des mers, un peu flous, sommaires parfois, dessinent le monde tel qu'on le connaissait à l'époque. Seule la côte est de l'Australie apparaît, laissant deviner, dans son prolongement, un immense territoire encore à découvrir. La Polynésie ne figure pas. À ce moment-là, ni James Cook ni Bougainville n'avaient entamé leurs explorations.

Au sud de l'océan Indien, autrefois appelé mer des Indes, on voit l'Isle de France, actuelle Maurice, et l'Isle Bourbon, actuelle Réunion, aux côtés de Madagascar et de la pointe de l'Afrique et, plus au sud, le cap de Bonne-Espérance. Plus bas encore sont mentionnées l'île d'Amsterdam, aperçue la première fois le 18 mars 1522 par Juan Sebastián Elcano, compagnon de Magellan lors du premier tour du monde à la voile, et l'île de Saint-Paul, magnifique cratère effondré, découvert, cartographié et positionné au 38e parallèle sud en 1559, par un équipage portugais. Mais au-dessous de ces deux îles qui font aujourd'hui partie des TAAF, sur la mappemonde de Jean-Baptiste Nolin de 1755, il n'y a rien.

Un vaste espace maritime s'étend, peuplé simplement de mots imprimés en lettres capitales « TERRES AUSTRALES », dont on soupçonnait l'existence sans en avoir la preuve. Un trait rouge signale sobrement le « cercle polaire antarctique ».

Je plonge mon regard dans cet espace vide, vierge, qu'aucun bateau n'avait sillonné, où aucun homme n'était venu, avant l'expédition de Marion-Dufresne. La carte appelle de nouveaux voyages. La mer s'est formée. Le navire attaque des creux de six mètres. L'horizon est blanc et je laisse mon imagination s'y engouffrer pour revivre un moment historique.

Chapitre 6

La découverte

Port-Louis, Isle de France, 20 août 1771

Ils s'étaient donné rendez-vous devant le bancassal des Lascars. À 8 heures du matin, sous un soleil déjà impitoyable, Port-Louis s'animait. Le tintamarre des calfats, le bruit des patarasses, l'odeur de l'étoupe emplissaient l'air. Une légère brise bruissait dans les palmes. Le quai frémissait de chaleur. Des esclaves chargeaient une charrette. Des matelots indiens faisaient rouler des barriques. Marion-Dufresne regardait vers le large. Les deux flûtes qui l'emmèneraient, le *Mascarin* et le *Marquis de Castries*, attendaient dans les eaux calmes de la baie. Une voile pointait à l'horizon. Julien Crozet arriva en souriant.

– Capitaine, nous en avons vingt nouveaux, dit-il en s'épongeant le front.

– C'est bien, Crozet. On avance.

– Il nous en manque encore une bonne vingtaine. Nous avons besoin de 140 hommes au moins sur le *Mascarin*.

– On les trouvera, il nous reste cinq ou six semaines, répondit Marion-Dufresne.

Après cinq mois de préparation, l'armement du *Mascarin* et du *Marquis de Castries* s'achevait. Marion-Dufresne se préparait à partir pour son plus grand voyage. Une mission inédite : reconduire chez lui le Tahitien Aoutourou que Bougainville avait ramené de son voyage autour du monde en 1768. Celui qu'on appelait « l'Indien » avait fait forte impression à la cour et Louis XV demandait qu'il fût traité avec tous les égards afin qu'il pût regagner sa patrie dans les meilleures conditions. Marion-Dufresne s'était proposé en acceptant de prendre en charge tous les frais. Né à Saint-Malo dans une famille d'armateurs, il avait, à 47 ans, une belle carrière de marin derrière lui. D'abord corsaire contre les Anglais dans le golfe de Gascogne et la mer d'Irlande, puis capitaine commerçant pour la Compagnie des Indes, il sillonnait depuis dix ans les eaux chaudes de l'océan Indien. Il avait acquis des terres sur l'Isle de France et s'y était fait une position. Mais, à tout bien peser, rien de vraiment remarquable à ses yeux. En acceptant de ramener Aoutourou, il espérait pouvoir briller. Pour gagner Tahiti, la Nouvelle-Cythère découverte par Bougainville, il proposait de prendre la route du sud, encore inexplorée, depuis les 45 degrés jusqu'aux 55 degrés de latitude sud afin de reconnaître les terres australes dont les marins rêvaient sans les avoir jamais vues. « *Quoique ces climats paraissent peu promettre,* expliquait-il dans son projet, *la marine peut en retirer de grands avantages et la pêche peut y être aussi abondante que sur les bancs de Terre-Neuve.* »

Julien Crozet serait son second.

– Regardez, capitaine, il me semble que ce pourrait être le *Berryer*, dit Crozet en tendant sa lunette.

La voile à l'horizon avait grandi. Un gros vaisseau ventru entrait dans les eaux de Port-Louis.

– C'est bien lui, confirma Marion.

On l'attendait depuis plusieurs jours. La rumeur avait porté jusqu'ici la nouvelle de la venue du lieutenant de vaisseau de Kerguelen qui devait lancer une expédition à partir de l'Isle de France.

Une course à la gloire s'était engagée. Depuis quelques mois, à Versailles, le rêve de découvrir le continent austral était revenu à la mode. Les discours enflammés de Charles de Brosses, auteur d'une *Histoire des navigations dans les terres australes* en 1756, avaient de plus en plus d'échos. « *Ce serait,* clamait-il, *l'entreprise la plus grande, la plus noble, la plus utile peut-être que puisse faire un souverain. Comment douter qu'une aussi vaste étendue de pays ne fournisse après la découverte des objets de curiosité, des occasions de profit, peut-être autant que l'Amérique en offrait dans sa nouveauté.* »

Le roi n'y était pas insensible. D'autant que l'Angleterre affichait ses ambitions. On savait que James Cook venait de partir pour son deuxième voyage dans le but d'explorer les zones inconnues du Grand Sud. C'est un marin breton qui fut choisi pour relever le défi. Jusqu'alors, Yves Joseph de Kerguelen de Trémarec jouissait d'une honorable réputation dans la marine du Roi sans vraiment avoir accompli d'exploit notable. Ce serait l'occasion. La plus belle mission de sa carrière.

*

À bord du *Berryer*, il n'en pouvait plus. Kerguelen avait quitté Lorient le 26 avril. Près de quatre mois de voyage sans escale. Pas de rafraîchissement au Cap. Il était pressé. Sitôt le port en vue, il ordonna de sortir l'échelle de coupée et monta dans un canot.

– Ainsi, voici Port-Louis, se dit-il. Quelle chaleur !

En posant le pied sur le quai, il rajusta son habit et son chapeau, adopta son air le plus solennel, empoigna sa canne et, feignant de ne pas être impressionné par l'exotisme du lieu, à cette heure où le port est en pleine animation, se dirigea vers la maison du gouverneur. Il marchait en tâchant d'éviter les flaques. La rue était boueuse. On le regardait. Il répondit d'une légère inclinaison de la tête à un gentilhomme qui lui adressait un salut.

– Ainsi, voilà Kerguelen, se dit Marion-Dufresne. On dirait qu'il boite.

Les nouvelles vont vite à Port-Louis. Au moment où il arrivait sur la place d'armes, devant la demeure du gouverneur, le second lieutenant du *Berryer* rattrapa Kerguelen pour lui glisser à l'oreille une information qui le fit s'arrêter net.

– Comment cela, un voyage vers les terres australes ? Marion-Dufresne ! Mais de qui se moque-t-on ?

Les deux marins se rencontrèrent quelques jours plus tard lors d'une réception donnée par l'intendant Pierre Poivre en présence du gouverneur Desroches. Ils se toisèrent du haut de leurs différences. Le noble breton, sûr de son fait, le marin malouin, fier de son expérience. La courtoisie élémentaire les conduisit à éviter les éclats de voix. Mais c'était comme si, dans la chaleur tropicale de Port-Louis, une bise polaire venait de souffler sur la conversation.

– Monsieur le capitaine de brûlot, commença Kerguelen.

– Monsieur le lieutenant de vaisseau, répliqua Marion.

– On me dit que vous prenez la mer avec notre fameux Indien.

– Dans un mois au plus tard.

– Parlez-moi de votre voyage. Vous partez donc vers la Cythère de Bougainville, en quelque sorte dans son sillage. N'est-ce pas, monsieur le capitaine de brûlot ? insista Kerguelen.

Marion-Dufresne encaissa sans mot dire. Ce grade de capitaine de brûlot était le plus haut que puisse atteindre un roturier. Malgré tous ses états de service et toutes ses qualités, il resterait toujours un inférieur. Les plus hauts postes de la Marine royale étaient réservés aux nobles. Kerguelen se plaisait à le lui faire sentir.

– C'est exact, monsieur, répondit Marion-Dufresne. Mais, pour gagner Tahiti, nous prendrons une autre route. Vers l'est, bien sûr, comme vous devez le savoir, mais plus au sud que notre cher Bougainville pour explorer au passage l'océan Austral et les terres qui le composent sous le 45e degré sud.

– Mais savez-vous que c'est à moi que le Roi a confié cette mission. Nous ne saurions être en concurrence, lança Kerguelen, dont l'esprit commençait à s'échauffer.

L'intendant Pierre Poivre intervint pour calmer le débat.

– Le voyage du sieur Marion sera tout de longitude puisqu'il doit ramener l'Indien Aoutourou à Tahiti, alors que le vôtre sera entièrement de latitude puisque Sa Majesté vous a enjoint d'explorer le Sud au plus profond.

– Les terres australes sont toutes pour vous mon cher, renchérit le gouverneur Desroches. Dufresne doit nous rapporter des épices chères à monsieur Poivre, et vous, c'est un Nouveau Monde qui vous attend.

– Comment souffrirait-on qu'il en soit autrement ? répondit Kerguelen en se cabrant. Laissons aux marchands les marchandises et aux explorateurs l'exploration.

– Nous verrons bien ce que la route et la providence nous réservent, répliqua Marion-Dufresne.

Les deux capitaines, lancés chacun dans leur quête, ne devaient jamais se revoir.

Port-Louis, Isle de France, 18 octobre 1771

Les mains posées sur les boiseries de la dunette, Marion-Dufresne regarda vers le large et prit une grande inspiration. Le *Mascarin* et le *Marquis de Castries* avaient appareillé à 11 heures du matin.

– L'espace, Crozet, l'espace ! Et cette bonne brise qui nous fera le plus grand bien.

Il n'était pas fâché de s'en aller. Ce Kerguelen l'avait fortement agacé et même un peu blessé. Les dernières instructions reçues indiquaient que sa route ne devait pas descendre en dessous de 45° sud.

– Quelle morgue ! Crozet, quelle morgue !

– C'est le propre de ces gens-là, capitaine, répondit Julien Crozet calmement.

À Port-Louis, l'atmosphère devenait malsaine. La petite vérole était revenue. Elle s'immisçait dans les maisons de bois insalubres, dans les rues étroites autour du port, dans les bouges où les marins allaient s'enivrer. C'est là qu'ils avaient recruté une bonne partie de l'équipage.

– Pourvu qu'elle ne soit pas montée à bord ! pensait Marion.

Une première escale était prévue à l'Isle Bourbon, mais ils ne purent débarquer.

– Capitaine ?

La mine sombre du chirurgien du bord confirma ses craintes.

– Un problème, Thirion ?

– La petite vérole, un premier cas.
– Qui ?
– L'Indien.
– Non, pas lui.

Malgré tous les efforts entrepris pour le soigner, le Tahitien s'éteignit le 6 novembre. Sa mort fut durement ressentie par les équipages. Aoutourou, durant son séjour de trois ans, avait séduit tout le monde, la cour à Versailles, les femmes à Paris et, sur le *Mascarin*, les matelots comme les officiers. Il avait le sens de la fête. Un lourd silence accompagna la cérémonie lorsque son corps, drapé dans un linge blanc, fut donné à la mer.

– Il était bon homme, résuma l'enseigne Jean Roux.

Marion-Dufresne devait maintenant prendre une décision. La logique voulait qu'il revienne sur l'Isle de France puisque l'objectif principal du voyage était de ramener Aoutourou à Tahiti.

Il n'hésita pas longtemps.

– Route vers le Cap.

– Capitaine, ne serait-il pas plus raisonnable de…

– Si, Crozet, il serait ! Mais cela n'est pas, l'interrompit Marion. Nous avons engagé déjà trop de frais. Je ne puis me permettre de rentrer sans rien.

Julien Crozet ne fut pas surpris. Il savait que Marion, ancien corsaire, était d'abord un aventurier « *sans principes ni retenue, mais brave* », comme le décrivait une note des directeurs de la Compagnie des Indes. Il savait que le désir de faire des découvertes et de se distinguer l'emporterait sur toute autre considération.

– À nous les terres australes ! Nous avons un peu d'avance et, si la chance le permet, nous devancerons Kerguelen. Mais il nous faut d'abord ravitailler.

La ville du Cap, tenue par les Hollandais, était alors l'auberge et le magasin des mers du Sud pour tous les marins qui voulaient arrondir le cap de Bonne-Espérance et contourner l'Afrique. Dès son arrivée, le bateau de santé fit sa visite. M. Tolback, gouverneur hollandais du Cap, prenait des précautions, car, l'année précédente, la population de la colonie avait été durement frappée par une épidémie de petite vérole. Les hommes restèrent au mouillage devant l'île Robben, qui n'était pas encore la prison des opposants à l'apartheid. Ils se firent livrer des provisions pour deux vaisseaux pour une campagne de 18 mois en laissant une ardoise de 110 000 livres. Marion espérait que les bénéfices du voyage permettraient de rembourser la dette.

Le 26 décembre 1771, à 11 heures du matin, le *Mascarin* et le *Marquis de Castries* prirent la route du sud-est. Ils allaient entrer dans des mers qui n'avaient pratiquement jamais vu de bateaux. L'enseigne Jean Roux notait ses impressions :

« *6 janvier 1772 : un ciel bleu, plein d'oiseaux.* »

« *7 janvier. 41 degrés sud. Beaucoup d'oiseaux encore, signe d'une terre proche. Des albatros, des goélands bruns, des goélettes, des hirondelles des mers.* »

Les jours suivants, grosse mer, pluie, brume et froid violent.

Le 11 janvier, Julien Crozet s'étonna :

– Je ne comprends pas, capitaine, nous sommes à seulement 45 degrés sud, en plein été, et il fait bien plus froid que dans notre France à la même latitude en hiver.

Marion n'avait pas de réponse. La science n'était pas descendue jusque-là. Un brouillard épais, troué par le passage de nombreux oiseaux, les enveloppa pendant cinq jours. Le 13 janvier, à 16 h 30, le cri de la vigie retentit.

– Terre au nord !

Julien Crozet en ébaucha à la hâte les contours. Marion nota la position :

« *46 degrés 30 minutes de latitude sud, 32 degrés 40 minutes de longitude à l'est du méridien de Paris.* »

– Elle pourrait être très étendue, dit Crozet.

« C'est peut-être la pointe avancée d'un grand continent », pensa Marion.

Ils sondèrent et trouvèrent, à 90 brasses de profondeur, du gros sable et des débris de coquillages. Les idées fusaient sur le *Mascarin*.

– Nous l'appellerons Terre d'Espérance, déclara Marion juste avant qu'elle ne se dérobe comme si elle n'avait été qu'un mirage.

Le lendemain, tableau différent. Au lever du soleil, la même île réapparut. Des montagnes couvertes de neige, des cascades, pas d'arbres, mais de la broussaille et de la verdure.

– Elle est bien laide, estima Roux.

– Elle me paraît plus fertile que nos côtes de Bretagne dont le premier aspect promet moins, rétorqua Marion, qui voulait rester optimiste.

Les bateaux avancèrent en labourant le goémon. De longues tresses d'algues noires de plusieurs mètres ondulaient contre la coque. Ils longèrent bientôt une autre île à proximité. Crozet en estima la circonférence à sept ou huit lieues et calcula la position : 46° 45' sud – 34° 31' est. Il crut apercevoir une caverne au fond d'une anse.

– Nous l'appellerons l'île de la Caverne, annonça Marion au moment même où elle disparaissait derrière une nappe de brouillard.

– Décidément, c'est une habitude dans ce secteur ! s'écria le capitaine.

Il donna l'ordre de s'en approcher. Du poste de commandement, il ne voyait même pas la poupe du *Mascarin*. Le vent sifflait. La houle claquait sur la coque en fuseau de la flûte. Et c'est un cri qui soudain déchira l'épaisseur du brouillard.

– Alerte ! Alerte ! Danger à bâbord. Le *Castries* ! Bon Dieu, le *Castries* !

La voix de Crozet fut coupée net par un bruit fracassant. Les deux bateaux venaient de se percuter. Beaupré brisé sur le *Marquis de Castries* et un gabier tué par la chute du mât de misaine. Haubans d'artimon et couronnement de la dunette en morceaux sur le *Mascarin*. Les jours suivants, sous un vent incessant, les charpentiers opérèrent une réparation de fortune sans parvenir à rétablir toutes les capacités de manœuvre des navires.

Marion-Dufresne était effondré.

– Toute tentative de plongée vers le sud nous est retirée. Je n'avais pas imaginé de si grands obstacles à nos recherches. Ces maudites brumes rendent la navigation trop périlleuse. C'est peut-être à Kerguelen que sourira la bonne fortune.

Cap à l'est sous une pluie glaciale. Des hirondelles de mer les accompagnaient, perchées sur les vergues gelées. Une autre terre s'annonçait. Elle sortit de nulle part le 22 janvier à 8 heures du matin. Julien Crozet en dessina le profil de quelques coups de crayon rapides. Elle s'estompa aussi mystérieusement qu'elle était apparue. Position 46° 5' sud – 42° est.

À 4 heures de l'après-midi, une nouvelle forme surgit à l'est, à 12 lieues, couronnée de montagnes qui paraissaient très hautes. De fortes bourrasques secouèrent les deux flûtes. La grand-voile du *Mascarin* partit en lambeaux. Toute la nuit, sans répit, les bateaux coururent bord sur bord. Les hommes d'équipage, tétanisés par le froid, ne purent fermer l'œil. On n'avait pas prévu de vêtements assez chauds pour ce climat.

Le 23 janvier, plus rien ne paraissait des visions de la veille. Stupeur sur le pont. Une île de glace, immense, monstrueuse, vint frôler les bateaux. Les matelots, les officiers étaient effrayés, sidérés. Quatre cents mètres de long. Plus hautes que les mâts.

Marion-Dufresne n'eut pas besoin de faire un référendum pour baptiser les lieux qu'ils venaient de découvrir. Tout l'équipage adopta sans hésiter le nom qu'il leur donna : les îles Froides.

Ils ne pouvaient se douter que la forme ingrate entraperçue deviendrait, 250 ans plus tard, une destination mythique pour les passionnés des terres australes. La première des îles Froides apparue pour la première fois aux yeux des hommes le 22 janvier 1772 ne garderait pas ce nom.

Elle s'appelle aujourd'hui l'île aux Cochons.

Chapitre 7

LE SILLAGE DES PIONNIERS

Aujourd'hui, emporté bien plus confortablement que lui sur le navire qui porte son nom, je mesure ce que l'on doit à Marion-Dufresne. Je ne veux pas en faire un héros. Une partie de sa fortune et de sa position provenait du commerce des esclaves. Il avait, pour ce voyage sur le *Mascarin*, trois hommes noirs à son service personnel. C'est une tache indélébile sur sa personne et sur tout ce qui fut entrepris à cette époque. Il était pourtant sensible aux idées de Jean-Jacques Rousseau qui circulaient jusque dans les colonies françaises. Sur l'Isle de France, il avait rencontré le botaniste et naturaliste Philibert Commerson, compagnon de Bougainville durant le *Voyage autour du monde*, et côtoyé le jeune La Pérouse avant son départ pour une expédition de découverte au long cours dont il ne reviendrait pas et qui reste légendaire. Marion-Dufresne, tout en étant un commerçant, un homme d'affaires et un corsaire peu scrupuleux, était animé par l'esprit des savants de son temps. En septembre 1768, il avait organisé une expédition aux Seychelles en demandant à son second de rédiger un rapport détaillé. Les instructions étaient les suivantes : « *Examiner la nature du sol, et sa profondeur ; suivre toutes les rivières... donner la plus grande attention à la connaissance et à la recherche de toutes les espèces de production intérieure en arbres, arbustes, plantes, herbes, animaux quadrupèdes, oiseaux, insectes, poissons d'eau douce ; pierres, terre et minéraux.* » « *Rien n'est indifférent,* poursuivait-il. *Il ne faut craindre ni les détails ni les descriptions ; tout est digne d'attention dans une mission comme la vôtre… Il convient de tenir un journal de tout ce qui se découvrira, s'exploitera et recueillera en quelque genre que ce soit avec un raisonnement et une explication analogues à chaque chose.* »

Quand je regarde, dans la « salle sciences », les chercheurs penchés sur leurs dossiers, étudier les cartes, analyser les données, et en particulier ceux de l'équipe « Cochons », je me dis que nous sommes bien, sur le *Marion,* dans le sillage de Marion-Dufresne. Quand je vois Bertrand, campé sur ses jambes, épousant les mouvements du navire pour capter l'oscillation d'une chaîne rouillée, saisir au vol l'éclair d'une soudure que les matelots font sur le bastingage, je fais mienne la leçon de Dufresne : « *Rien n'est indifférent, tout est digne d'attention !* »

Le marin malouin avait une forme d'honnêteté intellectuelle qui tranche, il me semble, avec l'attitude de son rival austral Kerguelen. De son voyage, le chevalier breton rapporta des descriptions de choses qu'il n'avait pas vues et qui n'existaient pas, une sorte de roman sur la découverte d'un « troisième monde » qui lui valut d'abord la gloire, puis la disgrâce. Marion-Dufresne, lui, ne revint jamais de son expédition. En mai 1772, il fut tué par des Maoris sur la côte nord de la Nouvelle-Zélande. Son journal s'est perdu. On rêve à ce qu'il aurait pu contenir de précieux renseignements.

Et je me dois de terminer le récit inspiré des journaux de Julien Crozet, Jean Roux et Paul Chevillard de Montesson, l'écrivain du bord. Ces hommes vont être les premiers à fouler le sol des îles subantarctiques.

À bord du Mascarin, *24 janvier 1772*

Au matin, la mer s'était calmée. Le ciel se dégageait. L'horizon s'ouvrait sur une nouvelle île au sud-est. Elle était très haute, couverte de neige. Marion donna l'ordre d'approcher et de la contourner.

– Elle doit avoir quatre ou cinq lieues de large, estima Julien Crozet.

– C'est bien une île, encore une île !

– Et, derrière, il y en a une autre, plus petite, ronde, aride, ajoute Roux.

Marion était perplexe. Un peu déconcerté. Était-ce un archipel isolé ou l'avant-garde d'un continent ? À 11 heures, il décida d'envoyer un canot à la mer. Il glissa un message signé de sa main et daté du jour dans une bouteille et la confia un peu solennellement à Crozet. C'était la première fois de sa carrière déjà longue qu'il avait la possibilité de procéder à un acte aussi important symboliquement.

– Julien, vous irez reconnaître les lieux et vous en prendrez possession au nom de notre roi Louis. Vous laisserez cette bouteille en évidence dans un endroit visible et protégé pour que ceux qui pourraient venir après nous sachent qu'ils ont été précédés.

Crozet s'en alla, accompagné de Chevillard de Montesson et de l'enseigne Roux comme officiers, et de robustes matelots pour souquer jusqu'à une lagune qu'ils avaient repérée.

Ils pénétrèrent dans le barachois sans difficulté majeure et débarquèrent sur une grève. Ils s'avançaient maintenant dans un paysage neuf.

– Rien à voir avec notre bonne Bretagne ! s'exclama Roux.

Ce qu'ils avaient entrevu de loin se confirmait : pas le moindre arbre, une végétation rase, une colline. Crozet se mit à grimper. Le paysage s'élargit. Des montagnes au loin, des vallées, et toujours la même herbe qui donnait à ce décor une couleur vert-de-gris sous le ciel bas.

– Ce n'est pas le Pérou, maugréa Roux.

– Et ce n'est pas la Cythère que nous a vantée Bougainville, maugréa Chevillard de Montesson.

– Oui, mais désormais ce sera une terre de France !

Crozet avait parlé d'un ton grave. C'était la première fois pour lui aussi qu'il se retrouvait dans une telle situation. Il sortit le papier roulé dans la bouteille et lut à haute voix dans le vent et les cris des oiseaux : « Au nom du Roy LUDOVICUM XV GALLIARUM, en ce 24 janvier 1772, nous prenons possession de cette terre découverte sous le commandement du sieur Marion-Dufresne. »

Trois fois, les hommes crièrent « Vive le Roy », et trois fois, ils tirèrent une décharge de mousqueton. Crozet glissa le manuscrit dans la bouteille, la reboucha à la cire. Cérémonie rapide. Ainsi s'agrandissait le royaume de France.

L'enseigne Roux escalada un amoncellement de rochers. Du sommet, à une vingtaine de mètres de hauteur, dominant la baie, il vit le *Mascarin* et le *Marquis de Castries* qui avaient mis à la cape à deux lieues. Il leur adressa de grands signes, coinça la bouteille dans un trou entre deux pierres. Seul le goulot dépassait.

– C'est bon pour la bouteille ? demanda Crozet.

– Les jours de soleil, on la verra peut-être briller, répondit Roux en redescendant.

Il était temps de rentrer.

Sur le pont du *Mascarin*, Marion ne se faisait pas d'illusion. Ces îles ne lui disaient rien qui vaille, mais il était tout de même impatient.

– Raconte, s'empressa-t-il de demander à son second sitôt revenu à bord.

– Si je peux parler franchement…

– Mais oui !

– Cela ne vaut rien. Ces terres ne sont pas habitables. Pas du tout. Je ne vois pas comment des hommes pourraient vivre là. Je pense qu'il n'y en a pas et qu'il n'y en a jamais eu. C'est infernal. Vous avez ressenti comme tout le monde la dureté des éléments en mer, les ravages continuels des vents dans les parages. À terre, c'est pire. Il n'y a rien. Aucun abri. Aucun répit.

Crozet était dégoûté. Marion, malgré le peu d'espérances qu'il plaçait en ces lieux, était déçu.

– Ah si, il y a peut-être quelque chose d'intéressant, ajouta Crozet.

– Quoi donc ?

– Les pingouins. C'est le pays des pingouins. Il y en a partout, des centaines, des milliers. Ça crie en permanence. Un capharnaüm. Et des oiseaux, des quantités d'oiseaux au point qu'on ne les puisse compter. Des damiers, des cormorans, des plongeons, des sortes de canards sauvages. Une folie d'oiseaux. Je n'ai jamais vu un tel spectacle. Et ils n'ont point peur. Surtout les pingouins. On marche au milieu d'eux sans qu'ils ne s'écartent ou presque. On prend leurs œufs sans qu'ils les défendent. Ils se laissent prendre sans réagir.

Marion écouta le récit et regarda, stupéfait, les matelots entasser sur le bateau une centaine de ces pauvres « pingouins » qu'ils avaient massacrés à coups de bâtons.

– Que voulez-vous faire de tout cela ?

– Les manger peut-être. Pourquoi pas ? On dirait de gros poulets.

– Cela fera de la viande fraîche.

– Autre chose encore, capitaine. Des loups marins. D'énormes bêtes bien grasses. Il y en a des centaines qui se laissent approcher facilement elles aussi.

Marion-Dufresne restait songeur.

– J'imagine que ce doit être pareil sur les autres îles que nous avons aperçues. Si le continent austral se trouve être tout entier du même acabit, cela promet ! Laissons-le à Kerguelen. Je lui souhaite bien du plaisir.

Sur le journal du *Mascarin,* il nota le nom donné à cette terre : l'île de la Prise de Possession. Et il décida de mettre le cap tout droit à l'est sans descendre plus au sud.

⁂

Soucieux sans doute de satisfaire aux exigences de son capitaine, Paul Chevillard de Montesson, au retour de l'île de la Possession, fit une description méticuleuse, l'une des toutes premières, sinon la première, des manchots royaux : « *Les pingouins diffèrent beaucoup de ceux qu'on trouve dans le Nord et au cap de Bonne-Espérance. Ils sont de la grosseur d'une oie, portent la tête haute, ont des yeux semblables à ceux du coq et aussi vifs, des plumes jaunes sur la tête en forme de huppe, noires et rudes sur le dos, blanches sous le ventre ayant dessous un duvet fort épais, des ailerons sans plumes qui leur servent de nageoires étant à l'eau, à sauter et à courir avec plus de vitesse à terre, un bec de corbeau, des pattes grosses et courtes sur lesquelles ils se tiennent bien droits, ils nagent avec une vitesse surprenante, ont le cri très perçant et très désagréable…* »

Les ornithologues français approuveraient ce portrait qui souligne clairement ce qui singularise les manchots. Comme ils présentaient une forte ressemblance avec le grand pingouin présent dans les régions arctiques de l'hémisphère nord, les premiers navigateurs, les croyant cousins, les ont appelés pingouins. Or il s'agit de deux espèces différentes. Aujourd'hui, le grand pingouin, trop chassé, a disparu de la surface de la Terre, contrairement au manchot qui peuple encore par millions les îles subantarctiques et n'existe que dans l'hémisphère sud.

*

Le 2 février 1772, les deux flûtes de l'expédition de Marion-Dufresne passèrent, sans le voir, à 1,8° au nord de l'archipel que Kerguelen découvrirait le 13 février. Le 8 février, Yves-Joseph de Kerguelen, parti le 2 janvier de l'Isle de France, avait lui-même frôlé l'île aux Cochons sans la voir. Hasard du voyage et de l'histoire. À son retour, ni Julien Crozet ni ses compagnons ne se vanteront vraiment de leur découverte des premières îles australes. Mais leurs récits et leurs descriptions de la faune locale vont circuler dans les ports et attirer dans ce secteur une nouvelle sorte de marins : les chasseurs de phoques. On assistera, quelques années plus tard, au début du XIXe siècle, à une ruée vers l'or gras des éléphants de mer. La future île aux Cochons sera une de leurs zones de chasse les plus profitables.

Chapitre 8

La photo

Les six canots orange pétard du *Marion Dufresne* qui assureront notre survie en cas de pépin majeur semblent flotter entre le ciel et l'eau. La mer commence à froncer. Derrière le hublot, les préparatifs de la « mission Cochons » se poursuivent.

Soudain, une exclamation retentit dans la salle de projection. Un « Ah ! » sonore et profond de contentement. Une photo vient de s'afficher sur l'écran. Pas une simple photo. LA photo. Une image devenue mythique. Charly Bost me glisse qu'elle a fait rêver des générations d'ornithologues. Cédric Marteau, debout devant l'auditoire, la commente. On y voit comment s'étendait la colonie sur le site de l'Amphithéâtre du morne du Tamaris.

Projetée en grand, elle a de quoi impressionner. Des manchots partout, une mer de manchots qui s'étale sur la surface entière de l'image, et qui, avec les variations de noir et blanc de leur plumage, semble en mouvement malgré la fixité du cliché, comme si elle était animée par une vague intérieure. Elle a été prise le 12 février 1982. C'est une des rares images de l'île aux Cochons vue du sol, la dernière d'un lieu devenu, grâce à elle, légendaire dans les mers du Sud. Serrés les uns contre les autres, sur une étendue de 20 hectares, 500 000 couples de manchots royaux en pleine période de reproduction. La plus grande colonie au monde de ces oiseaux.

Ce jour-là, le *Marion Dufresne*, premier du nom, avait déjà fait un détour au cours de la mission océanographique MD 30 dont le but était de collecter du plancton et de la faune marine autour des îles de l'archipel Crozet. L'auteur de la photo, Jean-Claude Stahl, à l'époque jeune biologiste, en a gardé un souvenir impérissable. Son premier contact avec les Cochons a d'abord été olfactif. Le navire est arrivé au petit jour, en plein brouillard et sous le vent de l'île, à environ six milles. C'est d'abord l'odeur de la manchotière qui est venue le frapper : « Elle emplissait l'air de façon incroyable. C'est une odeur très caractéristique, âcre, acide, persistante. Vous imaginez plus d'un million de manchots au milieu de leurs déjections ! » Deuxième choc, ensuite, quand le bateau s'est approché et que la colonie est apparue : « Une énorme tache blanche sur le flanc de l'île, un peu comme un de ces villages blancs d'Andalousie. » Ils n'avaient passé qu'une dizaine d'heures à terre. Par chance, il faisait très beau. Troisième choc, une fois devant le spectacle : « Aux abords de la colonie, l'ambiance sonore était abasourdissante. Les skuas et les pétrels géants volaient au-dessus des manchots et patrouillaient aux bords de la colonie sans pouvoir y pénétrer tellement elle était dense. » Jean-Claude Stahl est monté sur un promontoire, pour avoir une vue d'ensemble, d'où il a pris la photographie que nous regardons.

Sur l'écran du salon, un schéma vient remplacer la photo. Un trait jaune marque les contours de la colonie en 1982 avec, à l'intérieur, un trait bleu pour la situation en 2005 et, plus petit encore, un trait vert pour 2016. Diminution spectaculaire. Sans explication.

La route continue. Cap au 189, toujours. La mer dans ses plis reste belle. Maintenant, ce sont de petites formes géométriques semblant s'emboîter les unes dans les autres qui ont envahi l'écran. L'image est presque incompréhensible. Si l'on zoome, tout devient flou, les pixels se délitent. En plan large, on comprend mieux. Une masse blanche au pied du morne du Tamaris. Chacune de ces touches blanches en forme de losange est un manchot royal. Un travail de bénédictin a permis de les compter et d'établir que la colonie avait perdu près des neuf dixièmes de sa population. C'est ce qu'on appelle un cliché technique. Pris du ciel à très haute résolution. Sa vocation n'est pas esthétique. On le doit à Fabrice Le Bouard, qui se prépare aujourd'hui à débarquer avec nous sur cette île qu'il n'avait vue que d'en haut. En décembre 2016, il participait à une expédition scientifique circumpolaire nommée ACE (*Antarctic Circumnavigation Expedition*), organisée par le Swiss Polar Institute, à bord du brise-glace russe *Akademik Tryoshnikov*. Sa mission était, entre autres, la collecte de données sur le plancton, les fonds marins, l'acidification de l'eau le long de son parcours, du Cap, en Afrique du Sud, en passant par Hobart, en Tasmanie, jusqu'à Punta Arenas, au Chili. À l'approche de Crozet – c'est sur le chemin –, une escale a permis de survoler l'île aux Cochons et de photographier la grande colonie de manchots royaux.

Le bateau s'était positionné au sud-est, non loin du cap de la Déception, que nous visons aussi. L'hélicoptère avait décollé à 7 heures du matin le 29 décembre 2016, profitant d'un créneau météo favorable. Il s'était d'abord dirigé vers les falaises du nord, où nichent des gorfous macaronis et des gorfous sauteurs par dizaines de milliers, avant de traverser l'île par l'intérieur, survolant les secousses du relief sculpté par l'activité volcanique, passant au-dessus d'anciens cratères aux jolis noms, *Le chapeau Rouge, La brioche, La selle Anglaise, Le cratère en cœur*, pour rejoindre le secteur de l'Amphithéâtre du morne du Tamaris. Et, comme s'ils voulaient garder le meilleur pour la fin, ils avaient terminé par la grande colonie qui se trouve sur un plateau à une centaine de mètres d'altitude et à 600 mètres environ de la mer. Portière ouverte, sanglé sur le siège avant, Fabrice Le Bouard avait mitraillé avec son téléobjectif 70-200 : « Nous sommes restés à 350 mètres de hauteur pour ne pas déranger les manchots. C'est la règle à observer. On a fait plusieurs tours. J'étais concentré sur la prise de vues, le but étant d'obtenir une série de clichés successifs pour donner une image précise de l'ensemble de la colonie, mais, avec Peter Ryan, de l'université du Cap, qui photographiait à l'arrière, nous avons tout de suite remarqué que quelque chose clochait. Il y avait de grandes zones de terre battue, libres, désertées, ce qui n'est pas normal. Par rapport à ce que nous connaissions, la population avait à l'évidence baissé. »

Le survol de la colonie a duré à peine cinq minutes. Cinq petites minutes. Cruciales dans l'histoire de l'île aux Cochons.

L'*Akademik Tryoshnikov* a poursuivi sa route et sa mission vers Kerguelen et l'Australie. À son retour en France, Fabrice a assemblé ses photos pour recomposer une vue d'ensemble de la colonie et il a commencé un patient travail de comptage. Identification d'un désastre. Il a vérifié, revérifié. Verdict sans appel. Le nombre de losanges avait fondu. Il ne restait plus que 60 000 couples de manchots royaux sur le site où il aurait dû y en avoir 500 000. Ce travail a révélé aussi une information nouvelle : 20 000 autres couples se sont installés non loin, dans un nouveau site jusqu'alors inoccupé, plus près de la mer.

Quand ils ont analysé ces clichés, au Centre d'études biologiques Chizé du CNRS, Charly Bost, Yves Cherel et Henri Weimerskirch, le grand ponte de la discipline, sont tombés de leur chaise. Ces photos venaient bouleverser toutes les connaissances. Ces photos, sans grâce, sans beauté, dans leur objectivité scientifique et technique, dans leur rationalité intransigeante, étaient bouleversantes.

Des images satellites viendront compléter le tableau et confirmer l'examen des photographies. En avril 2018, les chercheurs du CNRS publient, dans la prestigieuse revue de Cambridge, *Antarctic Science*, un article qui va faire sensation : « Déclin massif d'une des plus grandes colonies de manchots » (« *Massive Decline of the World's Largest King Penguin Colony at Ile aux Cochons, Crozet* »). Une catastrophe naturelle semble exclue. Il n'y a pas eu de tsunami ni d'éruption volcanique qui pourrait l'expliquer. Pour comprendre ce déclin, il est nécessaire d'aller sur place afin d'étudier la colonie et détecter de potentiels problèmes dans les zones d'alimentation des manchots en mer, d'éventuelles maladies ou parasites, ou des dégâts causés par des prédateurs introduits à terre. Le cap de la mission était fixé.

L'île aux Cochons, déclarée réserve naturelle intégrale, avait été volontairement laissée interdite de visite depuis 1982 afin que la nature y puisse jouer son rôle sans aucune interférence humaine. On avait décidé d'en faire un sanctuaire et voilà qu'en l'espace d'une trentaine d'années, une catastrophe s'était produite à l'insu des hommes sans que le moindre signe avant-coureur ne le laisse supposer.

Les doigts de Charles-André Bost se posent sur la carte IGN de l'île, comme s'il voulait, en touchant le papier où elle se dessine, entrer en contact avec ce lieu pour tenter de comprendre. Pour lui et pour les ornithologues qui travaillent dans l'océan Austral, c'est actuellement une des énigmes les plus intéressantes.

Les moteurs du *Marion* ronronnent. Le brouillard enveloppe maintenant le bateau. Charly regarde la carte. Malgré des contours parfaitement tracés, l'île aux Cochons reste dans le flou. Nimbée de mystère.

Chapitre 9

Une naissance

À l'énigme de la grande colonie s'effondrant comme se sont effondrés les grands empires s'ajoute une autre interrogation : pourquoi autant de manchots royaux concentrés sur ce caillou ? Cela vaut un petit crochet par l'hémisphère nord pour une autre histoire en parallèle.

Mer d'Islande. 14 novembre 1963. 65° 18' 23" N – 20° 36' 24" W.

Dans la pénombre du jour qui se lève à peine, à 7 h 15, le jeudi 14 novembre 1963, tandis qu'il est en train de préparer le café pour l'équipage, le cuisinier du *Isleifur II* aperçoit par le hublot une colonne de fumée qui s'élève au large des îles Vestmann, au sud de l'Islande, où le chalutier pêche depuis quelques jours. Il avertit le capitaine, qui croit d'abord à un incendie. Un de leurs collègues est peut-être en difficulté. Machine toute en direction de la fumée. Au fur et à mesure de l'approche, la colonne grandit et le capitaine comprend qu'il ne s'agit pas d'un simple feu. La mer est entrée en ébullition. Un volcan s'est réveillé sous l'eau. Le bateau ne peut aller plus loin. À 11 heures du matin, le panache noir s'élève à six kilomètres de hauteur. Il montera jusqu'à dix.

Les Islandais sont habitués aux volcans. Ils vivent avec depuis toujours. Les grondements du Grímsvötn sur le Vatnajökull leur sont familiers. Ils savent que le Eyjafjallajökull peut cracher sa poudre microscopique à tout moment. À Heimaey, dans les Vestmann, pendant cinq mois, de janvier à juin 1973, l'éruption du Eldfell a détruit une partie de la ville. On voit encore des maisons à moitié englouties sous des coulées de lave. L'île s'est agrandie de 2,4 kilomètres carrés. Les volcans remodèlent sans cesse le paysage, mais, de mémoire d'homme, les Islandais n'avaient jamais assisté à un tel spectacle. Ce qui se passe durant ces journées de la mi-novembre 1963 est historique. On assiste à la naissance d'une île. À 130 mètres de profondeur, la fissure qui avait formé les Vestmann s'est rouverte. Le magma, remonté du centre de la Terre à la température de 1 180 °C, entre en contact avec une eau à 10 °C. Choc thermique qui produit une fragmentation. Des millions de scories légères, poreuses, se forment, se figent, s'amoncellent. Le 14 novembre, au moment où le cuisinier de l'*Isleifur II* interrompait sa préparation du café, la lave venait d'atteindre la surface. Le lendemain, la masse s'élevait à 45 mètres de hauteur sur 500 mètres de longueur. Le 24 novembre, l'île mesurait 1 300 mètres de diamètre. Le 1er décembre 1963, deux semaines après le début de l'éruption, le premier oiseau, une mouette tridactyle, se posait sur l'île toujours en train de grossir.

La nature va vite. La vie saisit la première opportunité, s'engouffre dans la moindre brèche.

Pour les scientifiques, c'est une chance. L'occasion unique d'étudier « sur le vif » la formation d'un nouvel écosystème. Immédiatement, la décision est prise de sanctuariser le site. Toute activité humaine est interdite dans un rayon de 32 kilomètres.

La nature parle. On va l'écouter.

La vie s'installe. On va l'observer.

Au bout de quelques semaines, les premiers lichens et les premières mousses arrivent. Après quelques mois, les premières plantes. Le volcan, lui, reste actif jusqu'au 5 juin 1967, date considérée comme la fin de l'éruption. L'île est baptisée Surtsey du nom du dieu Surt, le Vulcain viking. Aujourd'hui, sur une surface de 1,42 kilomètre carré, elle héberge 71 espèces de lichens, 75 de mousses, 51 de plantes, 24 champignons différents, et 83 espèces d'oiseaux, en majorité des migrateurs, sans compter les arthropodes et les insectes. Tout un monde.

Surtsey est un des rares exemples de terre vierge sur la planète. Rien n'a été introduit par l'Homme. De très rares et très précautionneuses expéditions y sont menées pour suivre l'évolution de ce milieu unique. Elles me font penser à notre « mission Cochons » : la biosécurité définie, exigée, appliquée comme priorité absolue. Un milieu laissé à lui-même. Préservé des hommes.

L'île aux Cochons est née de la même façon que Surtsey. Un peu plus tôt.

Elle est la plus récente du groupe Crozet. Les données sur sa naissance sont peu nombreuses, les temps géologiques gardent une part de vague, comme les brumes voilant les terres australes, mais les échantillons de minéraux recueillis par les géologues lors des expéditions de 1974 et 1982 montrent qu'elle a environ un million d'années d'existence. Ainsi, elle surgissait de l'océan à un moment où les ancêtres des hommes avaient déjà entrepris leur dispersion hors d'Afrique et la conquête du monde, mais ne s'intéressaient pas encore aux petites îles perdues.

Comme Surtsey, Cochons est le fruit du magma. Un bourgeon poussé sur l'eau. Une fleur de basalte alcalin.

Cela ne se voit pas quand nous voguons sur le *Marion Dufresne*, mais la plaine abyssale à 6 000 mètres au-dessous est traversée par une chaîne de montagnes que l'on appelle la dorsale sud-ouest indienne, une sorte de cordillère des Andes sous-marine qui sépare la plaque tectonique africaine de la plaque antarctique.

Pendant des dizaines de millions d'années, des fissures sur la croûte océanique ont permis au magma de sortir et de s'accumuler par strates sur 3 000 ou 4 000 mètres d'épaisseur pour former, il y a environ 60 millions d'années, un plateau à partir duquel d'autres volcans ont continué à cracher et grandir, dans les profondeurs, à l'abri des regards. L'archipel Crozet a émergé ainsi. Il est toujours considéré comme un « point chaud », potentiellement actif, sur la dorsale.

L'île de l'Est a jailli la première, il y a environ 9 millions d'années, suivie par la Possession, il y a 5 millions d'années, et, peu après, par l'île aux Pingouins et les Apôtres. Ces parcelles de terre, filles de la tectonique des plaques, ont eu le temps de s'ouvrir à la vie, de voir un écosystème se développer avant que le volcan des Cochons, dans son inexorable croissance, ne vienne crever la surface des flots 4 millions d'années plus tard.

On peut imaginer le scénario. Des oiseaux l'ont d'abord survolée alors qu'elle fumait encore et s'y sont furtivement posés, comme la mouette tridactyle de Surtsey le 1er décembre 1963. Puis, portés par les vents d'ouest, poussés par les courants, des bactéries, des ferments, des lichens, des graines venues de la Possession, ou même d'Afrique, ont débarqué sur son rivage. Les oiseaux, intrigués avant d'être séduits, sont revenus et l'ont adoptée. Les éléphants de mer et les otaries, à leur tour, ont trouvé les plages à leur goût. Et les manchots sont arrivés. À la nage. En masse.

Des générations de plantes décomposées, mêlées à des quantités astronomiques de guano, ont fini par former de la terre, fine couche, tapis propice, litière pour augmenter la vie. Comme celle des Vestmann et de l'Islande, la morphologie de l'île aux Cochons a changé au cours du temps. Elle est criblée de petits cônes scoriacés, de cratères, de mornes comme celui du Tamaris, témoignages d'une intense et incessante activité. Les dernières éruptions remontent à 5 000 ans. Les manchots étaient déjà présents et se sont adaptés aux bouleversements du paysage et des conditions qui se jouaient autour d'eux, comme ils l'ont toujours fait au cours de leur histoire.

Un autre détour s'impose ici, pour aller assister à une autre naissance.

Chapitre 10

L'AUTRE NAISSANCE

Il s'est produit, il y a 31 millions d'années, un événement considérable qui a changé la face de la planète et qui intéresse directement notre histoire. L'Amérique du Sud et l'Antarctique ne formaient à l'époque qu'un seul continent. Les deux territoires ont commencé à s'écarter. Lente et titanesque séparation qui s'est étirée sur plusieurs dizaines de millions d'années. Le « passage » ainsi créé porte le nom de l'Anglais Francis Drake qui, le premier, en entrevit l'existence en 1580 sous le règne d'Elizabeth 1re.

L'ouverture du passage de Drake a eu des conséquences climatiques toujours visibles aujourd'hui. L'océan s'est engouffré dans la brèche. Profitant de cet appel d'eau, un courant s'est créé, car plus rien ne l'empêchait de faire le tour de la Terre. Il a pris de l'ampleur au fur et à mesure de l'éloignement des deux continents. C'est le courant circumpolaire antarctique qui, par sa puissance – 600 fois le volume de l'Amazone à son embouchure –, a participé à l'isolement de l'océan Austral et, combiné à une série de phénomènes complexes, a contribué à refroidir cette zone et à maintenir l'Antarctique sous glace. Les organismes et les animaux qui se trouvaient au sud du courant ont évolué différemment, en vase clos, et se sont développés malgré la rigueur du climat.

C'est là que nos manchots reviennent dans l'histoire. À l'échelle de temps si longs, si lointains, nos calendriers et nos montres ne servent à rien. Il faut regarder l'horloge moléculaire. En étudiant l'ADN des oiseaux d'aujourd'hui, on peut essayer de savoir quand ils sont apparus.

Des fossiles découverts en Nouvelle-Zélande font remonter une version archaïque du manchot à 62 millions d'années, juste après la disparition des dinosaures. Cette espèce, à laquelle on a donné le nom de *waimanu*, « oiseau aquatique » en maori, a disparu. Une version « moderne » est venue bien plus tard. Les fossiles ne suffisent pas.

De récentes recherches menées par la biologiste chilienne Julianna Vianna, avec le concours de nombreuses équipes internationales, ont trouvé le point de départ. En travaillant sur le génome de 22 individus appartenant aux 18 espèces de manchots existant à l'heure actuelle, les études ont montré que la famille des Sphéniscidés, à laquelle ils appartiennent, remonterait à 22 millions d'années. L'ancêtre du manchot moderne aurait occupé à l'origine les zones tempérées d'Australie et de Nouvelle-Zélande. L'ouverture du passage de Drake et l'intensification du courant circumpolaire antarctique pourraient avoir favorisé la diversification des espèces et accéléré leur expansion géographique. À partir d'un ancêtre commun, plusieurs groupes ont évolué dans des directions différentes selon leurs zones d'implantation. Certains sont partis vers le nord : les manchots du Cap et les manchots des Galapagos, par exemple. D'autres sont descendus vers le sud, ont franchi la frontière invisible, mais sensible du Front polaire antarctique, et sont restés en quelque sorte piégés dans l'océan Austral. Là, ils ont trouvé un milieu à la fois très favorable – la nourriture est abondante dans les mers froides – et très hostile à cause précisément des températures glaciales. Ils ont fait preuve d'une formidable capacité d'adaptation, grâce à une évolution génétique leur permettant de résister aux conditions extrêmes. Ils ont développé des gènes améliorant la thermorégulation, le métabolisme de l'oxygène ou l'aptitude à plonger. Et ils se sont divisés en plusieurs genres. Nos royaux en tenue de gala appartiennent au genre des *Aptenodytes*. Avec les empereurs, ils forment un groupe à part des autres manchots. Ce sont les plus grands et les seuls qui couvent leurs œufs entre leurs pattes, et non sur un nid. Les empereurs (*Aptenodytes forsteri*), qui vivent exclusivement en Antarctique, et les royaux (*Aptenodytes patagonicus*), que l'on trouve uniquement sur la couronne clairsemée des îles subantarctiques, ont également un ancêtre commun.

Le séquençage de l'ADN effectué par Julianna Vianna établit que la séparation entre les royaux et les empereurs remonterait à un peu plus de deux millions d'années. Attention ! Il s'agit d'une fourchette, une estimation avec une marge d'erreur importante. Mais cette date me plaît. Elle ouvre des perspectives, comme le passage de Drake. Ainsi, par une curieuse coïncidence, au moment où, en Afrique, les Australopithèques disparaissaient pour se diviser en deux branches, les Paranthropes, qui ne durèrent pas, et le genre *Homo*, dont nous sommes issus, les manchots royaux aux allures si humaines seraient apparus. Pendant ce temps, dans le grondement des abysses, dans un tumulte infernal de matière en fusion, la gestation de l'île aux Cochons avait commencé.

Elle mettrait encore près d'un million et demi d'années pour percer la poche des eaux.

Alors, tandis que le *Marion* progresse vers notre destination (plus qu'un jour de voyage), j'avance une idée. Une vision romantique. Les manchots royaux à peine venus au monde avaient besoin d'un jardin d'Éden. Ce jardin est né grâce à la poussée magmatique sur la dorsale sud-ouest indienne. Il se préparait pour eux. Ils avaient sans doute déjà goûté, à Crozet, aux charmes des terres subantarctiques sur les îles de l'Est ou de la Possession. Et les Kerguelen avaient pu leur servir de pouponnière avant de trouver leur paradis.

Un jour, il y a donc un million d'années, telle une apparition, une manchote, une royale, une reine serait sortie de la mer. Bousculée par les vagues, elle aurait d'abord chancelé, étourdie par l'ivresse de la découverte, puis elle aurait planté son bec dans le sable pour se redresser et ses pattes, à demi crochues, à demi palmées, se seraient accrochées au sol pour faire les premiers pas hésitants sur l'île aux Cochons.

Durant ces âges farouches et canoniques, le site de l'Amphithéâtre et du morne du Tamaris n'existait peut-être pas encore. Les éruptions ont continué à modeler le paysage. Les conditions d'accueil se seraient améliorées, au point de devenir un lieu idéal et de rassembler à lui seul un tiers de la population mondiale de cette espèce.

Chapitre 11

Approche

Journal de bord du Marion Dufresne
14 novembre 2019. 16 heures. 43° 05' 7" S – 41° 32' 04" E.
Mer forte.

Nez dans la plume
Fendre la lame

Le ciel est gris, le plafond bas, la mer sombre, le pont mouillé. Le fouet du vent, 35 nœuds en pleine face, me réveille en ce début d'après-midi au moment où, d'ordinaire, le mouvement permanent aurait tendance à entraîner une somnolence quand on reste à l'intérieur, dans les cabines, après le repas. Les six degrés de l'air sont cinglants et font du bien quand on regarde les creux dans lesquels s'enfonce le bateau et l'onde qui, dans un froissement, vient s'écraser contre la coque. Depuis 24 heures, le tangage s'est accentué. Le *Marion* a été conçu, taillé pour naviguer dans ces mers. Sa forme lui permet de traverser les flots, de les percer au lieu de s'écraser dessus. À la barre, le commandant a revêtu son pull bleu marine. Le navire se laisse piloter en souplesse, bien équilibré, avec la passerelle au centre, les cabines et lieux de vie à l'arrière ; des charges bien réparties dans les cales, un long pont à l'avant et un nez qui peut plonger dans l'écume. Ça, c'est pour le tangage. Et pour le roulis qui nous balance sur les côtés, ce roulis qui maintient certains passagers dans leurs cabines et les cloue sur les couchettes, pas de solution miracle, mais un outil. On essaie de garder le bateau le plus droit possible en vidant ou en remplissant d'eau de mer les ballasts latéraux.

Le commandant, avec cet air et ce sourire un peu moqueurs du marin qui en a vu d'autres, souligne que le voyage est plutôt tranquille.

– Nous faisons route avec un vent arrière. Dans l'autre sens, ce serait plus difficile. On aurait, comme on dit dans la marine, toujours le nez dans la plume, on ne verrait que du blanc sur l'étrave.

Houle ourlée de blanc
Un cadre pour la traversée

Sur le *Mascarin* et le *Marquis de Castries*, quoique fort bien dessinés aussi, le confort était plus sommaire en 1772 et, surtout, il n'y avait pas les mêmes instruments à bord pour un sujet qui préoccupe toute l'équipe Cochons : la météo.

En bleu, en orange, entourées de lignes vertes, de courbes noires, les masses d'air fluctuent sur l'écran. Devant Cédric Marteau, Yves Cherel, Thierry Clot, le responsable de la logistique, et Jean-Baptiste Hery, le pilote d'hélicoptère, le commandant Eyssautier fait défiler les cartes animées. Les prévisions commencent à être fiables.

– Aujourd'hui, sur place, c'est mauvais. Très mauvais. Nous n'aurions pas pu débarquer. Mais demain, en début de matinée, il devrait y avoir un créneau.

Pas de pluie. Moins de 25 nœuds de vent. Le pilote confirme que l'hélicoptère devrait pouvoir voler.

– Nous nous positionnerons à moins d'un kilomètre de la côte. Pas plus près. Je vais rester raisonnable.

Inutile de prendre des risques, d'autant que cela ne changerait pas grand-chose. Quelques secondes de vol supplémentaires. Il y aura quatre rotations d'hélico. Deux pour les hommes, deux pour les caisses de matériel.

– On peut le faire en moins d'une heure, précise Jean-Baptiste Hery.

La réussite de l'opération est liée aux conditions météorologiques. Dans le secteur, elles évoluent de manière brutale et il se produit souvent des phénomènes très localisés difficilement prévisibles. Cédric Marteau ébauche un sourire :

– Je suis assez optimiste pour demain. Ensuite, sur l'île, d'après ce que l'on peut voir, ce n'est pas terrible. Une dépression arrive. On aura quatre jours de pluie et un jour de beau temps, si tout va bien.

Yves Cherel complète l'analyse avec la rationalité du scientifique :

– Il nous faut absolument une journée de temps sec pour poser les balises. Pour le reste, les prises de sang par exemple, si c'est très pluvieux et très venté, ça peut être compliqué, mais c'est faisable. On peut travailler sous la pluie.

Thierry Clot, en bon logisticien, conclut la séance par une note de bon sens qui laisse passer un petit frisson et me laisse songeur :

– Et surtout, il faudra trouver un autre créneau pour vous ramener.

Les marins qui fréquentent cette région du monde ont tous en tête le péril qui les guette. Ils gardent en mémoire les histoires de fortunes de mer entendues à l'école navale. En 2012, le *Marion Dufresne* s'était déchiré le flanc sur les rochers de l'île de la Possession à Crozet, à 66 milles des Cochons, suite à une mauvaise appréciation des distances. Tous les passagers avaient été débarqués et le navire, éventré sur le côté, avait pu tant bien que mal rejoindre Durban en Afrique du Sud pour réparation. Pour Thierry Clot, qui était alors responsable de la logistique à bord, cela reste une blessure : « On a frôlé la catastrophe. » Je n'ai jamais pensé que le *Marion* puisse faire naufrage. Sa légère oscillation sur les flots berce ma confiance.

Le temps qui passe à la vitesse constante de 13 nœuds nous met en condition. L'attente nous prépare. Pour l'instant, « Cochons » est une page blanche. Un nom pour éveiller mon imagination. Je m'aventure par la pensée, là-bas, dans le bruit de la grande colonie, l'odeur puissante, sous la pluie qui nous est promise, sous le vent qui nous giflera. Je fantasme sur l'île. Je la vois minuscule, réduite aux 20 hectares sur lesquels se concentrent les manchots. Dans mon esprit, ils prennent tout l'espace alors qu'ils ne forment qu'un point sur la carte, une infime partie de la superficie totale de 67 kilomètres carrés.

Sur la carte marine, on voit que l'île aux Cochons est entourée par deux groupes à proximité, vestiges peut-être de l'époque géologique où une plus grande terre qui s'est effondrée existait, comme l'avait envisagé le naturaliste René Jeannel en 1939. Au nord-est, à 7 milles, les îlots des Apôtres. Au sud-est, à 16 milles, l'île aux Pingouins garde savoureusement le nom donné à ces oiseaux par les premiers navigateurs. C'est une cathédrale de pierre dressée sur l'océan, effrayante, inaccessible.

Presque inviolée. Même les chasseurs de phoques du XIXe siècle, dans leur soif inextinguible de graisse, ne s'y sont pas risqués. Ses falaises sont couvertes de centaines de milliers de gorfous, petits cousins des manchots royaux. Ses abords sont peuplés de brisants redoutables, d'autant plus dangereux qu'ils sont invisibles.

En 1887, le *Tamaris*, cargo à voile transportant des briques, du ciment et du vin de Bordeaux à Nouméa, l'apprit à ses dépens.

Chapitre 12

Une autre histoire

Archipel Crozet, 11 mars 1887

Au petit jour, quand il aperçoit l'île aux Cochons, le capitaine Majou ordonne à ses hommes de ramer plus vite encore. Il croit avoir vécu l'épisode le plus cruel de sa carrière de marin. Il n'est qu'au début du calvaire.

Le *Tamaris*, parti de Bordeaux avec 14 membres d'équipage le 28 novembre 1886, avait fait une escale au Cap en février pour ravitaillement avant de descendre vers les 40es afin de profiter des vents d'ouest et gagner au plus vite l'Australie, puis la Nouvelle-Calédonie. Itinéraire le plus rapide, mais le plus risqué. Le 7 mars, il arrive au nord de Crozet. La dépression s'installe. La coque métallique du voilier avance à l'aveugle dans un brouillard total. Le 8 mars, frayeur soudaine, un bloc de roches noires jaillit de l'océan comme un fantôme devant le bateau. Le capitaine Majou reconnaît l'île aux Pingouins. Il se rend compte qu'il est peut-être descendu trop bas. Vouloir gagner du temps n'est pas forcément la meilleure option dans ce secteur. Il parvient à la contourner par le sud-ouest et remet le cap à l'est quand, dans la nuit profonde de l'été austral qui s'achève, à 2 heures du matin, le 9 mars, un bruit réveille tout le monde. Un hurlement. Le cri du métal déchiré.

Vingt millimètres d'acier tranchés d'un trait. Le *Tamaris* vient de s'ouvrir comme une boîte de conserve sur un brisant à fleur d'eau que l'obscurité et les vagues masquaient. Pour Majou, le diagnostic est immédiat, sans appel. Le bateau est perdu. Ils ont quelques minutes pour emporter avec eux une petite provision de biscuits, un peu d'eau et sauter dans les deux canots de sauvetage.

À 3 heures du matin, ils regardent le *Tamaris* couler à pic avec sa cargaison de briques et de ciment qui ne construiront aucune maison en Nouvelle-Calédonie, son stock de vin qui ne sera pas bu par la bonne société de Nouméa. Seule satisfaction, aucun disparu dans le naufrage. Les quatorze hommes se mettent à ramer. Le capitaine sait que l'île aux Pingouins encore toute proche ne peut pas être un refuge. Tous les récits la décrivent comme une forteresse inabordable. Personne, à sa connaissance, n'y a jamais mis les pieds. Mais les cartes indiquent une autre île au nord-nord-est, à une douzaine de milles.

– Elle est plus accueillante que les Pingouins, annonce Majou. C'est notre seule chance.

– Elle s'appelle comment ? demande le gabier.

– L'île aux Cochons.

Cochons, cochons, cochons… Le nom fait le tour du canot.

– Nous voilà bien.

Reliés par un cordage, guidés par la boussole, les canots prennent la direction du nord-ouest. Il faudra aux naufragés deux jours entiers pour franchir la distance, deux jours à ramer dans les creux sur leurs coques de noix, à écoper, pour garder le cap et l'espoir.

Alors, au matin du 11 mars, quand l'île aux Cochons se dessine à l'horizon, malgré son aspect austère, pas d'arbres, pas de plage en vue, ils poussent un grand cri de soulagement. Hourra !

En venant tout droit des Pingouins, ils arrivent dans le secteur sud-est, le plus favorable. Ils longent d'abord une falaise de 20 mètres de hauteur et d'un kilomètre de longueur qui s'avance en arrondi sur la mer, contournent un cap qui a planté ses griffes dans l'eau et débouchent sur une plage entourée de collines vertes.

C'est la même plage où les hommes du *Roswell King,* sous les ordres du capitaine Joseph Fuller, avaient eu tant de mal à débarquer en 1873.

Ceux du *Tamaris,* en mars 1887, au bout de leur effort, parviennent à terre. Pour ces marins de la marchande habitués aux voyages au long cours, aux escales dans les ports animés, c'est un choc. Partout autour d'eux, des animaux : albatros, pétrels, manchots, éléphants de mer.

Ils découvrent un monde sauvage dont ils n'avaient aucune idée. Sur un promontoire, ils aperçoivent une petite hutte. Pour survivre, ils vont devoir faire une chose à laquelle aucun d'entre eux n'était préparé : entrer dans la peau des chasseurs de phoques.

Mais, dans leur malheur, ils eurent de la chance. Du temps de la chasse aux phoques, au XIXe siècle, laisser des dépôts d'alimentation était à la fois une tradition et un devoir. Ainsi, à l'approche de l'île aux Cochons, la mer fait ressurgir les histoires.

En avril 1878, le *HMS Comus* sort des chantiers navals de Glasgow. C'est une corvette de 69 mètres de long que l'on pourrait qualifier aujourd'hui d'hybride, à voile et à vapeur, avec deux grands mâts tendus de toiles et deux grosses cheminées toussant d'épaisses fumées. Armée de canons, elle était conçue pour sillonner le vaste espace de l'Empire britannique et porter secours aux bateaux battant pavillon de Sa Gracieuse Majesté la reine Victoria. Sa première mission devait la conduire vers la Chine et le Sud-Est asiatique, mais elle fut détournée en chemin vers le sud de l'océan Indien pour un service particulier. Le *Comus* dut se porter au secours d'un autre navire, le *Knowsley Hall*, qui transportait 35 membres d'équipage et 54 passagers vers la Nouvelle-Zélande. Parti de Liverpool en mai 1879, il n'avait plus donné signe de vie. On savait simplement que sa route la plus directe devait lui faire traverser les parages des îles Crozet. Le *HMS Comus* prit cette direction. Lors d'une escale au Cap, le capitaine James East, ne connaissant rien de ce secteur, s'attacha les services d'un pilote, le chasseur de phoques Benjamin Miller, qui avait déjà séjourné à Crozet. Ils cherchèrent le *Knowsley Hall* sans succès pendant plusieurs semaines et finirent par s'arrêter devant une île bien connue des marins anglais et américains de l'époque pour son nom, Hog Island. Le capitaine East mouilla devant le cap Verdoyant et envoya des hommes à terre. Ils construisirent une cabane bien en vue, au fond d'une grande plage, dans laquelle ils déposèrent un stock de nourriture et de vêtements pouvant servir un jour à d'éventuels naufragés. Le *Comus* poursuivit sa carrière sans jamais revenir. Les vivres restèrent là pendant sept ans.

À la fin de 1880, on apprit que le *Knowsley Hall* avait fait naufrage en trouvant, à la pointe d'Entrecasteaux, sur la côte sud-ouest de l'Australie, dans l'État de Victoria, à 3 000 milles des Crozet, une bouteille renfermant un message désespéré. Le bateau s'était brisé sur un récif dont on ne connaît pas la position. Il ne restait que trois survivants dont on ne sut jamais ce qu'ils sont devenus.

L'histoire tragique du *Knowsley Hall* ressemble, en partie, on le verra, à celle du *Tamaris*, qui fit naufrage dans la nuit du 8 au 9 mars 1887. Les quatorze rescapés du voilier français autour du capitaine Majou, eux, purent bénéficier d'un hasard heureux. Ils échouèrent sur la plage où le *Comus* était passé. La petite hutte qu'ils avaient vue était le dépôt de vivres – biscuits, farine, boîtes de conserve – et de vêtements – tricots jerseys, pantalons, bas de laine, souliers – laissé par le navire anglais. Elle leur permit de tenir quelques semaines en mangeant des victuailles vieilles de sept ans, mais, dans ces conditions, on est sans doute moins regardant sur les dates de péremption.

Nous en reparlerons.

⁂

C'est à nous, bientôt, de plonger dans ce monde. Le décollage est programmé à 7 heures demain matin.

Les derniers préparatifs sont consacrés à la nourriture, que nous enfouissons dans des bidons étanches. Boîtes de pâté, fromage, conserves de légumes, pâtes, semoule…

On y empile des sachets lyophilisés contenant un repas complet, des céréales et du lait en poudre pour les petits déjeuners, des chips, des biscuits apéritifs et du chocolat, pour le plaisir. J'y ajoute une pincée de mon humour aléatoire :

– Et si on emportait de quoi faire une réserve de nourriture pour les futurs rescapés d'un naufrage ?

⁂

Nous avons parcouru 1 500 milles depuis Le Port. Il reste une douzaine d'heures de voyage avant les Cochons. À l'horizon, un ciel brûlé part en poussière et se dissout dans l'obscurité. Le noir profond pour seul paysage. Le noir des bruits m'enveloppe : murmures multiples, celui des moteurs que le vent pousse derrière, celui du vent que la vague accentue, celui de la vague qui s'étale à l'infini, que je regarde sans la voir et que je sens se perdre dans la chambre noire de la dernière nuit à bord.

Chapitre 13

Arrivée

Nous n'étions pas exactement sur la même route que le *Mascarin* puisqu'il était arrivé du cap de Bonne-Espérance poussé par les vents d'ouest et que nous venions du nord. Mais, à peu de chose près, la première ébauche de l'île qui apparut à Marion-Dufresne et Julien Crozet ressemblait à celle que nous vîmes. Même décor de mer et de ciel mêlés, de brumes pour l'envelopper, même sorte de météo, pas de pluie, un peu plus de vent peut-être, une plus forte houle qu'aujourd'hui sans doute, et même impression d'une apparition au milieu de nulle part. À la différence que, en 1772, ils ne savaient rien ; bien qu'ils fussent en quête d'une nouvelle terre avec toujours l'espoir de la trouver, la surprise fut totale pour eux, alors que nous attendions ce moment depuis cinq jours, nous l'anticipions, nous nous y préparions en pointant l'île sur les cartes où, pendant si longtemps, elle n'avait pas figuré.

À 7 heures du matin, j'émergeai, un peu affolé, et sautai vite de ma couchette de peur d'être en retard. Le bateau aurait déjà dû être en « position dynamique », comme on dit dans le jargon de la marine, c'est-à-dire faire du surplace devant la destination, mais je sentais encore un léger tangage. Par le hublot, la mer défilait toujours. La mécanicienne Angèle Martin avait repéré un bruit bizarre. Un des moteurs ne tournait pas rond. Le *Marion* avait réduit l'allure de moitié dans la nuit.

Bertrand Lachat, plus matinal que moi, capturait déjà l'atmosphère du petit jour à la passerelle. Tension palpable. Le commandant Adrien Eyssautier, le pilote Jean-Baptiste Hery et Thierry Clot, le responsable des opérations, auscultaient le ciel et les instruments. Nous avions trois heures de retard sur le programme.

Que sont trois heures à l'aune d'un si long voyage ? Cela peut paraître dérisoire et, d'ailleurs, cela nous offrait un petit délai, comme l'inspiration que l'on prend avant de plonger de dix mètres entre les rochers. Cette péripétie qui nous ralentissait et prolongeait l'attente donnait, à mon goût, un sel supplémentaire aux dernières encablures. Mais pour la mission, ces trois heures de décalage pouvaient avoir de fâcheuses conséquences.

Il ne fallait surtout pas louper le créneau météo. Les masses d'air naviguaient sur le moniteur coloré des prévisions. Et soudain, sur l'écran géant de la baie vitrée de la passerelle, je la vis. Nous sortîmes. Bertrand, derrière son objectif, ouvrait de grands yeux mouillés par le froid et l'émotion. Une forme beige entre le ciel presque blanc et l'eau grise. Une bande assez fine, petite partie d'un tout qui se cachait. Fidèle à sa légende qui n'avait cessé de grandir tout au long du trajet, fidèle à l'idée que je m'en étais faite tandis que, jour après jour, nous grignotions les 1 500 nautiques qui nous en séparaient, elle se trouvait plongée dans un brouillard fluctuant d'où surgissaient maintenant des oiseaux de plus en plus nombreux : albatros, pétrels, prions, fulmars argentés, océanites de Wilson, cormorans de Crozet, damiers du Cap, toute une volière qui annonçait la vie, qui annonçait la terre.

Plus que six milles ! Une demi-heure encore.

– Les Apôtres à tribord ! annonça le commandant.

Sur le côté droit du *Marion*, la brume semblait vouloir cracher par intermittence la silhouette inquiétante de ces roches dressées, telles des guerrières à l'entrée d'une contrée hostile, qui lançaient comme des sémaphores les appels muets de leurs ombres avant de s'évanouir sans un bruit dans le souffle des eaux.

Le temps change. Je reviens au présent. L'île aux Cochons se découvre. Le vent tombe. La houle mollit.

Un sourire éclaire le visage de Charly Bost qui était nerveux depuis le réveil.

– On y croit. On devrait pouvoir décoller bientôt et démarrer le travail ce matin.

Cédric Marteau est soulagé.

– On touche au but. Je pensais qu'on allait faire demi-tour. Et puis, finalement, il y a une petite fenêtre météo.

L'île se découvre peu à peu. Le plafond reste relativement bas, à 150 mètres, mais on peut voir le rivage, les flancs d'une colline. Cédric me montre une tache blanche que je n'avais pas remarquée. C'est la grande colonie. Elle paraît si petite de loin.

Yves Cherel qui, à cette même place, nous avait dit, deux jours plus tôt, combien les Cochons faisaient rêver l'ornithologue passionné qu'il est, rayonne.

Les vagues se brisent sur la coque à l'arrêt. Les albatros peuplent le ciel. La terre couvre l'horizon. On ne voit pas grand-chose et j'avoue une petite déception : je ne sens rien. Contrairement à ce que me racontait Jean-Claude Stahl, l'odeur incroyablement forte de la grande colonie de manchots royaux qui l'avait assailli de loin n'est pas perceptible à mes narines.

C'est sans doute une confirmation olfactive de la diminution de la population de la manchotière.

Avec les jumelles, on distingue bien deux taches blanches à flanc de coteau, la colonie en deux parties repérée sur les photos aériennes. Fabrice Le Bouard affine l'observation et donne une précision factuelle qui me transporte déjà là-bas et me semble sauvagement exotique :

– Je crois que nous habiterons à côté d'un albatros hurleur.

Nous sommes à un kilomètre environ de la côte, comme prévu.

Le commandant Eyssautier, entièrement focalisé sur la manœuvre, ne parle pas, sinon pour donner des ordres brefs. Le bateau se stabilise. L'île danse au bout des doigts. Il confessera qu'il n'en menait pas large :

– C'est extrêmement périlleux, à cause des hauts-fonds qui ne sont pas tous répertoriés, à cause des écueils et des brisants que l'on ne voit pas toujours.

L'histoire montre que le danger par ici est permanent. Les cartes marines de cette zone ne sont pas très fiables. Les premières datent de 1887, au moment du passage de l'aviso la *Meurthe* qui était venu secourir le *Tamaris*. En 1917, un guide de navigation, « *South Indian Ocean Pilot* », publié à Washington par le service hydrographique du ministère américain de la Marine, signalait la présence, à 1,5 mille de la côte, d'un brisant, en donnant la position « approximative » de 46° 06' 30" sud et 50° 17' est. Des précisions avaient été apportées après le passage du *Bougainville* et ses relevés de radiographie sous-marine en 1939. Mais les cartes étaient imparfaites et le restent toujours en partie. La menace demeure.

À 9 heures, tout est prêt. Nettoyage à grands jets d'eau des patins de l'hélicoptère qui vont toucher le sol. L'appareil va effectuer sa première sortie depuis La Réunion. Biosécurité jusque dans les moindres détails pour préserver au maximum l'île de toute introduction de graine ou de plante. Nous avons enfilé les gilets de sauvetage. Sur la carte, Charly montre le lieu envisagé pour le camp. Il faudra éviter de survoler les manchots. Le pilote donne les consignes :

– Si l'aérologie est calme, on se posera complètement. Sinon, on restera en appui patin. Le mécano vous ouvrira la porte et vous pourrez sauter.

Cédric Marteau, Charly Bost et Fabrice Le Bouard prennent le premier vol, avec Bertrand Lachat à qui incombe la responsabilité, ô sublime perspective pour ce chineur d'images, de filmer le premier pas sur les Cochons depuis trente-sept ans.

Thierry Clot, le responsable des opérations, vient nous saluer. Ce voyage dans l'univers hostile et tourmenté des Crozet, il l'a fait une vingtaine de fois. Aujourd'hui, une chance insolente nous accompagne dans ce secteur très chahuté, au nord de l'archipel. Les conditions sont exceptionnelles.

– Pour les îles Froides, c'est inespéré. D'habitude, on est dans la houle et le brouillard. C'est de bon augure. Tout devrait bien se passer.

Au moment de monter à mon tour avec Jérémy Tornos, Adrien Chaigne et Yves Cherel, dans le vacarme de la turbine, tandis que l'hélicoptère décolle et que cette terre si ardemment convoitée est maintenant si proche, mon cœur se serre, mon ventre se tord, et je ne peux m'empêcher de songer à ce que nous a dit Thierry Clot avec un mélange de gravité et de malice en lissant sa moustache et sa barbiche de Porthos du bout du monde :

– Les gars, je ferai tout pour venir vous rechercher !

Deuxième partie

Chapitre 14

PREMIERS PAS

Arriver par les airs sur une île où tant de marins se brisèrent les os donne une drôle d'impression, presque irréelle. On avale les flots, on scrute les brisants inoffensifs d'en haut avec une aisance trompeuse. Tandis que l'hélicoptère s'incline pour amorcer sa courbe d'approche, nous franchissons quasiment à la perpendiculaire la côte, petite falaise noire, torturée, déchirée. Le sol déroule une lande rase et verdâtre qui descend en pente douce. Au fond, deux mornes forment un « M » entre les jambes duquel se trouve la grande colonie.

Cédric Marteau, en gilet jaune, joue les sémaphores. Les vibrations de la carlingue s'accentuent. Les patins touchent. La porte s'ouvre sur un Nouveau Monde.

– Nous avons dix minutes pour trouver un endroit où camper, annonce Cédric en empoignant un sac.

Le temps sera le 9e membre de la mission. Le temps compté. Le temps arrêté. Le temps fuyant. Dans moins d'une demi-heure, le *Marion* continuera sa route vers l'île de la Possession.

Il n'y a pas un abri, pas un monticule, pas même un terrain plat. C'est ce qui frappe immédiatement. Les récits des navigateurs ne mentent pas à ce sujet. Charles M. Goodridge le constate en 1820 : « *La terre n'offre aucun refuge, d'aucune sorte ; sur ces îles, ni arbres ni arbustes.* » Les silhouettes de Charly, Fabrice et Cédric s'animent sur la lande. Ils arpentent le secteur de long en large. Nous devons nous placer à proximité des manchots sans les déranger. Ils font des signes et reviennent d'un pas décidé. Ils semblent avoir trouvé. Mais à ce moment-là, mon esprit est ailleurs. Loin du camping qui s'improvise au flanc du coteau. Mon œil est attiré, mobilisé par autre chose. Un oiseau. À 20 mètres, un oiseau nous regarde. Je pensais que nous serions ici des chasseurs d'images, mais ce sont les images qui nous saisissent. Sans délai. Dès le premier contact. Je pensais que nous les cueillerions et les engrangerions dans notre besace, mais ce sont elles qui nous tiennent captifs. L'oiseau nous regarde sans bouger depuis que nous sommes descendus de l'hélicoptère. Je ne l'ai pas reconnu tout de suite, ou plutôt je n'ai pas voulu le reconnaître. Il est assis, imperturbable, sur son nid. On a beau se préparer, lire, se documenter, regarder des photos, cela ne suffit pas. Il est énorme. Blanc avec des taches noires sur ses ailes repliées. C'est le voisin dont parlait Fabrice Le Bouard. L'albatros hurleur. Le grand albatros. Sa présence me fait une plus forte impression encore quand j'apprends qu'il s'agit d'un poussin et Fabrice, gentiment, sourit de ma candeur.

– Il a onze mois environ. Il a dû naître en janvier. Ses parents viendront le nourrir encore une ou deux fois. Il s'envolera dans trois ou quatre semaines.

Les grands albatros accompagnaient souvent mes rêves de voyages lointains. J'en avais vu suivre le sillage de l'*Astrolabe* vers la terre Adélie, puis celui du *Marion Dufresne* ces deux derniers jours. Je les avais vus dessiner dans les airs les amples arrondis de leurs trajectoires. On les regarderait des heures durant jouer avec les courants ascendants, les vents, les variations de température, pour avancer, se perdre au loin et revenir, raser l'eau, toucher les nues sans donner un coup d'aile. Ce sont les plus grands oiseaux du monde, avec leurs 3,70 mètres d'envergure, mais, dans le ciel, toujours trop éloignés, ils m'avaient paru petits. Je n'avais pas mesuré leur véritable dimension.

À terre, leur taille me prend au dépourvu. Ce bébé, posté comme un gardien à l'entrée de l'île aux Cochons, doit peser une douzaine de kilos. Comme ses parents. À ce stade, il n'y a pas beaucoup de différences. Il a un long bec en forme de cimeterre. Sur le crâne et dans le cou, un duvet s'accroche encore et flotte au vent de Crozet comme s'il voulait battre le pavillon de ce monde sauvage. Il nous regarde toujours. Impassible. Puis il se dresse sur ses pattes. Il faut imaginer un goéland en vingt fois plus gros. Il tourne sur lui-même. Je devine ses pattes palmées. Et voilà qu'il étire ses ailes, lentement, sans précipitation. Elles s'étendent, immenses, pour former une ligne qui coupe l'horizon en deux. L'albatros se met à battre des ailes. On les entend malgré la distance et le vent. Des coups saccadés, vigoureux.

– Il s'exerce. Il n'a jamais volé. Il doit se muscler, explique Fabrice.

Par intermittence, derrière, sur la nappe blanche de l'océan, le *Marion* disparaît et apparaît au rythme des battements d'ailes. Comme si l'oiseau voulait le rayer de la carte, lui signifier de partir. Le balayer. Je me prends à prêter à ce poussin gigantesque mes propres intentions, mon envie secrète. Qu'il s'en aille, ce bateau ! Qu'il nous laisse ! Qu'il nous abandonne sur l'île, que nous l'ayons pour nous, à moins que ce ne soit elle qui nous ait pris déjà dans ses filets.

Le bruit de l'hélicoptère vient rompre ma songerie. Une caisse de 600 kilos danse au bout de l'élingue. Les sacs, les tentes, l'eau, la nourriture et tout le matériel pour le séjour. Quatre manchots, indifférents à ce manège, remontent la pente. Quatre royaux dans le vent. Une avant-garde débonnaire qui marche droit devant, bousculée par les rafales, et vient nous rappeler le sujet de l'expédition.

L'emplacement pour le campement est à 200 mètres du point où l'hélicoptère nous a déposés. En y transportant les sacs et les bidons, je réalise combien, malgré la rudesse du paysage, le contact avec le sol de l'île est doux. Et mou. On a l'impression de marcher sur un tapis molletonné. Pas de terre, pas de pierres. La végétation court sur toute la surface. On s'y enfonce par endroits, on en perd parfois l'équilibre. Cela procure une sensation d'instabilité, peut-être pour nous signifier que ce lieu n'est pas fait pour l'homme.

Le « M » du morne au-dessus pointe dans la grisaille. La plage en contrebas est laiteuse, piquetée de points noirs. On croit apercevoir un soleil lointain dans un coin de ciel plus lumineux, ce qui fait dire à Charly que, pour Crozet, il fait beau. Pas une goutte, à peine 40 km/h de vent. Des conditions idéales.

En une heure, le camp est monté. Quatre tentes posées sur un parterre d'acaenas, la plante la plus commune, 20 centimètres de hauteur, ramures denses, feuilles courtes, dans lesquelles on plante les piquets en espérant que le vent ne viendra pas les arracher. Une tente pour le matériel et le travail ; une pour Cédric, Adrien et Jérémy ; une pour Charly, Yves et Fabrice. Confort rudimentaire. Ils seront serrés. Avec Bertrand, nous occupons la quatrième à deux, petit privilège que nous vaut notre équipement. Surtout, ne rien laisser à l'extérieur. Le temps change vite dans les terres australes.

Il est midi. Je regarde vers le large. Le bateau a disparu.

Cédric Marteau distribue à chacun une fusée de détresse, visible à 50 kilomètres à la ronde, une trousse à pharmacie et un talkie-walkie par binôme pour être joignable par radio à tout instant.

La préfète des TAAF, après avoir hésité, a considéré, en accord avec les membres de l'équipe, que l'expédition pourrait se passer de médecin. En cas d'urgence, le *Marion Dufresne* mettrait une dizaine d'heures pour revenir de l'île de la Possession. Le risque est mesuré.

En arrière-fond, on entend la mer, rumeur à laquelle se mêle un bruit inconnu à mes oreilles, à la fois strident et grave, roulant de manière ininterrompue comme un tapis, qui forme désormais notre paysage sonore. Il nous deviendra vite familier.

Adrien Chaigne nous montre le camp sur une carte du secteur. Son doigt se déplace de deux centimètres vers le nord-est. C'est là que nous allons. À la source du bruit.

Toute l'équipe monte en file indienne vers la colonie. Charly et Yves devant, impatients. Bertrand posté en amont pour filmer notre colonne. Adrien et Fabrice, alertes. Cédric et Jérémy, attentifs. Et moi, derrière, soufflant pour rester au contact, les regardant prendre la tangente d'un trait sur la colline et piochant de mes courtes jambes sur la souplesse du parterre. Sur le chemin – mais il n'y a pas de chemin –, on croise quelques manchots égarés, plantés dans le décor, qui nous regardent passer. Ils n'ont jamais vu d'hommes, mais cela ne semble pas les perturber. Nous arrivons au-dessus d'un petit canyon de dix mètres de profondeur. Terre brune sur les côtés, cailloux épars et, dans le fond, une masse mouvante, comme une rivière aux reflets argentés qui, au lieu de s'écouler vers la mer, remonterait la pente. Ils sont des centaines et des centaines, des milliers. Un flot continu.

– C'est l'autoroute des manchots, m'explique Cédric Marteau. Le chemin qu'ils empruntent pour aller de la mer à la colonie et qui s'est creusé au fur et à mesure de leur passage.

Dans les autres îles subantarctiques, les manchots royaux restent généralement près de la mer, comme dans la baie Américaine de la Possession ou la plage de Ratmanoff à Kerguelen. Ce sont des oiseaux marins qui, quand ils reviennent de la mer, nichent immédiatement. Mais ici, ils montent à 100 mètres d'altitude. Ils parcourent près d'un kilomètre, ce qui est un effort considérable pour des animaux peu adaptés à la marche. Pourquoi vont-ils si haut ? Jamais personne n'a expliqué ce phénomène. C'est un autre des mystères de l'île aux Cochons.

Il suffit maintenant de les suivre en longeant le canyon. Au sommet de la côte, le chemin s'élargit. Le bruit grandit. Ils sont de plus en plus nombreux. Ils vont et viennent parmi des touffes de végétation. Un vacarme emplit l'air. Des sifflets, des chants fusent de toutes parts. L'odeur que j'avais imaginée en écoutant les récits de mes compagnons pendant le voyage me monte maintenant au nez. Avant même de l'avoir vue, on baigne olfactivement dans la grande colonie. On arrive sur une sorte de plateau pelé. À l'horizon, les montagnes se perdent sous la brume et, soudain, la voilà, dans l'encorbellement de l'Amphithéâtre du morne du Tamaris. Elle s'étend, elle s'entend, elle se sent. Elle nous fige. Ce ne sont plus des milliers, mais des dizaines de milliers de manchots serrés les uns contre les autres. Une foule immense. Dense. Tout un peuple assemblé.

Cédric Marteau s'arrête. Lui qui a mis tellement d'énergie à préparer cette mission, il a si souvent pensé à ce moment, en a tellement rêvé, qu'il doit faire une pause pour encaisser le choc. Se taire. Simplement regarder. Laisser la manchotière entrer en lui. Devenir réalité.

Charly et Yves ont pris de l'avance. Ils suivent les contours extérieurs de la colonie. Bientôt, ils vont y pénétrer, la traverser et l'observer, lentement, pas à pas, de l'intérieur. Nous sommes, pour l'instant, retenus à la porte par un comité d'accueil truculent et fantasque. Une escouade de poussins venus à notre rencontre. Boules de plumes brunes de 90 centi-mètres de hauteur qui s'approchent sans crainte. Tendent leurs cous. Pointent leurs becs. Secouent leurs têtes hirsutes. Viennent picorer nos bottes. Nous regardent de leurs yeux ronds. Nous interpellent de leurs cris comme s'ils posaient des questions. Je suis partagé entre l'envie de rire et l'envie de pleurer ; l'envie de répondre avec le plus de sérieux possible à leurs demandes et celle les cajoler comme on caresserait un chaton. On s'assied, on ne bouge plus, en voilà vingt autour de nous. Troupes de grenadiers marron, jeunes recrues enthousiastes qui sont nées en début d'année et vont partir en mer en décembre.

Le cycle du manchot est extrêmement long. Les poussins vont bientôt perdre leur duvet. Ils sont curieux de nature. Théoriquement, on doit maintenir dix mètres entre nous et les animaux sauvages. Impossible ici. Bertrand est cerné. Encerclé par ses nouveaux amis. Pas la moindre agressivité. Juste une sollicitude envahissante. Nous étions venus pour voir et c'est nous qui sommes regardés.

Des groupes entrent dans le cœur de la colonie et s'y fondent. Des grappes s'en extraient et s'égayent sur les côtés comme des bulles qui s'échapperaient d'une poche d'air sous l'eau. Le bruit assourdissant ne se remarque plus. Nous avons plongé dans leur monde. Les adultes restent en retrait, droits dans leur robe d'argent, le bec orange, la tête noire où perle une goutte d'or, le cou orné d'une tache de soleil qui diffuse sa lumière sur la blancheur du jabot. Plus encore que les turbulents petits Adélie qui nous avaient tant séduits autour de la base Dumont-d'Urville, en Antarctique, plus que les hiératiques empereurs, les manchots royaux, leurs cousins, ont une allure humaine : leurs épaules tombantes d'où sortent des rogatons d'ailes qu'ils agitent comme des moulinets et qui, à la manière méridionale, semblent leur servir à parler autant que leurs cris ; leurs courtes pattes au bout desquelles quatre doigts ressemblent à des pieds ; leurs corps à la verticale, colonne vertébrale impeccablement dressée, qui leur a fait accéder à la station debout bien avant l'*Homo erectus* ; leur manière de tourner la tête, d'ouvrir le bec, comme s'ils tenaient une conversation et même plusieurs à la fois ; leur rassemblement qui fait penser à une manifestation ; et, plus encore que leur apparence, c'est leur bonhomie qui les rend humains. Même les rudes phoquiers du XIXe siècle étaient tombés sous le charme.

Charles M. Goodridge, jeune Anglais embarqué sur le *Princess of Wales,* les voit pour la première fois en 1820 en débarquant sur l'île aux Cochons : « *Ce sont de très beaux oiseaux, la couleur de leur cou est un mélange de rouge, de jaune et de pourpre, leur dos est gris et leur poitrail blanc… Leur cri ressemble à une exclamation humaine… De loin, ils ressemblent à un groupe de jeunes enfants en tabliers blancs…* »

Notre ami Joseph Fuller, de New London, qui les a côtoyés pendant quarante ans, en fait une description digne d'un naturaliste et, en lisant ses écrits, je retrouve ce que nous observons et ressentons un siècle et demi plus tard : « *[…] c'est l'un des plus beaux spectacles dont j'ai été témoin… J'ai vu des matelots les confondre avec des hommes qui s'étaient éloignés et qu'ils attendaient. Ils apercevaient deux manchots descendant une colline et, au premier abord, ils étaient persuadés que c'étaient les absents.* »

Cédric Marteau a repris sa marche. Il scrute. Il note, engrange des informations, se gorge de sensations en même temps qu'il nous donne des explications. Quelques clés pour comprendre cet univers. Décryptage des scènes qui se jouent devant nous. Là, un poussin bouscule un adulte en criant. Il réclame à manger. Ici, un renflement, comme une bosse, sous le bas-ventre d'un manchot. Il est en train de couver.

Avec leur blouson kaki de la réserve naturelle des TAAF, Charly et Yves se fondent dans le décor. Ils achèvent leur repérage. Premier constat. Première surprise.

– C'est curieux, dit Yves, ils ont l'air en parfaite santé. Aussi bien les adultes couveurs que les juvéniles ou les poussins. Leur condition corporelle est bonne.

Très peu de cadavres. Seulement deux manchots morts sur toute la colonie. Tout paraît normal. Pourtant, la catastrophe est confirmée. Beaucoup de zones favorables qui étaient occupées ne le sont plus. Par rapport aux photos et aux données satellites, c'est flagrant. Charly Bost indique des pans entiers de terrain sur tout le pourtour de la colonie, et même à l'intérieur, où la terre est libre de végétation et de manchots. La colonie de l'Amphithéâtre, qui couvrait 20 hectares, n'en occupe plus que quatre ou cinq, et de façon clairsemée.

Adrien Chaigne est monté sur le promontoire d'où a été prise la photo de 1982. La différence est nette. La mer vibrante de manchots qui ondulait comme une vague sur son cliché a été remplacée par des flaques, l'une encore profonde au centre, les autres plus minces autour, comme un point d'eau en voie d'assèchement.

En se tournant vers l'est, les îlots des Apôtres laissent planer leur ombre dans la brume. Le seul soleil est dans l'encolure des manchots.

Chapitre 15

Le hasard des rencontres

La première nuit, j'ai eu froid. La fatigue de la journée et l'émotion ressentie y sont pour beaucoup, et puis j'ai fait une erreur de débutant en dormant sans bonnet. Charly me le dira le lendemain, se couvrir la tête est un geste de base. Le froid entre par les extrémités.

Nous avions commencé à préparer le repas au point du soir, entre chien et loup. Quand le couscous fut cuit, l'obscurité nous enveloppait déjà, les îlots des Apôtres avaient sombré dans un fondu au noir long comme je les aime, devenant l'ombre de leur ombre avant de n'être plus. Nous avions tous faim.

La température ne descend jamais très bas dans les Crozet. Autour de zéro au cœur de l'hiver. Jusqu'à 8 ou 10 °C grand maximum en plein été. L'amplitude thermique est très faible. Pendant notre séjour, il a fait 5 °C de manière constante. Si l'on ajoute le vent incessant et le taux élevé d'humidité, la température ressentie est sans commune mesure avec le chiffre indiqué sur le thermomètre.

Pour y faire face, la réserve naturelle nous avait équipés d'une combinaison étanche que tous ceux qui travaillent dans les terres australes connaissent bien, le Flexo. Large pantalon taillé dans une sorte de plastique souple, ample manteau avec capuche qui s'enfile par-dessus les autres habits et qui sert d'abri en vous donnant l'allure d'une tente.

J'avais du mal à suivre les conversations. Yves parlait d'une orque dans le ventre de laquelle on avait retrouvé un manchot en kit ; Jérémy évoquait ses premiers contacts avec les pétrels géants ; Cédric se réjouissait du bon démarrage de la mission ; Charly semblait songeur en regardant le trou noir du côté des Apôtres ; Adrien annonçait qu'il faudrait poser au moins quatre autres pièges photo le lendemain ; Fabrice se mettait un pansement au bout du doigt après un coup de bec ; Bertrand évoquait l'*Astrolabe*, et moi je pensais aux conditions qu'avaient dû affronter les chasseurs de phoques sous leurs abris de fortune, se protégeant du froid avec des peaux de bêtes, à l'époque où l'île n'avait pas de nom.

⁂

Cap de Bonne-Espérance, 15 avril 1775

Julien Crozet était fébrile, impatient comme rarement il l'avait été. Il venait de recevoir une invitation. Tout seul dans sa cabine, il hésitait. Devait-il mettre son plus bel habit de capitaine ? Ou rester simple comme le lui réclamait sa nature ? Il fallait être à la hauteur de l'honneur insigne qu'on lui faisait. C'était un peu son heure de gloire.

Depuis son retour du voyage sur le *Mascarin*, il n'était plus tout à fait le même homme. La mort de son capitaine et ami Marc-Joseph Marion-Dufresne, tué et mangé par des Maoris le 12 juin 1772 dans la baie des Îles, en Nouvelle-Zélande, l'avait marqué. Cette expédition dans des contrées inexplorées, la brutalité des vents sous les 40es, la prise d'une île stérile au milieu d'une mer hostile, les contacts avec les autochtones de Tasmanie, la bataille qu'il avait dû mener contre ceux de Nouvelle-Zélande, le long retour, long détour par les Samoa, les Philippines, l'Indonésie, le détroit de la Sonde, sur un bateau en souffrance, que les charpentiers avaient eu du mal à maintenir à flot, l'avaient éprouvé profondément. Seul un séjour de trois semaines sur l'île de Guam lui avait offert un répit bien mérité. Ce qu'il en dit dans son journal traduit son caractère et son état d'esprit. Il pressent que l'arrivée des hommes dans ces lieux va en détruire l'équilibre : « *Il m'arrivait souvent de rencontrer, dans nos promenades, de ces lieux enchantés dont la nature seule avait fait toutes les dispositions et où la main de l'homme n'avait rien symétrisé. Il n'était pas possible de s'y ennuyer un instant : tout y était réuni pour le bonheur d'un homme qui aime la solitude, la verdure, l'ombrage, la fraîcheur, le parfum des fleurs, des eaux cristallines sortant d'un rocher et tombant en cascade, le chant d'une multitude d'oiseaux, des échappées de vue, des cocos, des rimas, des oranges, des citrons et une infinité de fruits cultivés par la simple nature sur des arbres touffus également chargés de fleurs et de fruits, plantés dans un désordre charmant que l'art n'a jamais su imiter. Je ne pouvais quitter sans regret ces endroits délicieux ; j'y aurais passé ma vie.* »

On comprend mieux, à la lecture de ces lignes, son sentiment à l'égard de la rugosité des îles de l'archipel auquel fut donné son nom.

Julien Crozet rentra au Port-Louis de Lorient le 4 novembre 1773. Sa femme et ses deux fils l'attendaient après trois ans d'absence. Il totalisait alors, au cours de sa carrière, 299 mois et 5 jours de service en mer. Il fit des démarches pour demander le grade de capitaine de brûlot, qu'il obtint grâce à un dossier exemplaire qui vantait ses mérites : « *Paraît, par sa bravoure, ses connaissances et son expérience, digne d'être admis dans la marine du Roi. Il a beaucoup navigué et avec fruit...* »

On lui confia un beau vaisseau, l'*Ajax*, pour une nouvelle expédition. Il quitta Lorient le 7 décembre 1774 pour gagner les Mascareignes et Pondichéry. Sur la route, comme la plupart des navigateurs, il fit escale au Cap pour se ravitailler. En arrivant, il apprit que le *HMS Resolution* mouillait dans la baie face à la montagne de la Table. À bord de ce navire qui deviendrait légendaire se trouvait le plus célèbre de tous les capitaines, le plus respecté, le plus admiré, James Cook, qui revenait de son deuxième voyage autour du monde, au cours duquel il avait, le premier, franchi le cercle polaire sud, atteignant les 71° 15', en janvier 1774.

Le hasard favorise parfois les rencontres sur les routes maritimes. Les alizés offrent des rendez-vous.

Au début de son périple, en novembre 1772, Cook, lors d'une escale au Cap, avait appris, du gouverneur hollandais Plettenberg, que Marion-Dufresne s'était lancé dans une expédition en direction des terres australes. Il ne savait pas, alors, que des îles avaient été découvertes et que le capitaine français était mort depuis cinq mois déjà. En repassant par Le Cap à son retour, en avril 1775, il fut informé de la présence de Julien Crozet et l'invita à bord du *Resolution*.

Louis XVI, passionné par les explorations lointaines – il allait bientôt lancer La Pérouse sur les mers –, en eut été jaloux. Le jeune roi était fasciné par le marin anglais depuis la publication du récit de sa première circumnavigation, *Relation des voyages entrepris par ordre de Sa Majesté britannique pour faire des découvertes dans l'hémisphère méridional*. Louis XVI avait donné des instructions pour qu'un sauf-conduit et une assistance fussent accordés par la Marine royale à James Cook en cas de besoin et en toutes circonstances. Et ce malgré la rivalité franco-anglaise et la guerre plus ou moins larvée entre les deux pays. Quand, ce jour d'avril 1775, Julien Crozet monta l'échelle de coupée du *HMS Resolution* et que James Cook en personne l'accueillit chaleureusement comme s'il était un de ses pairs, une profonde émotion et une grande fierté l'étreignirent.

Les deux hommes parlèrent de la Nouvelle-Zélande que Cook avait abordée le premier en 1769. Crozet s'excusa d'avoir pris possession, le 11 juillet 1772, de ces terres qu'il avait appelées *la France australe* en ignorant que Cook y était déjà venu trois ans plus tôt. Ils se montrèrent les cartes qu'ils avaient dressées, se félicitèrent mutuellement de leurs qualités. Crozet dira combien il était impressionné : « *Je comparai soigneusement la carte que j'avais préparée de cette partie de la Nouvelle-Zélande, le long de laquelle nous avions accosté, avec celle faite par le capitaine Cook et ses officiers. Je la trouvai d'une exactitude et d'une minutie de détails qui m'étonnèrent au-delà de toute expression.* »

Les deux hommes partageaient le même esprit, le même souci de documenter leurs voyages sur des sujets aussi variés que l'hydrographie, la botanique ou ce que l'on pourrait considérer comme les prémices de l'anthropologie, en décrivant les mœurs des peuplades qu'ils rencontraient. Une démarche de savants mâtinés d'aventuriers.

Cook était curieux d'en savoir plus sur l'expédition qu'avait entreprise Crozet en 1761 avec Marion-Dufresne au commandement pour conduire l'astronome Alexandre Guy Pingré à

Rodrigues, dans les Mascareignes, où il devait observer le passage de la planète Vénus devant le Soleil.

Puis l'Anglais en vint aux terres australes. Il lui demanda de raconter le début du voyage, les îles aperçues dans les brumes au mois de janvier 1772 et Cook, qui n'était pas homme à s'attribuer les découvertes des autres, reconnut, à son tour, l'antériorité de l'expédition française dans cette zone. Il complimenta Julien Crozet et salua la valeur de Marion-Dufresne.

– Votre capitaine était un grand capitaine, dit Cook en levant son verre.

– Monsieur, il serait honoré de vous entendre, répondit Crozet.

Une rasade de porto et bientôt la bouteille y passa. Crozet ne cacha pas combien ce voyage avait été rude pour lui et ses hommes. Cook confia qu'il venait, lui aussi, de traverser une épreuve. Il arrivait au Cap avec un bateau fatigué, des voiles et des agrès usés, des provisions avariées et des marins épuisés.

– Commodore, voici les esquisses des contours de ces îles que nous avons levées avec notre hydrographe Chevillard de Montesson et l'enseigne Roux. Cela reste très imparfait. La boucaille dans laquelle nous étions plongés en permanence et une houle forcenée nous ont empêchés de mieux faire.

James Cook consulta les dessins. Son doigt suivait le trait de côte. Ce n'étaient que de minuscules cailloux perdus sur l'océan, mais son œil brillait. Personne n'y avait abordé avant. La soif d'inconnu, n'était-ce pas ce qui le guidait aussi ?

En hommage à cette expédition pionnière, il décida de baptiser la plus grande des premières îles repérées le 12 janvier 1772. Marion-Dufresne l'avait rapidement appelée « l'île de la

Caverne ». Elle porterait le nom d'île Marion. L'autre, la « terre de l'espérance », serait l'île du Prince Edward, en l'honneur du quatrième fils du roi Georges III.

Ils portèrent un nouveau toast. Pour Julien Crozet, le porto garderait, chaque fois qu'il en boirait, le goût de ce moment de partage, dans la cabine personnelle du capitaine Cook, parmi les cartes marines dépliées sur le bureau, tandis qu'une légère brise de fin d'été caressait la mâture du *HMS Resolution*. Quant aux îles que les Français découvrirent et où ils débarquèrent pour une prise de possession le 24 janvier 1772, Cook choisit de les nommer archipel Crozet.

– Monsieur, c'est trop d'honneur.

– Vous le méritez, c'est la moindre des choses. Ceux qui croiseront désormais dans ces parages doivent se souvenir de vous.

Ils ne se revirent pas. Julien Crozet fit voile vers l'Isle de France et les Indes. Il mourut deux ans plus tard. James Cook remonta l'Atlantique pour retrouver l'Angleterre avant de s'engager dans un troisième grand voyage qui le fit passer près des Crozet.

Cependant, Crozet est le nom de l'ensemble de l'archipel. Pour l'île qui nous intéresse, frôlée par le *Mascarin*, furtivement surgie des brumes au matin du 22 janvier 1772 et négligée par Cook, pas de nom particulier. À peine un point, une ombre sur la carte. Elle devait rester longtemps dans ce flou.

Chapitre 16

Début de l'enquête

Le repérage sur le site de l'Amphithéâtre confirme les estimations des photos aériennes. Soixante mille couples reproducteurs. Avec leurs poussins, cela représente environ 180 000 individus. La présence d'une autre partie de la colonie est elle aussi confirmée. Elle se trouve à 300 mètres en contrebas de notre campement. C'est là que Charly et Yves vont commencer leur enquête. Nous y descendons en marchant sur un sol de terre nue, raviné, creusé de rigoles au fond desquelles coule un liquide verdâtre. Le bruit grandit. L'odeur se fait puissante. Nous entrons dans le lit d'une rivière où se mélange le ruissellement de la pluie qui s'est mise à tomber et les déjections des manchots royaux. Elle s'écoule paisiblement vers la mer.

Joseph Fuller en faisait déjà la description en 1880 : « *Pour installer leur rookerie, ils choisissent toujours un site en plan incliné, car ce sont des fervents de l'aménagement sanitaire. Le fait de choisir un sol en plan incliné a pour but de permettre que les déchets puissent s'évacuer.* »

Charly et Yves installent une cinquième tente pour le matériel sur une île entre deux bras de cette rivière. Autour, la population est compacte. Ils l'évalueront à quelque 20 000 couples reproducteurs. Ce qui porte le total à 80 000 couples sur l'île aux Cochons contre 500 000 en 1982. Une masse bourdonnante s'agite sur fond de mer. Yves Cherel a revêtu une salopette en ciré jaune comme un marin bigouden sur les quais du Guilvinec. Le travail peut commencer. Les deux chercheurs doivent capturer des poussins en fin de mue, qui sont tout près de leur départ en mer. Ensuite, ils cibleront des adultes en début de reproduction.

Pour les besoins de l'enquête, le protocole scientifique a défini six catégories de manchots à différents stades de leur vie : grands poussins ; juvéniles d'un an ; adultes en début de reproduction ; adultes nourrissant un grand poussin ; adultes en début de mue. Le but est de faire des prélèvements biologiques sur douze individus de chaque catégorie pour avoir un panel représentatif. Au total, 72 manchots doivent être attrapés.

Charly s'avance dans la colonie à pas très lents, sans gestes brusques, en souplesse. Il s'y enfonce. Les manchots s'écartent à peine sur son passage. Il scrute. Je le regarde de loin. Il cherche. La capture n'est pas une chasse. C'est une cueillette. Il désigne un oiseau du doigt et fait signe à Yves, qui approuve le choix. Le ciel est d'un gris laiteux. Le vent fait vibrer les plumes, voler nos capuches. La pluie avait cessé. Elle reprend. S'arrête à nouveau, puis recommence sans gêner l'opération. La pose des balises, elle, nécessite un temps sec. Ce ne sera pas pour aujourd'hui.

Charly est parvenu à isoler une dizaine de manchots sur un petit promontoire d'1,50 mètre de hauteur. Il avance. Les oiseaux s'affolent un peu. Il recule. Il prend son temps. Laisse s'échapper peu à peu ceux qui ne l'intéressent pas pour isoler celui qu'il a choisi, un juvénile. Son duvet a entièrement disparu à part quelques touffes qui jaillissent sur le crâne. La scène dure déjà depuis cinq minutes, comme si elle se déroulait au ralenti, puis, d'un coup, Charles-André Bost accélère. Il court sur trois mètres et, en moins d'une seconde, saisit le manchot par le cou avant de retrouver la lenteur du mouvement pour déplier son bras, attraper le haut des ailerons, soulever l'animal, le porter le dos contre son ventre, et l'amener à Yves. C'est un ballet bien réglé. Et une prouesse.

Je le verrai faire et refaire ces mêmes gestes avec la même prudence, le même tact, la même fermeté, la même délicatesse des dizaines de fois. Jamais de manière mécanique. Toujours en s'adaptant aux réactions de l'oiseau et presque en s'excusant.

– C'est toujours un stress pour eux, bien sûr, et pour nous. On tâche de le faire le plus rapidement et le plus proprement possible. Ce sont des animaux sauvages. Il faut les respecter. Mais on a besoin d'intervenir pour avoir des données, pour comprendre.

Capuche sur les yeux pour le calmer, l'oiseau est pesé. Onze kilos et demi. Il se porte bien.

Avec une pince, Yves arrache une plume blanche du poitrail du manchot que Charly maintient entre ses genoux. Sur chaque oiseau, qui possède 15 plumes par centimètre carré, 6 plumes seront prélevées et analysées. Yves effectue une prise de sang dans une veine de l'aileron, puis sort les écouvillons qu'il plonge dans le bec. Il prend de la salive et complète par des prélèvements dans le cloaque, c'est-à-dire l'équivalent de l'anus pour les oiseaux. Cela permettra de vérifier ce que mangent les manchots, voir s'il n'y a pas de problème d'alimentation et déceler des traces éventuelles de maladie. Yves glisse les échantillons recueillis dans les tubes numérotés et note les références sur son carnet *waterproof*.

L'opération est terminée. Charly caresse la tête du manchot, le ramène là où il l'a pris et place sa main sur son ventre pour accompagner la libération. L'oiseau se trémousse, il crie, secoue la tête, court vers le centre de la colonie et se perd dans le nombre.

L'opération se répétera inlassablement, méthodiquement, 72 fois. Par tous les temps, vent et pluie, dès 5 heures du matin sous les lumières balbutiantes du petit jour et le soir jusqu'à ce que le ciel s'assombrisse et qu'il faille rentrer. À la fin du troisième jour, l'objectif est atteint. Mais l'énigme reste entière. Impossible pour l'instant d'apporter une explication. C'est troublant. Yves le reconnaît. Rien de probant. Rien, sinon cette vitalité vibrionnante des manchots autour de nous. Rien sinon cette beauté qui nous secoue.

La partie de la colonie située dans la pente a été baptisée « colonie de la plage » par opposition à la grande colonie du morne du Tamaris.

De ce poste d'observation en forme de balcon, nous avions, derrière nous, surplombant les taches jaunes de nos tentes, les deux mornes en forme de « M » et devant, posées sur l'horizon, les dents des Apôtres, à une dizaine de kilomètres. Parfois, on avait l'impression de pouvoir les toucher. Elles se découpaient nettement dans le ciel, petites îles pointues, hostiles, au nombre d'une douzaine, d'où leur nom. Parfois elles se dérobaient, leurs contours s'enveloppaient de gaze. On les voyait se dissoudre, s'échapper complètement. Selon les caprices du ciel, elles apparaissaient noires à vous mordre, grises à pleurer, argentées pour rire au soleil, blanches pour se cacher, tantôt bleues, tantôt jaunes, roses une fraction de seconde au petit jour, mauves l'espace d'un cillement au soir venu, vertes peut-être aussi. Elles forment, mises bout à bout, comme un arc-en-ciel dans ma mémoire. Même quand on ne les voyait pas, elles étaient présentes. Elles intriguent. Elles attirent. Charles Goodridge raconte que l'équipage du *Princess of Wales* avait tenté de s'en approcher dans l'espoir d'y faire bonne chasse. Peut-être, sous leur aspect rebelle, recelaient-elles quelques trésors : « *Les petites îles sont pratiquement inaccessibles ; leurs rivages rocheux sont si abrupts qu'il n'y a guère moyen d'y débarquer en sécurité ; nos canots se rendirent une seule fois sur l'une d'elles et en rapportèrent plusieurs jeunes otaries qui servirent à notre ravitaillement.* »

Ils n'insistèrent pas. Leurs rochers acérés abritent une autre histoire douloureuse sur laquelle nous reviendrons, celle du *Strathmore*. Les Apôtres sont encore plus périlleux d'accès par la mer que l'île aux Cochons. Nous n'avions, de notre côté, ni les moyens ni le temps de nous y rendre. Nous nous sommes contentés de les admirer pendant cinq jours.

Chapitre 17

REDÉCOUVERTE

On peut saluer les grands marins du XVIIIe siècle, Cook, Marion-Dufresne, Crozet, La Pérouse, pour avoir été des explorateurs plus que des conquérants, des observateurs plus que des exploiteurs. Ils ont multiplié les croquis, les relevés, les descriptions, les esquisses de classification. Sans être toujours eux-mêmes des savants, ils avaient une démarche quasiment scientifique, rapportant dans leurs caisses des minéraux, des plantes séchées, des oiseaux empaillés. Ils étaient mus par l'envie d'accroître les connaissances. Cependant, leurs découvertes, si elles n'étaient pas directement motivées par l'appât du gain, ouvrirent la voie au pillage des ressources dans les contrées qu'ils avaient posées sur les cartes et dont ils avaient décrit les richesses. C'était d'ailleurs l'une des raisons pour lesquelles les rois et les princes de l'époque finançaient leurs voyages. Ils jouèrent le rôle d'éclaireurs dans les deux sens du terme, en ce qu'ils ont apporté un éclairage, une considérable somme d'informations nouvelles, et en ce que leur repérage a permis à ceux qui suivirent de se livrer à de plus sales besognes.

Le 12 décembre 1776, lors de son troisième voyage autour du monde dont il n'allait pas revenir – comme Marion-Dufresne, il finirait tué et mangé par des Maoris –, James Cook, en passant au large des îles Crozet, se souviendrait de sa conversation au Cap avec Julien Crozet. Il nota leur position, reconnut le tableau que lui avait peint le Français : des rochers nus, sévères, sans âme qui vive, sans intérêt. Il en convint et ne s'arrêta pas. Ces îles, ce jour-là, se perdaient dans la brume comme elles se perdirent dans les souvenirs. Pendant trente ans, on n'en entendit plus parler.

⁂

New York, 15 août 1804

Depuis les bureaux de la Fanning Cie donnant sur le port de New York, on pouvait voir la *Catherine* qui attendait, impassible, sous une averse d'été. Les deux mâts perçaient le ciel gris. Les matelots achevaient de rentrer la cargaison : du bois pour les barriques, des voiles de rechange, des vivres, de l'eau. Un approvisionnement pour deux ans et demi de voyage.

Henry Fanning, posté à la fenêtre, tapotait le carreau avec un rouleau de papier. Il le porta à son œil et s'en servit comme d'une longue-vue. Dans le rond du papier, le bateau était maintenant prêt. Il déroula le document et le parcourut. Il contenait les coordonnées et la description d'un lieu qu'il avait pour mission de trouver. C'était l'objectif principal de son voyage quand bien même il devrait y sacrifier deux saisons de chasse.

La famille Fanning, établie sur le port de New York depuis deux générations, était dans le commerce d'huile et de peaux. Le père, Gilbert, avait créé la maison. Ses fils, Edmund et Henry, prenaient le relais. L'activité réclamait de lourds investissements : achat du bateau, enrôlement des équipages, plusieurs mois, voire plusieurs années, pour engranger et écouler la marchandise, sans parler des risques, tempêtes et naufrages, mais le profit était bon.

Les marins de Nouvelle-Angleterre avaient lancé des campagnes de chasse aux phoques vers le nord, en Alaska notamment, et vers le sud du continent américain, du côté de la Terre de Feu et des Falkland. Ils s'étaient aventurés plus bas encore, en Géorgie du Sud, dans les Sandwich du Sud, aux abords de l'Antarctique. À la fin du XVIIIe siècle, leur butin s'élevait déjà à des millions d'otaries à fourrure abattues et des centaines de milliers de tonnes d'huile d'éléphant de mer. Edmund Fanning lui-même avait rapporté de Géorgie du Sud 100 000 fourrures en 1798 et 57 000 en 1800.

Au début du XIXe siècle, on cherchait de nouveaux terrains de chasse. Des cheptels encore intacts.

Dans sa cabine, tandis que la *Catherine* faisait voile vers le cap de Bonne-Espérance à 8 000 milles, le capitaine Henry Fanning avait souvent consulté le papier qui devait lui servir de guide. C'était la copie d'un vieux manuscrit. Il y était question d'un groupe d'îles au sud de l'océan Indien, entre l'Afrique et la grande terre de Nouvelle-Hollande, qui attendrait encore quarante ans avant de s'appeler l'Australie. Une zone immense, quasi déserte, où se perdait un archipel qui abritait, on pouvait l'imaginer, des phoques en quantité.

On n'en savait pas grand-chose sinon que James Cook les avait appelées les îles Crozet – les Américains disaient « Crozetts » –, et que l'auteur du manuscrit, le marin français Julien Crozet, les avait découvertes en 1772. La précision des détails qu'il donnait dans le manuscrit ne laissait aucun doute sur leur existence. Seulement, personne ne les avait revues.

La Fanning Cie fondait de grands espoirs sur ce voyage.

Après une escale au Cap, la *Catherine*, joli navire de 300 tonneaux, poursuivit vers l'est selon l'itinéraire indiqué par le texte. Dans un premier temps, la consigne, pour Henry Fanning, était de filer au plus vite vers la Nouvelle-Hollande en essayant de voir les Crozetts au passage, sans s'attarder, car, lors d'une précédente campagne, un bateau de la compagnie, l'*Union*, avait laissé sur la bien nommée Seal Island, l'« île aux phoques », au sud de l'Australie, une cargaison de fourrures qui devait au plus vite être apportées et vendues sur le marché de Canton, en Chine.

Double déception. Sur le trajet, pas la moindre trace des Crozetts, juste une brume dense et une mer rugueuse là où elles devaient se trouver ; et, sur Seal Island, pas la moindre fourrure à charger.

Henry Fanning noua quelques contacts avec les aborigènes, chargea des provisions, refit le chemin en sens inverse et reprit ses recherches sur le 46e parallèle sud. Aux environs du 54e degré de longitude à l'est du méridien de Paris, au niveau du point indiqué par Julien Crozet dans son manuscrit, il observa beaucoup d'oiseaux et de phoques, signes d'une terre à proximité. Mais elle se cachait toujours aux regards.

Le navire ne s'attarda pas.

Fanning déposa une équipe à 600 milles à l'ouest, sur l'île du Prince Edward, découverte par Marion-Dufresne le 13 janvier 1772 et déjà connue des chasseurs de phoques. Puis il retourna dans le secteur de Crozet. De bons indices, encore, mais toujours pas de terre. Les conditions devenaient difficiles. Ils étaient partis de New York depuis presque un an. L'hiver descendait sur l'océan Austral. Chaque jour, la mer était plus mauvaise, les vents plus furieux, les températures chutaient pour devenir glaciales. Henry Fanning prit la décision d'aller au Cap pour s'y abriter et faire la révision complète de la *Catherine* qui en avait bien besoin après 20 000 milles sur les flots.

Ils repartirent en septembre 1805, s'arrêtèrent à Prince Edward pour y déposer un ravitaillement. Ils embarquèrent un stock de fourrures – la chasse avait été bonne –, ce qui redonna le moral aux hommes, car ils étaient payés à la part (un matelot de 3e classe recevait environ 1/160 du bénéfice des ventes). Cette fois, Fanning était bien décidé à trouver ces insaisissables Crozetts qui l'avaient mystifié à trois reprises. Le navire sillonna la zone sans relâche, tantôt vers l'ouest, tantôt vers l'est, plongea vers le sud, courut des bords pendant plusieurs semaines. Parfois, le capitaine serrait à le déchirer ce maudit manuscrit. On l'entendait hurler sa rage. Puis il reprenait les recherches.

À la fin du mois de novembre 1805, au moment où, en Europe, les derniers lambeaux de la marine française s'en revenaient de Trafalgar ; au moment où Napoléon et la grande armée marchaient vers Austerlitz ; au moment où, à Boston, un homme d'affaires astucieux, Frederic Tudor, se lançait dans un nouveau commerce en acheminant une cargaison de 130 tonnes de glace vers la Martinique, sur la *Catherine*, à l'affût dès le point du jour, dans sa lunette – non plus le rond de papier roulé qui lui servait de longue-vue, mais celui de la lentille cette fois –, Henry Fanning vit une île à quatre lieues de distance.

Une île réelle. Pas la chimère qu'il avait poursuivie pendant seize mois.

On imagine la joie à bord. En doublant un cap au sud, ils entrèrent dans une baie relativement abritée. Redoublement de joie quand ils aperçurent des milliers d'otaries sur le rivage. La *Catherine*, avec son tirant d'eau de moins de 10 pieds, put se faufiler dans la passe envahie de longues algues laminaires.

Ils comprendraient par la suite qu'il s'agissait du seul port naturel, l'unique accès en sécurité de tout l'archipel.

Le capitaine lui-même voulut débarquer, persuadé qu'il serait le premier homme à fouler cette terre. L'euphorie l'avait gagné. De simple chasseur de phoques, il devenait soudain découvreur, pionnier. La copie du manuscrit ne comportait pas le passage dans lequel Julien Crozet relatait comment il avait pris possession pour la France de ce nouveau territoire au nom du roi Louis. Fanning ne trouva pas la bouteille avec le message daté du 24 janvier 1772 que l'enseigne Jean Roux avait placée au sommet du monticule de pierres dominant la baie.

Pour célébrer l'événement, il décida de donner un nom à l'île qui, à sa connaissance, n'en portait pas. Le manuscrit n'en faisait pas mention et James Cook avait seulement baptisé l'ensemble de l'archipel.

– Nous l'appellerons New York Island, déclara-t-il.

Et les cinq matelots qui l'accompagnaient applaudirent.

D'après les calculs de Fanning, New York Island se trouvait à 100 milles au sud du point établi par Crozet, mais elle correspondait en tout point à ses descriptions.

La *Catherine* explora les parages et découvrit deux autres îles. La plus à l'est, surplombée de hautes montagnes, fut appelée Grand Crozet ; la plus à l'ouest qu'ils virent en repartant, plus basse, moins torturée en apparence, fut nommée Fanning Island. Mais, pour ne pas attirer l'attention sur cette découverte, le capitaine n'en parla pas et demanda à ses marins de rester discrets à son sujet. Entre eux, ils l'appelaient Fanny, comme s'il s'agissait d'une fiancée.

Aperçue en 1772 pour la gloire. Redécouverte en 1805 pour le profit. C'est notre île aux Cochons.

Ils n'y débarquèrent pas, mais virent, sur les plages qu'ils longèrent, des quantités de manchots et surtout des éléphants de mer en masse. Elle offrait de belles promesses. Il faudra revenir, se dit Fanning.

Le capitaine inscrivit dans le journal de bord les coordonnées précises de chacune des Crozetts et fit voile vers Prince Edward. L'équipe déposée là au printemps dernier les attendait avec un nouveau stock de fourrures. La *Catherine* resta plusieurs jours sur place. Au même moment, deux autres navires américains mouillaient autour de l'île où ils avaient aussi débarqué des chasseurs. Henry Fanning se méfiait. La présence dans les parages du capitaine Isaac Percival, de Boston, dont la réputation dépassait les limites de son port d'attache, l'inquiétait. Il avait des instructions précises, qu'il prit soin de suivre à la lettre.

Les chasseurs de phoques de l'époque, tout au long du XIXe siècle, avaient en commun une rapacité, une férocité, une cruauté sans bornes, massacrant à tour de bras, sans mesure, sans répit, sans scrupules. Entre eux, ils n'étaient pas tendres non plus. Rivalité, suspicion, jalousie. Ils se surveillaient les uns les autres, s'espionnaient pour glaner la moindre information sur de nouveaux gisements.

Le manège de la *Catherine* et ses allers-retours fréquents durant ces derniers mois laissaient penser qu'elle était sur un coup. Isaac Percival l'avait reniflé. Il guettait.

Les instructions données à Fanning stipulaient qu'en cas de découverte des Crozetts, il devait laisser sur Prince Edward un message avec ses coordonnées dans une bouteille, afin qu'un autre navire de la compagnie le récupère.

La ruse était technique.

À la pointe nord-est de l'île, en prenant soin de ne pas être vu par les concurrents, il érigea un monticule de pierres de 60 centimètres de hauteur. Dix mètres plus loin, en direction du sud-ouest, il creusa un trou de 60 centimètres de profondeur dans lequel il enfouit la bouteille. Pour tenter de brouiller les pistes, Fanning resta au mouillage plusieurs jours encore. Dès son départ, les hommes de Percival, qui avaient repéré le tas de pierres, se ruèrent pour creuser tout autour, mais ne trouvèrent pas la bouteille.

La *Catherine*, elle, était revenue à Crozet. Elle était entrée dans la baie abritée de New York Island, où elle laissa une équipe qui, aussitôt, se mit au travail. Les otaries, qui voyaient des êtres humains pour la deuxième fois de leur vie, furent exterminées.

Henry Fanning remonta l'océan Indien en direction du nord-est, traversa le détroit de Sunda, puis celui de Sumatra et gagna Canton pour y vendre les fourrures.

*

Dans le confort de notre tente, logement 3 étoiles sur son parterre d'acaenas, tandis que le vent souffle à perdre haleine, que la pluie crépite sur la toile, tandis que le *Marion Dufresne* procède, à 40 milles de nous, au ravitaillement de la base Alfred-Faure sur l'île de la Possession avant de revenir nous chercher, je pense à la solitude de ces hommes laissés sur New York Island en décembre 1805. Leur isolement, l'incertitude dans laquelle ils se trouvaient.

Imaginons un instant le concours de circonstances sur lequel ils devaient compter pour espérer rentrer chez eux un jour. Il fallait que le navire envoyé par la Fanning Cie parte de New York comme prévu, arrive sur l'île du Prince Edward sans encombre, qu'un matelot trouve le petit monticule de pierres, fasse les 30 pas nécessaires, boussole à la main, en direction du sud-ouest, pour toucher à l'endroit tenu secret, creuse la terre sur 60 centimètres pour récupérer la bouteille et le message laissés par Henry Fanning, en espérant qu'elle n'ait pas été déterrée avant par un concurrent. Il fallait ensuite que le bateau fasse route vers ces Crozetts qu'aucun des marins à bord n'avait jamais vues, en priant pour que nulle tempête, nulle avarie ne le saborde, qu'il parvienne enfin dans la baie où ils s'étaient installés et où ils avaient vécu pendant plusieurs mois. Totalement coupés du monde ou presque, reliés simplement par un fil ténu, un improbable morceau de papier glissé dans une bouteille.

Il leur a fallu une sacrée dose de confiance, d'insouciance, de courage pour accepter le contrat. Et malgré l'atrocité des crimes que ces hommes commirent contre les animaux des mers du Sud, j'avoue que j'ai pour eux une certaine admiration. Une sorte de fascination au sens philosophique du terme, celle qui soumet la conscience à un double mouvement d'attraction et de répulsion. Attraction et répulsion pour la part aventureuse de ce métier, pour le caractère de ces hommes qu'Hermann Melville met en lumière dans *Moby Dick*. Je crois entendre la patte folle du capitaine Achab claquer sur le pont du *Pequod*, je crois voir sa face grimaçante concentrer dans ses rides l'âpreté d'un monde qui nous paraît si étranger. Il y a chez les phoquiers quelque chose de terriblement humain, leur capacité à résister, à s'adapter, et quelque chose d'inhumain. Inhumaines leurs pratiques. Inhumaines leurs conditions de vie. Cette chienne de vie de brigandage et de maraudage dans les îles les plus isolées, loin de tout, hors du temps. Ils nous projettent au fond des âges, quand l'homme chassait pour se nourrir, se battait pour conserver le feu. Sauf que, dans leur cas, ils contribuaient, tragique paradoxe, au développement de la civilisation occidentale, l'éclairage des villes et des habitations, le graissage des machines à vapeur, le début du confort moderne. Comme un trait d'union entre la préhistoire et l'ère industrielle.

Que dire des armateurs, des marchands, des négociants qui les envoyaient ? Que dire des clients de toutes ces fourrures, de toute cette huile ? Que dire de nous ?

*

La *Catherine* rentra à New York au bout de deux ans, après 45 000 milles parcourus sur les mers. Les hommes qui étaient restés sept mois sur l'île du Prince Edward s'étaient plaints de la nourriture. Une fois la viande séchée et les biscuits consommés, ils avaient dû manger local. De l'éléphant marin, de l'albatros, du manchot. On s'en lasse.

Alors, à l'hiver 1806, lorsque Henry Fanning repartit pour une nouvelle campagne dans les Crozetts, il s'arrêta au Cap et ajouta à ses emplettes habituelles un achat destiné à améliorer l'ordinaire des menus de ses chasseurs : deux couples de cochons qui grognèrent tout au long du trajet. En arrivant devant Fanning Island, les hommes étaient surexcités. Sur le pont, ils criaient « Fanny, Fanny », comme on appelle une femme.

Une équipe de six hommes débarqua. On entrait dans la saison des amours. Les manchots commençaient leurs parades ; les couples de grands albatros, séparés depuis deux ans, se retrouvaient et se remettaient à se séduire comme s'ils se voyaient pour la première fois ; les éléphants de mer s'apprêtaient à combattre pour constituer leur harem ; et les deux verrats, bientôt en rut, allaient fonder, avec les deux truies, une colonie de peuplement. Cette terre était désormais la leur.

Chapitre 18

LA NATURE

Consigne : priorité aux manchots. J'allais presque dire, aux piétons. On les laisse toujours passer quand on les croise. On s'arrête comme une voiture à un feu rouge et l'on attend que la file ait fini de traverser.

Les investigations débutent sans tarder. Les binômes se déploient. Jérémy Tornos et Fabrice Le Bouard, chacun une canne à pêche télescopique sur l'épaule, descendent vers la plage sur la piste des charognards, les skuas et les pétrels géants, tandis que Charly Bost et Yves Cherel se concentrent sur les manchots. Adrien Chaigne et Cédric Marteau s'intéressent aux prédateurs. Ils vont en même temps essayer de dresser un tableau de la faune de l'île. Trente-sept ans sans observations, cela mérite un tour d'horizon. Pour Bertrand et moi, le programme est d'aller des uns aux autres régulièrement dans le souci de n'oublier aucune des opérations et de témoigner de cette recherche inédite et il faut bien reconnaître que, dès le départ, nous ne savons pas où donner de la tête.

Pour un cameraman, il y a de quoi devenir fou. D'ordinaire, pour les films animaliers en milieu sauvage, il faut savoir patienter des heures et des heures, des jours entiers, des nuits de veille pour approcher et espérer saisir une scène authentique. Ici, tout est à portée du regard, en permanence, de tous côtés, à profusion, sans restrictions ni limites. Je voyais parfois Bertrand comme perdu dans cette abondance, ne sachant où pointer son objectif. Il s'arrêtait de filmer pour regarder, se frotter les yeux, vérifier qu'il ne rêvait pas. Sur ces îles subantarctiques, la plupart des animaux s'alimentent en mer et ne reviennent à terre que pour se reproduire ou muer. Ils jeûnent pendant des semaines. Il n'y a pas de concurrence entre les espèces. Depuis des milliers d'années, des dizaines, des centaines de milliers d'années, les manchots, les albatros, les éléphants de mer qui fréquentent l'île aux Cochons n'ont pas de prédateurs. Personne ne vient les déranger. Théoriquement, la menace n'existe pas. Rien, dans leur histoire, leur ADN, leurs réflexes, ne les prépare à se défendre.

Cela explique pourquoi ils n'ont pas peur, pourquoi, si l'on prend des précautions, si l'on évite les gestes brusques, on peut si aisément les côtoyer.

Cette attitude explique aussi le massacre. Quand ils sont arrivés, les chasseurs de phoques ont très vite compris que tuer serait aisé. Un jeu d'enfant.

L'Anglais John Nunn, en campagne dans les mers australes en 1825, dans les Kerguelen, où la situation est similaire, le raconte : « *On sait que les éléphants de mer abondent et qu'on peut les capturer en nombre presque illimité.* » Il ajoute : « *En général, ces animaux, lorsqu'on ne les ennuie pas, sont parfaitement inoffensifs et acceptent parfois qu'on marche au milieu d'eux sans qu'ils prêtent attention à vous. Mais lorsque plusieurs attaques ont été livrées aux endroits qu'ils fréquentent, la crainte s'empare du troupeau et la plus grande précaution est nécessaire pour les approcher.* »

Soixante ans plus tard, Joseph Fuller établit le même constat, et les mots qu'il emploie laissent entrevoir la scène : « *Nous nous retrouvâmes sur la plage en train d'abattre des éléphants à tour de bras. Ce jour-là, nous tuâmes 44 pachas.* »

Esquisses d'une tuerie qui, autant que les histoires de naufrage, hante les lieux.

Il en va, dit-on, des éléphants de mer comme des icebergs quand on descend vers l'Antarctique. Les premiers que l'on voie, on s'exclame, on s'extasie, puis on finit par s'habituer et ne plus les remarquer. Mais non, on ne s'habitue pas. Les sensations s'ajoutent, se multiplient, nous débordent parfois. Le premier, je dois le dire, m'a fait peur. Je ne l'avais pas vu. Les herbes et les mottes de terre où il s'était allongé le cachaient. J'étais à 50 centimètres quand il s'est dressé d'un coup à mon passage – il me dépassait –, gueule ouverte, dents pointues, crachant un sifflement étouffé venu du fond du ventre. J'ai bondi en arrière. Ses grands yeux noirs, humides, m'ont regardé, puis il s'est lové dans sa couche sans plus se soucier de moi.

– Une jeune femelle en train de muer, me dit Cédric Marteau. Elle va rester ainsi à l'écart pendant quatre semaines avant de reprendre le chemin de la mer.

Elle s'était installée au bord de l'autoroute des manchots comme une vache qui regarde passer les trains. Des lambeaux de son ancienne peau encore accrochés en touffes tachetaient sa robe et lui donnaient l'allure d'un vieux léopard fatigué. Elle s'est rendormie.

Plus bas vers la plage, deux jeunes mâles beaucoup plus imposants se défiaient, torse contre torse, en équilibre sur leurs nageoires caudales. Ils se poussaient en rugissant, quatre tonnes de chair et de graisse collées, comme deux sumotoris qui, en souplesse malgré leur masse, tentent de se faire tomber par terre. Cela ressemblait plus à un jeu qu'à un combat.

– C'est un entraînement, précise Cédric. Ils se préparent. Dans quelques années, ils lutteront à mort pour dominer le groupe.

Sur le sable, encore un mâle, presque aussi gros que les deux autres réunis, assoupi, s'étale sur une surface de quatre ou cinq mètres carrés que les manchots contournent comme s'il s'agissait d'un petit tertre. Près de l'eau, un pacha. Le chef de la troupe, alangui, relâché, après avoir maté ses concurrents et satisfait aux besoins d'un harem de plusieurs dizaines de femelles, des bourrelets de Bibendum sur le cou, des morsures partout sur le corps, de petits yeux enfoncés dans les plis de la peau. Il lâche un rot monumental qui fait trembler sa trompe, puis il s'affaisse lourdement sur le corps de sa femelle du moment, trois fois plus petite que lui, et l'entoure de sa nageoire comme s'il voulait la tenir dans ses bras. Leur bébé a encore du lait autour de ses babines. À sa naissance, il y a trois semaines, il pesait 40 kilos ; il en fait 200 maintenant et sa mère a maigri d'autant. Bientôt, il partira en mer et cette première sortie sera un des moments les plus dangereux de son existence. De redoutables prédateurs le guettent. Ils sont là, près du rivage. Discrets. On aperçoit par instants leur dos noir glisser sur les flots. Les orques rôdent. Dans le jargon des TAAF, les petits éléphants de mer sont appelés les « bonbons ». Ils sont jolis, c'est vrai. Avec leur peau toute noire, lustrée, rebondie, leurs grands yeux doux, ils sont à croquer et c'est justement le problème. Délicieux, gorgés de graisse et de lait concentré. Les orques en raffolent. Elles n'en font qu'une bouchée.

Autour, des centaines d'oiseaux, pétrels, prions, skuas, cormorans emplissent le ciel ; des milliers de manchots arpentent la plage. Spectacle grisant. Vie foisonnante à perte de vue. Tapage infernal. Mélange de couleurs, sable noir, ciel d'orage, reflets de mercure dans les flaques où s'ébrouent les éléphants, panaches d'écume où s'échappent les oiseaux. La plage s'étire sur 2 kilomètres de longueur, s'écarte sur 100 ou 200 mètres de largeur par endroits. Elle se resserre au bout contre un bloc de rochers où la mer se fracasse.

Des groupes de manchots partent en mer et, soudain, après la vague dans laquelle ils se sont malhabilement jetés, les voilà, eux si lents, si mal à l'aise pour marcher, qui fusent comme des torpilles.

Ce monde sauvage nous éclate au visage, à Bertrand et à moi. Mais je suis touché de voir la réaction de Cédric Marteau. Elle donne encore plus de profondeur à la mienne. Il fréquente depuis vingt ans les terres australes. Rares sont les personnes qui les connaissent aussi bien que lui, qui les aiment autant que lui d'une passion dévorante et pourtant l'île aux Cochons le subjugue. Il se recueille et s'exclame :

– C'est grandiose ! Je ne m'attendais pas à ressentir une telle émotion en descendant sur la plage. C'est un des plus beaux endroits que j'aie vu dans les îles subantarctiques. On est vraiment dans la nature primitive.

Sur le bateau, j'avais imaginé les premières arrivées des animaux, il y a un million d'années, lorsque l'île venait de sortir de l'océan. Il me semble voir maintenant la scène se rejouer comme au commencement du monde.

Crozet est un des endroits où la biodiversité animale est la plus grande, non seulement en nombre d'espèces, mais aussi en quantité de population. Il y a des dizaines de millions d'oiseaux nicheurs. L'île aux Cochons est, à elle seule, un concentré de la richesse de l'archipel.

Yves Cherel quitte un instant sa tunique de scientifique rigoureux, objectif, prudent, pour lâcher les chevaux de son enthousiasme : « Pour les naturalistes comme nous, c'est le paradis ! »

Même constat pour Charly Bost. Même bonheur de voir un tel écosystème aussi bien préservé. Du fait de leur nombre, les manchots jouent un rôle fondamental. Ils consomment des centaines de milliers de tonnes de petits poissons-lanternes, les *Myctophidae*, qui vivent dans les profondeurs par bancs de millions d'individus. Pour les scientifiques, les manchots sont de très bons bio-indicateurs de l'état de santé de l'océan parce qu'ils sont quasiment au sommet de la chaîne alimentaire. L'évolution de leur population ou de leurs comportements peut donner des informations sur l'influence du changement climatique, par exemple, mais aussi sur l'impact des activités humaines. On sait ainsi que les massacres des phoquiers au XIXe siècle ont profondément perturbé les équilibres naturels.

*

Un skua plane au-dessus de nos têtes. Le ciel est noir. Le ciel est gris. Les manchots crient. La mer nous remue.

Le vent nous déboussole. Nous sommes pris dans une sorte d'envoûtement, entretenu par le bruit de fond, la musique roulant en boucle, incessante, lancinante, de la manchotière.

Si l'on débarquait sur l'île aux Cochons sans aucune information, sans les données des photos aériennes, sans les constats des observations antérieures, on pourrait croire que tout va bien. Mais ce n'est pas le cas. Comment, dans un contexte où la nature semble si forte, si libre, où elle fait preuve d'une telle ardeur, où aucun signe de maladie n'est visible, la population de la grande colonie a-t-elle pu chuter aussi brutalement ?

À ce stade, cela laisse les chercheurs perplexes.

Cependant, un point peut être éclairé, une interrogation levée. Pourquoi autant de manchots s'étaient-ils installés ici ? Je pose la question à Yves Cherel en reformulant l'idée romantique d'un jardin d'Éden que j'avais eue sur le bateau. Les manchots royaux avaient besoin d'une terre promise. Yves sourit. Devant le flot mouvant de la grande colonie, il réfléchit. L'observation objective ne contredit pas ma vision. Le terrain est propice. Nulle part dans les îles subantarctiques, il n'a vu de site aussi favorable – espaces en pente douce, larges étendues – pour les manchots royaux. À l'île de la Possession, il y a beaucoup moins de place et donc de possibilité d'expansion. C'est ce qui pourrait expliquer, mais il faut rester prudent et se garder de conclusions hâtives, précise le scientifique, pourquoi ils étaient si nombreux sur l'île aux Cochons.

Chapitre 19

Avant le nom

Campement Morne du Tamaris
Samedi 16 novembre 2019. 6 h 20.
46,08566° sud – 50,27671° est.

La pluie tambourine sur la toile de tente. Elle couvre le bruit des manchots. Pas la voix de Cédric, déjà dehors, qui fait le tour et conclut qu'il serait préférable d'attendre, car la météo est trop mauvaise pour le moment.

« Un temps de cochon », marmonne Bertrand en s'enfouissant dans le duvet. Le fait est que, durant tout notre séjour, nous avons toujours mangé sous la pluie. Une pluie plus ou moins fine, à peine quelques gouttes parfois ; plus ou moins longue, mais toujours il a plu. Ce matin, elle tombe dru.

Un besoin impérieux m'oblige à sortir cependant. Je m'habille en prenant soin de bien ajuster mon Flexo en ne laissant autour du cou et des hanches aucune faille où le vent pourrait s'engouffrer. Je m'extirpe de la tente et m'éloigne d'une trentaine de mètres. Après réflexion, le conseil scientifique de l'expédition a décidé d'autoriser le dépôt de nos productions personnelles sur l'île. Un des impératifs de la mission étant de n'introduire en aucune manière d'éléments perturbateurs dans ce milieu, la question se posait. Il a été considéré que la présence de huit personnes pendant six jours ne serait pas de nature à modifier l'équilibre écologique de l'île aux Cochons. Petite accalmie. Petit déjeuner. Le travail reprend. Les chasseurs de phoques, eux, se souciaient peu des conditions météo.

⁂

Le 9 mai 1820, Charles Medyett Goodridge quitte Londres sur le *Princess of Wales* pour une campagne de chasse à l'otarie dont les fourrures sont déjà très prisées à l'époque. Huit mois plus tard, le 24 décembre, le bateau arrive au niveau du 46e sud, 50e est, devant notre île.

À bord du petit cotre de 75 tonneaux, bateau classique pour les chasseurs de phoques, deux officiers, trois mousses et dix matelots, dont Charles Goodridge, âgé de 24 ans. Je m'attarde un peu sur son histoire, car elle a une grande importance pour l'historiographie de l'île aux Cochons. Goodridge n'est pas le premier homme à y avoir posé le pied, mais il est le premier à en parler dans le récit qu'il fit de sa vie de marin. L'ouvrage parut en Angleterre en 1847 sous le titre *Voyage to the South Seas and the shipwreck of the* Princess of Wales. *Two Year's Residence on an Inhabited Island* (Voyage dans les mers du Sud. Naufrage du *Princess of Wales*. Deux ans de résidence sur une île inhabitée) [2].

Le 24 décembre 1820, devant l'île aux Cochons, contrairement à ce qu'a vécu Joseph Fuller, tout est calme. Rien ne

2. *Naufragé des 40e rugissants*, Charles M. Goodridge, Paulsen, 2010, pour l'édition française.

menace. L'équipage, qui jusque-là n'a pas connu beaucoup de réussite, est plein d'espoir.

Goodridge raconte : « *Lors de notre premier contact, nous observâmes de nombreux animaux que nous supposâmes être des otaries…* » La chasse s'annonce bonne. Ils sont impatients de débarquer. « *Mais,* poursuit Goodridge, *notre déception fut grande lorsque nous découvrîmes avec nos longues-vues qu'il s'agissait de cochons !* »

Ils débarquent le lendemain sans difficulté et constatent que ces animaux pullulent. Drôle de cadeau pour ce jour de Noël 1820. Des cochons à profusion. De très grands cochons, précise le récit, féroces, agressifs, dangereux, surtout les gros mâles qui chargent, armés de redoutables défenses. Pour le menu de Noël, ils tentent une expérience : « Nous tuâmes un gros cochon et quelques petits, mais leur chair n'avait pas un goût très agréable, car leur seule nourriture se composait d'herbe et de cadavres de manchots. » Je les imagine broutant les acaenas sur lesquelles nous marchons en tanguant, croquant les azorelles dont les mottes d'un vert vif attirent l'œil et le groin ; je les imagine se ruer sur un manchot mort ou blessé en bousculant les charognards locaux que sont les pétrels géants et les skuas ; je les vois, ces cochons devenus sauvages, attaquer nos poussins de manchots, quand ils s'approchaient d'eux comme ils s'approchent de nous en toute insouciance.

L'équipage reste un mois et demi sur l'île. Trouve le moyen de cohabiter avec les meutes de porcs en les évitant. Certains matelots dorment sur place, d'autres font des allers-retours sur le bateau. Ils laissent les éléphants de mer tranquilles, car ils n'ont pas de quoi produire l'huile, mais engrangent tout de même 400 peaux. Une dizaine d'otaries abattues par jour en moyenne. Et, tout en se livrant sans états d'âme à son terrible métier de tueur, Charles Goodridge confesse qu'il est sous le charme. Ce monde, cette faune l'ont fasciné comme elle nous fascine. La grande colonie de manchots royaux qu'il découvre l'impressionne. L'allure et les mœurs de ces oiseaux l'intriguent. Il en fait la jolie description que nous avons mentionnée et, à défaut de porcs, ils améliorent l'ordinaire de ses repas.

« *Leur chair n'est pas bonne à manger. Aussi préférions-nous leur dérober leurs œufs. Ils se laissaient faire sans trop de résistance, car ils sont si peu sauvages que nous pouvions les attraper à la main ou les faire tomber d'un coup de bâton. Lorsqu'on leur volait un œuf, ils pondaient à nouveau.* »

Le 17 février 1820, le *Princess of Wales* fait naufrage à Crozet. Une partie de l'équipage trouve refuge sur l'île de l'Est, l'autre sur l'île de la Possession. Deux ans avant d'être secourus ! Le récit de Goodridge raconte surtout ces deux années de survie. La partie consacrée à l'île aux Cochons est brève. Elle n'avait, à l'évidence, pas de nom pour lui et il ne dit pas d'où viennent les cochons.

Chapitre 20

L'Aventure, c'est l'Aventure

En mars 1825, cinquante ans après la rencontre entre James Cook et Julien Crozet, cinq ans après Goodridge, un jeune homme de 22 ans, Guillaume Lesquin, quitte Port-Louis, sur l'Isle de France qui, passée aux mains des Anglais depuis quinze ans, s'appelle désormais Maurice. Lesquin, natif de Roscoff en Bretagne, fait voile vers les Crozet aux commandes de l'*Aventure*, petite goélette de 55 tonneaux avec 16 hommes d'équipage.

« *Le désir de connaître ces îles et l'espoir de bénéfices assez considérables m'avait engagé à faire ce voyage* », écrit-il. Fils d'un négociant qui fut maire de Roscoff, Lesquin a fait des études, il sait écrire, et fort bien, ce qui nous vaut son récit, mais il veut une vie d'aventure, partir, naviguer. Il s'enrôle comme novice à 17 ans, montre très vite de très bonnes dispositions, monte en grade au point de se voir confier le commandement d'un bateau pour une campagne de chasse au phoque dans le Grand Sud. « *Le but,* écrit-il, *était de débarquer sur une de ces îles des barriques, pour être remplies d'huile d'éléphant marin et des vivres pour la partie de l'équipage qui devait rester à terre afin de faire cette huile après le départ du navire.* »

Le 5 juillet, après une errance de trois mois et demi, ils arrivent, exténués, devant la plus occidentale des îles de l'archipel Crozet : Cochons. Lesquin ne cache pas sa déception : « *L'île était couverte de neige, le ciel était noir et menaçant, les vents soufflaient avec fureur. Cette tristesse générale de l'île à notre arrivée, cette image de désolation qui régnait partout, m'affectèrent. Je crus y voir un pronostic de nos malheurs et cette impression m'a violemment frappé depuis.* »

L'eau douce est rationnée à bord depuis plusieurs jours. Il leur faut absolument s'en procurer au plus vite. Mais le temps est si mauvais, la mer si grosse que pendant vingt jours consécutifs ils ne peuvent se rendre à terre. Le 25 juillet, bravant le danger, neuf hommes parmi les plus solides se risquent dans un canot.

« *Nous eûmes bientôt la satisfaction de les voir débarquer sains et saufs* », écrit Lesquin. Mais très vite la situation se dégrade. Une tempête terrible se déclenche. Une voie d'eau se déclare. Le navire est inondé par des lames « *effrayantes* ». Les chaînes des ancres se rompent. Le second canot est emporté par un coup de mer. Guillaume Lesquin est désespéré : « *Sans ancre, sans canot, sans eau, avec des hommes que leurs misères récentes et l'état d'humidité continuelle dans lequel ils se trouvaient depuis six semaines avaient épuisés, à quoi devions-nous nous décider ?* »

Il se résout à partir. Fuir. L'*Aventure* s'éloigne le 26 juillet au matin en laissant les neuf hommes à terre. Trois jours plus tard, la goélette fait naufrage sur le rivage de l'île de l'Est. La carte de l'archipel dressée par Guillaume Lesquin indiquera des noms que la postérité oubliera. L'île de la Possession devient l'île du roi Charles ; l'île de l'Est, l'île Chabrol ; l'île aux Pingouins, l'île Française ; les Apôtres deviennent les Sauvages et les Cochons, l'île Dauphine.

⁂

Lesquin avait recruté ses hommes dans les tavernes de Port-Louis. L'Isle de France était une plaque tournante dans l'océan Indien. On y trouvait, comme du temps de Marion-Dufresne, un brassage d'esclaves, de lascars, de malabars, de marins en escale ou échoués là des Indes et de toute l'Europe : français, hollandais, espagnols, portugais, anglais. Le jeune capitaine de Roscoff était parvenu à composer un équipage hétéroclite : 16 matelots parlant chacun son sabir, qui n'avaient en commun que l'expérience de la mer et l'envie d'amasser un petit pécule. La chasse au phoque payait bien. À bord, c'était la tour de Babel. On parlait français et surtout une sorte d'esperanto mélangeant toutes les langues. Tant bien que mal, ils se comprenaient.

À terre, après que l'*Aventure* les eut déposés pour aller chercher de l'eau douce, les neuf hommes durent inventer une façon de vivre en société.

⁂

Île Dauphine (île aux Cochons), 25 juillet 1825

Ils avaient passé une nuit horrible sur la plage, abrités dans le canot retourné, les uns contre les autres serrés pour se donner un peu de chaleur. Les tourbillons de pluie sur le rivage étaient tout aussi furieux que ceux qui secouaient le bateau. Ils n'avaient même pas eu le temps de prospecter une source. À proximité ne se trouvait pas la moindre eau douce consommable. Seulement des rigoles où la pluie venait se mêler aux déjections des manchots.

Aux premières lueurs du jour, ils regardèrent la mer, stupéfaits, interdits. Plus de voile tremblante sous le vent, plus de coque ballottée par les flots. L'*Aventure* avait disparu. Ils étaient seuls.

Dans le canot, pas grand-chose. Quelques ustensiles, une casserole, une marmite, deux sacs de biscuits, quatre pains. Des outils, marteaux, pelles, scies. Deux mousquets, un peu de poudre. Les lances pour la chasse au phoque. Des affaires personnelles, une pierre à fusil, un couteau, des allumettes que chacun portait toujours sur soi. Pour habits, ils n'avaient que leurs pelisses bien saucées, leurs braies mouillées jusqu'à la peau et des bottes dont ils pressentirent qu'elles ne tarderaient pas à partir en lambeaux.

Guillaume Lesquin avait choisi les plus robustes pour débarquer. Neuf gaillards bien charpentés, encore en forme malgré six semaines d'un voyage éprouvant. En coupant la chaîne de son ancre au milieu de la nuit, en filant vers le sud, terrifié par la menace du naufrage, il n'avait pas vraiment songé à eux. Il s'était juste dit qu'ils étaient armés pour s'en sortir. N'était-ce pas la manière dont procédaient les capitaines ? Ils déposaient une équipe sur une île et repassaient la chercher quelques semaines ou quelques mois plus tard. Lesquin était surtout inquiet pour son navire. La tempête ne mollissait pas. Je reviendrai, se disait-il, dès que la mer sera calmée, si c'est possible, dans ce secteur affreux !

Les neuf hommes pensaient la même chose et ne s'affolèrent pas.

Andrew Taylor, un Anglais de Plymouth, prit le commandement, sans brusquer personne. Trente-cinq ans, larges épaules, cheveux en vrac, yeux bleus. Il avait déjà fait plusieurs campagnes de chasse dans les mers du Sud, du côté des Falkland, et en Géorgie du Sud. Sur le bateau, il leur avait raconté maintes fois, à grand renfort de gestes quand les mots ne suffisaient pas, comment se déroulait la chasse, et le soir, après la pitance, à la veillée, quand les guitares s'étaient tues, tous les matelots de l'*Aventure* l'écoutaient en ouvrant rondes leurs bouches, les yeux écarquillés, conter des histoires de combats contre des animaux, contre la mer, des histoires de naufrages et d'abandon qui leur paraissaient effrayantes et fabuleuses. Maintenant, ils étaient devenus eux-mêmes le sujet de l'histoire. Taylor distribua les tâches. Ils avaient été recrutés pour chasser les éléphants de mer. Ils commencèrent par en tuer un. Un gros qui dormait, insouciant, sur la plage. Ils le dépecèrent. Plus question de faire de l'huile. La graisse découpée en longs quartiers servirait à alimenter le feu.

– C'est curieux comme elle brûle bien, se dit Pablo, un Espagnol des Baléares qui n'avait, jusqu'à son arrivée à Maurice, jamais quitté la Méditerranée.

– Ce soir, on mangera la langue et la cervelle, c'est ce qu'il y a de meilleur, dit l'Anglais.

Durant les premiers jours, ils s'abritèrent sous la coque du canot retourné qu'ils avaient hissé tout en haut de la plage. Technique habituelle des phoquiers. Ils bouchèrent l'espace entre le plat-bord et le sable avec des mottes de tourbe et des pierres pour se protéger du vent. Le canot, fermé côté mer, gardait une ouverture au nord face à la montagne. Il servait d'hôtel et de restaurant. Ils y passaient le plus clair de leur temps. Le temps était terrible.

Durant les premiers jours, ils guettèrent sans relâche. Ils se relayaient la nuit pour voir si, d'aventure, le navire ne revenait pas. La mer restait vide.

Les premiers mois, ils espérèrent. Les mois passant, ils désespérèrent.

Ils ne savaient pas que le 29 juillet 1825, quatre jours après les avoir abandonnés, l'*Aventure* s'était brisée à 65 milles de là, sur les rochers de l'île de l'Est nommée île Chabrol par Guillaume Lesquin. Ils ignoraient que leurs sept compagnons d'équipage allaient subir le même sort qu'eux, en parallèle, coupés du monde.

Ils étaient des Robinson sans Vendredi, sans cocotiers ni tropiques.

Maxime Delage avait 20 ans. Avant de goûter la mer sur les bateaux de pêche de La Rochelle, avant de s'embarquer comme moussaillon pour des courses lointaines, avant d'atterrir par hasard à Maurice et d'être enrôlé par Guillaume Lesquin, Maxime avait eu un rudiment d'éducation. Il crut reconnaître, dans la silhouette de la montagne au-dessus d'eux, une lettre de l'alphabet qu'il avait apprise pour signer de l'initiale de son nom au lieu d'une simple croix. « Un "M" de malheur », se dit-il.

Le premier hiver austral des oubliés de l'île aux Cochons fut rude. Il neigea beaucoup. La tempête qui leur avait valu leur infortune était revenue plusieurs fois battre la côte, cogner contre leur logis et le détruire à moitié au cours d'une nuit de cauchemar. La mer démontée avait recouvert et retourné le canot, gâchant une partie de la nourriture engrangée et les laissant trempés, transis, hagards.

Il fallut construire une autre habitation. Pour les murs, ils creusèrent le sol et retirèrent de grandes briques de tourbe d'un mètre d'épaisseur. Pour la charpente, en l'absence d'arbres sur l'île, ils se servirent du canot. Au moment de le démonter, ils eurent des scrupules. Ils hésitèrent. Toute fuite, toute perspective de départ leur serait désormais interdite.

Le Portugais Roberto Ribeiro aurait voulu tenter le coup. L'Anglais Taylor avait coupé court aux débats.

– Impossible de reprendre la mer sur cette barque, on ne ferait pas un mille avant de couler.

Ils recouvrirent la charpente de peaux d'éléphants de mer en prenant soin de bien les nettoyer et les gratter, car, sinon, la moindre trace de chair ou de graisse attirait les pétrels géants qui se jetaient sur la toiture et en faisaient de la charpie. Les peaux étaient attachées avec des tendons d'éléphants marins effilochés de manière à servir de corde. Ils y ajoutèrent de la tourbe. Ils avaient à nouveau un abri.

Les premières semaines furent occupées à reconnaître leur territoire. Pour trouver de l'eau douce, celle qu'ils étaient venus chercher en débarquant, ils durent monter sur les hauteurs. À partir de 300 mètres d'altitude, une fois dépassée la colline en forme de « M », il n'y a plus ni animaux ni végétation. Pablo avait trouvé une bonne source à deux heures de marche. Ils y montaient tous les jours.

Maxime n'en revenait pas de voir autant de manchots agglutinés.

– Une mer de pingouins, se disait-il. Une mer intérieure.

Pendant ce temps-là, sur l'île de l'Est, autour de Lesquin, les hommes avaient pu récupérer des débris du navire et de sa cargaison, du bois, des outils, des douvelles de barriques, de la toile, qui leur furent secourables.

Sur l'île aux Cochons, rien de tout cela.

La nature. Sauvage. Tragique.

À l'autre bout de la plage, à un kilomètre, ils découvrirent un chaudron planté sur le sable et quelques ustensiles dans une petite grotte à côté, au pied de la colline. D'après l'état du matériel, le dernier passage des phoquiers devait remonter à un an au moins, estima Andrew Taylor. Le chaudron, déjà bien rouillé, ne servirait pas puisque leur but désormais n'était plus de faire de l'huile, mais de lutter pour leur survie. Ils savaient qu'il leur faudrait se battre tous les jours.

Le lendemain de leur arrivée, Roberto avait déboulé en criant. Affolé.

– Un cochon, un cochon sauvage, un fou furieux qui a foncé sur moi !

Devant sa figure décomposée, les autres se mirent à rire avant de se rendre à l'évidence. Il y avait des cochons partout. Une vingtaine. Peut-être plus. Des truies allaitant de grandes portées, des gorets fouissant dans les herbes, de gros mâles avec de longues défenses qui les regardaient d'un œil mauvais.

– C'est la première fois que je vois ça, avoua Taylor.

– *Que miseria*, ajouta Pablo.

– Quel destin, conclut Maxime. Nous voilà sur une île à cochons.

Ils crurent d'abord pouvoir améliorer l'ordinaire de leurs repas, mais ils déchantèrent vite. La chair de ces animaux était atroce. Un goût d'algues pourries. Et puis les voir dévorer des cadavres de manchots en les disputant aux pétrels géants et aux skuas dans le cloaque de la manchotière n'était pas pour leur ouvrir l'appétit.

– Je préfère encore l'éléphant marin, disait Maxime. Ces porcs infects me rappellent trop combien les bons pâtés de chez nous me manquent.

Contrairement aux autres animaux de l'île, les cochons étaient très agressifs et devenaient dangereux. Le Hollandais Joop s'était fait renverser, Roberto Ribeiro mordre. Il fallait s'en débarrasser.

Ils organisèrent des battues pour les traquer un par un. Ils mirent plus d'un an à tous les tuer. Pour le dernier, un vieux mâle monstrueux de 150 kilos, ils durent le poursuivre sur les hauteurs, dans la zone déserte. Les neuf hommes alignés brandissaient leurs lances – ils n'avaient plus de poudre pour les mousquets depuis longtemps. Ils avancèrent vers la bête acculée contre une barrière rocheuse. Elle se retourna, les fixa et chargea. Ce jour-là, lorsque les piques et les couteaux des neuf hommes déchaînés s'abattirent, un cri strident, enroué, glauque, comme le cri de l'animal qu'on égorge dans les fermes au matin du tue-cochon, retentit une dernière fois sur les étendues désolées de l'île. Ils refusèrent de le manger, le laissèrent aux pétrels géants. Au bout de deux jours, il n'en restait plus qu'un tas d'os blancs sur la caillasse.

Andrew emporta seulement les défenses de 18 centimètres qu'il accrocha comme un trophée à l'entrée de la maison.

Le temps passait. Pablo essayait de tenir le décompte des jours, ajoutant une entaille au couteau tous les matins sur une poutre du toit. La routine de la survie s'installait. Andrew Taylor répartissait les tâches par roulement : cuisine, chasse, eau, sel, entretien du feu avec des branchages séchés d'acaenas qui tapissaient les environs, et surtout avec la graisse d'éléphant pour ne jamais le laisser s'éteindre, préserver les allumettes pour ménager l'avenir et chauffer la maison.

Parfois, ils se lassaient du menu, mais jamais ils ne manquèrent vraiment de nourriture. Il y en avait à profusion sur la plage où ils avaient échoué. Il suffisait de se servir. Des moules cueillies sur les rochers ; des poissons piégés dans des poches d'eau à marée basse ; des poussins d'albatros faciles à capturer sur le nid, bons comme de grosses poules ; des éléphants de mer, bien sûr, comme un buffet à volonté. Un gros mâle de trois tonnes, si l'on salait bien ou fumait à temps la viande, leur fournissait de quoi tenir quinze jours. Quand ils n'avaient rien d'autre, ils se rabattaient sur les manchots. Même aux périodes les plus creuses, ils étaient nombreux dans la grande colonie. Leur chair noire et sèche n'était pas la plus appréciée, mais ils durent, à l'occasion, s'en contenter. Les manchots leur procuraient aussi leur mets favori. Une friandise. Les œufs. Pour ceux des albatros ou des pétrels géants, il fallait assommer les parents qui défendaient leurs nids. Pour les manchots royaux ou les gorfous, qu'ils appelaient « pingouins huppés », il suffisait de les bousculer et de se servir. Des œufs ronds, plus gros que ceux d'une poule, et dont le jaune était d'un rouge vif, étrange de prime abord, mais délicieux. Ils pouvaient en manger dix chacun par repas. Aux périodes de ponte, ils firent une razzia. Des milliers, des dizaines de milliers d'œufs volés. Une génération de manchots sacrifiée. Ils n'étaient pas en situation de philosopher sur l'avenir de la race manchote. Ils combattaient pour rester en vie.

Le premier été, au cœur de janvier 1826, ils apprécièrent la légère amélioration de la météo dans cette région du monde. Maxime continuait à se poster sur la plage pour regarder vers le large. Un matin, il crut que ses yeux ou sa conscience le trahissaient. L'horizon était occupé par une grande masse blanche. Elle avançait vers la côte comme un navire immense. Elle mesurait au moins 300 pieds de longueur et 60 de hauteur. Il en bredouillait. Andrew vint à la rescousse.

– C'est une île tout entière de glace. J'en ai vu en Géorgie du Sud. Sur les bateaux on s'en méfie comme de la peste, car si elle touche la coque, c'en est fini. À terre, on n'a rien à craindre.

– Elle vient d'où ?

– Elle doit bien venir de quelque part.

À cette époque, on ne savait presque rien sur les icebergs. L'île blanche resta en vue pendant trois jours, puis dériva vers le nord et disparut.

Le deuxième hiver fut un peu moins rigoureux peut-être que le premier, à moins qu'ils ne se fussent acclimatés.

Au bout de six mois, leurs habits n'étaient plus que des loques. Ils s'improvisèrent couturiers. Les peaux des otaries, efficaces contre le froid avec leur fourrure, et celles des éléphants de mer servirent à la confection de manteaux, capes, vestes, pantalons, chapeaux et sacs. L'usure étant rapide, l'atelier fonctionnait en permanence. Dans les os des albatros, ils taillaient des aiguilles à coudre. Une baleine échouée leur permit de constituer un stock de longs tendons dont ils firent un fil à coudre à toute épreuve. La peau la plus adaptée était celle des bébés éléphants, souple, douce au toucher, avec sa couche de poils fins.

Pour remplacer leurs souliers désintégrés, c'était une autre paire de manches. Ils ne possédaient pas la technique du cordonnier et aucune des matières qu'ils avaient à disposition n'était satisfaisante. Ils fabriquèrent en quantité industrielle des mocassins en peau de manchots royaux, plumes vers l'intérieur, qui se déchiraient au bout de quelques heures de marche. Les otaries et les éléphants de mer n'étaient pas beaucoup plus adaptés. Ils eurent mal aux pieds tout le temps. Et le temps fut long.

À l'automne 1826, après quinze mois sans apercevoir, même de très loin, le moindre bateau, ils étaient abattus.

– C'est étonnant, disait Andrew Taylor, où sont les chasseurs de phoques ?

– Et l'armateur ! criait Pablo. Ce salaud d'armateur, qu'est-ce qu'il attend ? Si l'*Aventure* a fait naufrage, il doit envoyer du secours. Et s'il n'a pas fait naufrage, que fait-il ?

Ils nourrissaient les pensées les plus noires. Un raz de marée, fin novembre 1826, qui fit s'écrouler une partie de la maison, accentua leur découragement. Ils se voyaient dépenaillés, sales comme on ne peut imaginer, couverts de suie, le visage noir comme celui des esclaves de Maurice, vêtus de peaux de bêtes ! Les reconnaîtrait-on encore comme des hommes ? N'étaient-ils pas, comme ces animaux qui les entouraient, retournés à l'état sauvage ?

Île Dauphine (île aux Cochons), 3 février 1827

Les étés étaient plus cléments. Cela ne changeait pas grand-chose.

Ce matin du 3 février 1827, Maxime, sans savoir trop pourquoi, s'était remis à regarder l'océan. Les îlots en face de leur plage l'intriguaient. Il se disait que, s'ils avaient dû échouer là-bas, c'eût été pire. Personne ne serait jamais venu les chercher sur ces rochers lugubres, encore moins qu'ici ! Il laissait sa pensée errer sur les flots quand soudain sa bouche s'ouvrit en grand. Il ne put prononcer une parole. Ses yeux s'écarquillèrent jusque derrière le crâne. Il battit des bras comme un albatros à l'envol. Puis il cria à s'en déchirer la voix : « Bateau, bateau, bateau ! »

Les autres, qui n'avaient pas besoin de savoir le français pour comprendre, accoururent. Ils se mirent à faire ensemble de grands signes. Ils rassemblèrent toutes leurs réserves de graisse pour allumer un feu.

C'était inutile. Un canot déjà s'approchait du rivage. Les neuf hommes laissèrent tout sur-le-champ. Ils n'avaient rien qui les attachât à ce lieu. Tandis que l'embarcation, après avoir franchi la dernière barrière de vagues, les ramenait à la civilisation, Maxime se retourna et vit, pour la dernière fois, planté au-dessus de la plage, la forme en « M » de la montagne, la signature du malheur qui avait pesé sur eux pendant tout ce temps.

John Ducan, le capitaine du *Cape Packet* de Londres, les accueillit. Quelques jours avant, il avait trouvé sur l'île de l'Est Guillaume Lesquin et cinq de ses compagnons, le sixième étant mort. Le navire les emmena au Cap, où Maxime Delage de La Rochelle embarqua, avec Guillaume Lesquin, sur le *Fils de France*. Le 7 mai 1827, ils arrivèrent à Saint-Nazaire. Contrairement à Lesquin, Maxime ne devait plus jamais repartir en mer. De cette histoire, il conserverait un titre de gloire, un triste ou insigne privilège, être l'homme, le héros anonyme, qui aurait passé le plus de temps, 18 mois et 8 jours d'affilée, sur l'île aux Cochons.

Chapitre 21

Nom de nom

Sur le Cape Packet, *27 février 1827*

La nuit tombait, la lune se levait. Le *Cape Packet* arrondissait le cap de Bonne-Espérance. Comme tous les soirs depuis quinze jours, l'équipage s'était rassemblé autour d'Andrew Taylor pour l'écouter. L'Anglais avait retrouvé sa verve. Il s'en donnait à cœur joie et tenait son auditoire en haleine. Leur vie pendant un an et demi sans voir venir personne, abandonnés de tous, quand il en parlait, romancée, enjolivée, sublimée, donnait presque envie d'avoir été vécue. L'épisode que les hommes préféraient entendre, de loin, et qu'ils lui demandaient de raconter, raconter encore et toujours raconter, comme des enfants réclamant inlassablement la même histoire chaque soir, était celui du dernier cochon. Le vieux mâle avait pris des proportions gigantesques dans le récit d'Andrew Taylor. Le combat devenait celui de titans qui s'affrontaient avec une rage infinie. Pour maîtriser le monstre, chaque soir un peu plus gros, Andrew s'était rué sur lui en évitant un coup de mâchoire mortel – les matelots criaient –, il l'avait saisi par les deux oreilles et basculé sur le sol – les matelots tapaient du pied. Les quatre fers en l'air, la bête se débattait, hurlait à faire trembler les nuages. Andrew, arc-bouté sur son dos, l'enserrait de ses jambes tandis que ses compagnons, venus à la rescousse, lui tranchaient la gorge. L'équipage applaudissait à tout rompre. Le vent se chargerait de porter l'exploit.

Au moment de quitter l'île, la seule chose qu'Andrew Taylor avait emportée, c'était la paire de défenses du cochon. Elles circulaient entre les mains tandis qu'il déroulait le fil de son histoire. On voyait bien, alors, qu'elles ne mesuraient pas 30 centimètres, ni 40, comme il se plaisait à le dire, d'ailleurs elles grandissaient tous les soirs un peu plus dans la voix de l'Anglais, mais cela n'avait aucune importance. Un soir, un Gallois de Swansea, pour s'amuser, les mit contre sa bouche comme des dents de vampire et lança une phrase qui fit mouche :

– *Welcome to Hog Island* !

Éclat de rire général.

Il désigna Andrew sous les acclamations.

– L'homme qui tua le cochon géant !

On improvisa une cérémonie. Porté en triomphe, sous les acclamations de la foule, Andrew Taylor se vit décerner un titre nouveau :

– « *The King of Hog Island* » !

En pleurant de rire et de joie, Maxime Delage de La Rochelle renchérit :

– Vive le roi de l'île à cochons !

Le nom avait circulé sur le *Cape Packet,* circulé à Cape Town, circulé sur les bateaux, dans les ports, jusqu'à être adopté par les chasseurs de phoques et finir par s'imposer de lui-même sur les cartes.

Chapitre 22

Les intrus

La course contre la montre des chercheurs nous offrait parfois une pause. Des instants volés à l'enquête. Allongé sur le dos, préservé de l'humidité par mon équipement, les pieds au chaud dans mes bottes à doublure polaire, la tête au sec sous ma capuche, je regardais le ciel en attendant qu'il se déchire. Il ne se déchirait pas. Imperturbablement gris. Je sentais sous mon poids l'épaisseur des acaenas, la profondeur de leurs racines creusant pour puiser leurs ressources dans des racines plus anciennes, des feuilles, des branches décomposées, dans la couche de tourbe accumulée depuis des millénaires sur ce caillou jailli de l'océan. Tout, sur l'île aux Cochons, fait penser et même ressentir physiquement, éprouver psychiquement l'épaisseur du temps. Au contact du sol, la force de la nature, sa marche inlassable, son combat permanent, nous traverse, nous imprègne. Les plantes qui ont vu passer tant de manchots dans leurs périples, qui ont abrité tant de nids de pétrels géants et les ont dissous, qui ont bu tant d'eau, ces plantes que même le vent incessant n'a jamais séchées, sont le sommier de mes rêves.

La pluie me picore les yeux. Bertrand m'appelle. Rien ne s'arrête jamais ici. Il se passe quelque chose du côté du jeune albatros. Sur le cou du poussin, les plumes, lourdes d'eau, ne volent plus. Il s'est dressé sur ses pattes en claquant du bec. Le ciel s'était soudain déchiré. Ébouriffé, l'albatros a écarté les ailes. Un rayon de soleil le caresse. Il regarde Bertrand, qui s'est reculé. L'oiseau fait quelques pas autour de son nid. Nous nous sommes agenouillés à dix mètres sur le tapis de la tourbière. Le son de ses ailes nous bat le visage. Le claquement de son bec nous transperçe. Il nous regarde. Mêmes yeux fixes qu'à notre arrivée. Même profondeur. Même gravité.

Je me demande s'il se demande ce que nous faisons là.

*

William Dane Phelps n'a pas 16 ans lorsqu'il embarque à Boston, en septembre 1817, sur le *Pickering* pour une campagne de chasse au phoque qui doit durer trois ans. Le bateau sillonne les mers du Sud, Malouines, Terre de Feu, Géorgie du Sud, Kerguelen, Crozet, pour arriver, au printemps 1818, sur l'île du Prince Edward, découverte par Marion-Dufresne et baptisée par Cook. Elle se trouve à 600 milles à l'ouest de l'île aux Cochons et présente des caractéristiques identiques : même latitude, même aspect, même végétation et même faune. Une île sœur.

Les récits des phoquiers sont rares. La plupart n'étaient pas des intellectuels ni des écrivains, rarement des poètes. Il y a sans doute eu parmi eux des conteurs qui transmettaient leurs histoires sur le bateau pendant les longs voyages ou le soir au campement pour faire passer le temps. Mais pas d'écrits ou peu. On les compte sur les doigts de la main. Ils ont tous un point commun : l'étonnement, la sidération, une forme de passion pour ce monde étrange, nouveau, dans lequel ils sont projetés.

William Phelps publiera à la fin de sa vie, en 1871, ses mémoires de marin chez un éditeur de Boston. Il consacre plusieurs chapitres à ses jeunes années. Sur le *Pickering*, il est employé comme garçon de cabine, c'est-à-dire homme à tout faire, comme l'explique Jean-Claude Bousquet, historien des TAAF, qui a exhumé et traduit ce texte. Il décrit le choc ressenti en découvrant le décor des îles de l'océan Austral sur l'île du Prince Edward : « *Les plages complètement recouvertes d'immenses colonies de manchots qui s'étendent si densément qu'on ne peut pas les traverser sans tout d'abord ouvrir un chemin en leur cognant dessus à coups de gourdin... Des millions et des millions d'oiseaux aquatiques se tenaient sur les talus... Des albatros étaient éparpillés partout sur les terres basses... Les falaises grouillaient de nuées de pigeons blancs [...]. Les animaux terrestres étaient composés de quelques cochons, descendants d'un couple laissé là par notre capitaine lors d'un précédent voyage.* »

Je découvre en lisant ces pages que l'île aux Cochons n'a pas le monopole de ces animaux. Dans les années 1813-1815, probablement, compte tenu du rythme des campagnes de chasse, le capitaine du *Pickering*, Samuel B. Edes, avait eu la même idée que celle que nous prêtons à Henry Fanning. C'était une pratique courante.

Phelps raconte qu'une équipe de chasseurs avait réussi à tuer une de ces bêtes, l'avait dépecée, découpée et transportée sur le bateau avant que celui-ci ne mette les voiles en laissant huit hommes à terre pour engranger l'huile des éléphants de mer. Il devait les laisser pendant neuf mois. Il reviendra au bout de deux ans. Mais ceci est une autre histoire.

Ce qui frappe aussi le jeune Phelps quand il fait ses premiers pas sur l'île, c'est qu'elle est infestée de souris domestiques qui avaient été « *introduites par quelque navire dans le stock de vivres de l'équipe laissée là et elles s'étaient multipliées jusqu'à devenir légions* ».

Ainsi, moins de vingt ans après les premières incursions des hommes, les îles subantarctiques sont déjà souillées, envahies, et leur écosystème affecté par la présence d'espèces intruses et néfastes. Tout va très vite.

J'y songe quand, en descendant de la grande colonie du morne du Tamaris, une souris fuse soudain devant moi et va se cacher dans les herbes. C'est la seule que je verrai vivante, en liberté. La présence des souris est moins spectaculaire que celle décrite par Phelps en 1818, mais elles posent toujours un problème. On en trouve partout dans les terres australes, à Kerguelen, dans les îles australiennes et néo-zélandaises. C'est une plaie. Elles dérangent les animaux natifs et, dans certains endroits, sur l'île Marion par exemple, on a observé récemment des phénomènes inquiétants. Des souris affamées s'attaquent aux oiseaux, se jettent sur des poussins d'albatros et les dévorent vivants.

Adrien Chaigne pose son sac à dos. C'est l'heure du goûter. Il étale une pâte orangée au fond d'une petite boîte de métal. Un produit bien connu par les naturalistes des terres australes, l'appât par excellence ! Du beurre de cacahuète fermenté, dont l'odeur devrait attirer les souris. Vingt pièges sont placés à proximité de la colonie et dans les couloirs de passage des manchots.

– Comme elles se nourrissent en partie sur les cadavres de royaux, on veut essayer de voir si elles ne sont pas porteuses de maladies, explique Adrien.

La pêche sera assez maigre. Trois captures. Deux jeunes mâles et un adulte qui ressemblent aux souris de nos jardins et de nos greniers. Petit museau frémissant. Petits yeux noirs et ronds posés comme des billes sur le devant du crâne. Elles feront, après prélèvement sanguin, le voyage vers la France dans un bocal d'alcool direction le Muséum national d'histoire naturelle et un laboratoire de Rennes qui tenteront de trouver, dans leur estomac ou leur sang, des traces de virus, un indice qui pourrait faire avancer l'enquête.

Pendant la mission, aucun cadavre frais de manchot ou de poussin n'a été découvert. Aucune blessure pouvant rappeler des attaques de souris n'a pu être observée. Pour Cédric Marteau, les souris ne peuvent pas être une cause directe de la diminution de la population de royaux. Aucun signe ne permet de le dire.

Il va falloir chercher ailleurs.

Le troisième soir au campement, on trinque à la santé des Cochons et on fait le point sur les observations.

– Bonne nouvelle, dit Charly, il n'y a pas de rats. Aucun des textes n'en mentionnait la présence, mais c'est toujours bien d'avoir la confirmation.

Les rats, amenés eux aussi par inadvertance par les hommes, font plus de dégâts encore que les souris. On le voit sur d'autres îles des terres australes comme Amsterdam, où le projet de les éradiquer est en préparation.

– Autre bonne nouvelle, enchaîne Yves Cherel, pas de lapins ! Là, c'est une surprise. On s'attendait à en voir beaucoup.

Les lapins ont été introduits volontairement pour fournir de la nourriture aux phoquiers, comme les cochons. Ils sont signalés sur l'île pour la première fois en 1874. Leur présence est confirmée par des témoignages fiables en 1887, en 1962, et une description documentée en est faite à l'occasion de la seule mission scientifique importante qui était restée trois mois et demi sur place du 8 janvier au 21 avril 1974. Le compte rendu précise que les lapins de l'île aux Cochons présentent la coloration classique des lapins de garenne. Leur corps est gris, plus pâle sur la face centrale, plus sombre sur la partie dorsale de la queue. On les rencontre jusqu'à 250 mètres d'altitude dans les zones où la végétation est dense. Le directeur de la mission, Philippe Derenne, estime leur nombre à 2 000 individus localisés surtout autour de la grande colonie du morne du Tamaris. Là où, justement, nous ne les avons pas vus. Les lapins, sous leurs airs débonnaires, sont redoutables. Ils appartiennent à ce qu'on appelle les espèces ingénieures. En construisant leurs terriers, ils modifient le terrain avec, pour conséquence, comme on le voit par exemple à Kerguelen où ils prolifèrent, une érosion du sol qui empêche la nidification des oiseaux et entraîne une baisse des populations de certaines espèces.

Ils ont donc disparu. Pourquoi ? Comment ? Philippe Derenne, en 1974, constatait qu'il n'y avait pas de myxomatose. En 1982, Jean-François Voisin, qui séjourna neuf jours sur l'île aux Cochons, remarque que les lapins ont pratiquement disparu de la zone de la grande manchotière et que la population a baissé par rapport aux observations précédentes, mais qu'ils restent assez nombreux dans le secteur sud. Alors que s'est-il passé ?

La réponse, nous l'avons peut-être sous les yeux sous la forme d'une créature familière. Elle a surgi alors que nous nous dirigions vers la plage parallèlement à l'autoroute des manchots. Sur un itinéraire bis, petit passage de terre ferme à découvert : un chat. Il avance nonchalamment, sans stress, sans se presser, profitant comme nous d'un rayon de soleil, il trottine en souplesse. Un chat roux comme ceux de nos balcons et de nos gouttières. Quelques secondes pour admirer son aisance et le voilà perdu dans la jungle des herbes.

Cédric et Adrien vont installer dix pièges photographiques automatiques en bordure de la colonie et au niveau des crèches pour capturer son image et voir s'il ne s'attaquerait pas aux poussins. Sur les centaines de clichés saisis, les chats apparaîtront une vingtaine de fois, la nuit essentiellement. De gros matous en chasse !

On ne sait pas exactement quand ils ont été introduits. Ils étaient présents sur les bateaux des phoquiers au XIXe siècle au même titre que les souris et les rats. William Dane Phelps raconte qu'à l'automne 1818, sur Prince Edward, ils reçurent la visite d'un navire-phoquier américain, le *General Gates* de Boston, qui leur laissa, avant de repartir, un chien et une chatte. Dans un premier temps, la chatte leur fut bien utile en chassant les souris dans la caverne dont ils avaient fait leur logis. Puis elle s'enfuit et devint sauvage. Ils ne la revirent quasiment plus. Toute seule, elle n'a pas pu se reproduire. Sur l'île aux Cochons, les chats semblent être apparus à la fin du XIXe siècle. La première mention en est faite en 1887 par Frédéric Richard-Foy, commandant de la *Meurthe* venue secourir les naufragés du *Tamaris* : « *Pour mémoire et rareté, je citerai un chat de couleur fauve, très sauvage qui s'est enfui à notre approche.* » L'étude de 1974 précise que les chats des Cochons présentent une grande homogénéité de couleur, la face dorsale toujours gris blanc avec de légères rayures noires. La face ventrale tire sur le jaune pâle. « Une telle uniformité, conclut-il, permet de penser qu'un très petit nombre d'individus est à l'origine de la population. »

Un couple originel descendu d'un bateau peut-être, tels les Paul et Virginie des îles subantarctiques, pour croître et se multiplier et s'éparpiller sur une terre vierge que les descendants continuent de peupler.

Durant l'été, ils se nourrissent des oiseaux présents en grand nombre. Pendant l'hiver, c'est sans doute plus difficile. Ils se reportent sur les souris et les lapins, ce qui pourrait expliquer leur disparition.

Depuis qu'il n'y a plus de lapins, les chats visent sans doute d'autres cibles. Ont-ils un impact sur les manchots royaux ? C'est une des hypothèses de l'enquête.

Cette nuit, après le bordeaux, la soupe chaude et le pâté, une expédition dans l'expédition se prépare. Nous partons à l'assaut du morne du Tamaris.

Jérémy ne vient pas car il s'occupe des échantillons de sang. Des dizaines de tubes déjà conditionnés. La centrifugeuse vibre pour séparer les globules rouges du plasma. Tâche minutieuse, répétée tous les soirs, essentielle pour le succès des analyses. Bientôt, la tente de travail où il opère n'est plus qu'un point jaune, une petite flamme dans l'obscurité. Nous avançons à la lumière des lampes frontales. Le sol dans le noir n'est pas moins mou, les herbes tout aussi indociles que dans la journée, l'infaillible vent toujours présent, seule la pluie, il faut le souligner, nous épargne dans cette ascension nocturne. L'autre différence tient au bruit. En grimpant par le côté ouest du morne, on s'éloigne un peu de la colonie, la rumeur des manchots s'atténue et, si l'on tend l'oreille vers l'intérieur de la couche végétale qui s'enfonce et se referme sur notre passage, si l'on prête attention à ce qui monte de la profondeur des acaenas et des longues herbes, on perçoit, comme les bulles d'une nappe sonore qui viendraient éclater à la surface, un roulement de notes aiguës et graves qui se chevauchent en quinconce. Je m'arrête pour reprendre ma respiration, car la montée est rude. Je me pose pour mieux écouter. Ça roucoule. Je ne rêve pas, ça roucoule partout. Comme si la colline entière, invisible, mais palpable, sensible, s'était mise à chanter. Nous marchons sur un vaste nid d'amour. Sous nos pieds, des centaines de terriers où les prions de Salvin, en pleine saison de reproduction, se cachent et s'ébattent.

Fabrice Le Bouard a réussi à en attraper un alors qu'il était en train de rentrer au nid. Le prion de Salvin est un joli oiseau de la taille d'un merle, avec une grosse tête sur un petit corps, des plumes bleu cendré et blanches, un drôle de bec qui se replie en crochet au bout, très pointu, tranchant, percé d'un trou sur les côtés qui lui sert à manger le krill. Il avale de grandes goulées d'eau de mer puis les rejette par ces trous qui filtrent l'eau et lui permettent de conserver les aliments comme les fanons d'une baleine. Durant la journée, ils sortent peu, car ils sont la proie des skuas. La nuit, un autre danger les guette.

– J'en vois un, dit Cédric Marteau. Il s'apprête à sauter. Il va passer à l'attaque.

Dans la lunette à infrarouge, le programme de la soirée pour les chats de Cochons est limpide. Razzia sur les prions. Ils font bombance. On les voit bien, taches rouges bondissantes qui se jettent sur les oiseaux. Ce n'est pas une bonne nouvelle pour les prions et, pour l'enquête, c'est une piste qui se referme. On avait pensé que la présence d'un prédateur comme le chat aurait pu expliquer, en partie du moins, le déclin de la colonie de manchots royaux. Mais, pour Cédric, quand on voit le nombre de prions qu'ils ont à disposition et qui constituent une proie bien plus facile, la possibilité que les chats s'attaquent aux manchots est vraiment faible.

Adrien Chaigne prélèvera des crottes, assez abondantes, et les examens confirmeront qu'il n'y a pas de trace de consommation de manchots. La mission de 1974 avait conclu qu'il devait y avoir une centaine de chats en hiver et 400 au maximum en été. Ce nombre est beaucoup trop faible pour expliquer la dramatique diminution de la grande colonie.

Grâce à la lunette de nuit, je peux les voir emplir le ciel, des myriades entières de prions, flammèches blanches dans l'obscurité. Le lendemain, sur la falaise après la grande plage, de l'autre côté du cap de la Déception, je les reverrai, image hallucinée, blanchir le ciel comme une constellation en effervescence au point de ne plus laisser au bleu de ce beau jour-là que quelques éclats dans un tableau ébouriffant. Ils sont des centaines de milliers, des millions même, ces prions, virevoltant au-dessus de la mer. Les mêmes que William Dane Phelps avait vu, « *sans nombre* », sur le talus et les falaises d'une île sœur au printemps 1818.

Le vent souffle fort. L'océan déborde de rouleaux. Sur le bord des rochers, accrochés en longues tresses où les orques en quête de caresses viennent se frotter, les algues laminaires, les *Macrocystis*, déploient sur trente mètres leurs chevelures de sirènes.

On remerciera les prions de Salvin dans leur multitude de nous avoir, en plus des émotions visuelles et auditives qu'ils nous ont procurées, apporté une part de réponse. La piste de la prédation est écartée. L'enquête devra donc se concentrer sur les deux autres hypothèses : la maladie ou l'alimentation.

Chapitre 23

L'INSTANT PAPOU

On fait des rencontres sur l'île aux Cochons. La première fois, je me suis dit : « Tiens, il est bizarre celui-là ! » Il marchait au milieu des autres, semblait un peu perdu avec ses pattes jaune vif, son air de cocker triste. À côté, les royaux paradaient, torse bombé, frétillants, sûrs d'eux. En guise de goutte d'or sur le cou, il avait des taches noires picotées sur ses plumes blanches. Plus terne. Plus hésitant. Plus petit. Comme s'il était atteint de nanisme, touché par une sorte de déformation. C'est bizarre, me répétais-je. Quel drôle d'individu. Il sortait de l'eau. Il est parti, solitaire, les nageoires croisées, le dos courbé, rêveur, « les yeux fixés sur ses pensées », comme Victor Hugo sur le chemin de Honfleur, vers les siens que nous retrouverions plus tard.

Les scientifiques, avec qui nous partagions le gîte à ciel ouvert, sont des gens bienveillants. À mes interrogations qu'ils durent trouver bien naïves sur ce manchot différent, ils répondirent tout simplement, sans la moindre nuance de condescendance ou de supériorité face à mon ignorance : c'est un papou.

Gentoo penguin en anglais, *Pygoscelis papua* en langage savant. Les phoquiers l'appelaient le « Johnny ». Il est une des quatre espèces de manchots présents dans les terres australes. Sur l'île aux Cochons, les papous semblent en mauvaise posture. Retard dans le cycle de reproduction. Maigre colonie de quelques dizaines d'individus. Deux poussins piaillant pour réclamer pitance. Les skuas à l'affût pour chiper leurs œufs. Situation inquiétante pour cette espèce, déjà observée sur d'autres îles. Seraient-ils, ici, victimes d'une épidémie ? Pourraient-ils avoir été le vecteur d'une maladie puisqu'ils se déplacent au contact des royaux ? Impossible à affirmer ni confirmer. Le protocole strict, défini par le conseil scientifique de notre expédition, ne donne pas l'autorisation de capturer des papous pour prélever sur eux des échantillons de sang et de salive. Seule eût été admise l'autopsie d'un cadavre, mais nous n'en avons pas trouvé.

Je revois mon papou. Un éclat de soleil fait ressortir ses pattes jaunes sur le sable gris. Je le revois traverser la foule sur la plage dans un nuage de plumes. Il suscite plus l'attendrissement que l'admiration. On a tendance à vouloir le plaindre, mais il ne faut pas se méprendre. Il joue un rôle important dans le grand théâtre de l'océan Austral. Il est le seul manchot à nicher à la fois dans les îles subantarctiques comme Crozet et le continent antarctique, 1 400 milles plus bas. Le papou fait le lien entre deux mondes. On le croirait au bout du rouleau, il se révèle résolu. Il s'approche du rivage. Une vague recouvre ses pattes. Il se jette. Fuse. La bataille continue. Il va chercher de la nourriture pour ses petits.

Chapitre 24

LES CHAROGNARDS

Campement de l'île aux Cochons.

17 novembre 2019. 6 heures du matin. 46,08566° sud – 50,27671° est.

Scène de la vie sauvage en sortant de la tente. Un skua attrape un prion de Salvin en vol. Je l'aperçois au moment où il se pose sur la lande avec sa proie, petite tache blanche qui s'agite dans le bec crochu. Le skua le jette à terre et le reprend. Le prion essaie encore de s'échapper, ses ailes battent frénétiquement. Le skua continue son ouvrage, les plumes retroussées par un fort vent arrière. Il ouvre sa gueule pour crier en prélude au festin. Il semble vouloir prendre son temps, plus rien ne peut sauver le prion maintenu sous la grosse patte palmée et crochue de son bourreau. Il le regarde, lui donne un coup de bec, relâche un peu l'étreinte. Il joue comme le chat avec la souris, mais le prion n'est pas joueur. Il ne bouge plus, désormais, que lorsque le skua le soulève et le déplace. Les ailes, arrachées, giclent à 20 centimètres. Le meurtrier, très calme, continue à le désarticuler et à s'acharner sur la jointure des ailes, en de rapides becquées, comme s'il y avait maintenant urgence à savourer un morceau de choix. C'est alors qu'un autre skua, plus gros, arrive en vol plané et met les pieds sur le plat. D'un mouvement de cou autoritaire auquel le premier ne répond que par un cri, il s'empare de la proie et se met à vouloir l'avaler tout entière. Le petit suit son congénère en criant de plus belle sans oser attaquer. Puis le prion ressort du bec et tombe à terre coupé en deux. Le petit en profite pour saisir un bout d'abdomen et l'engloutir. Les deux oiseaux se font face, hurlant toujours sans se battre. Le gros boulotte une aile d'un trait. Je la vois descendre en dents de scie dans son gosier. Après quoi, ils s'envolent en quête d'autres forfaits.

Fabrice Le Bouard me dira que les skuas chassent souvent par paire. L'un rabat la proie pour l'autre pour qu'ensuite, à deux, chacun tirant de son côté, ils s'entendent pour la déchirer. Des restes de prions gisent partout sur la lande, ainsi que des ailes coupées, éparpillées sur les bosquets d'acaenas. Elles n'intéressent personne en dehors des scientifiques de l'expédition. Adrien Chaigne en rapportera tout un sac pour le Muséum national d'histoire naturelle.

Je dois dire que, depuis notre voyage en Antarctique sur la base Dumont-d'Urville, je n'ai pas une très bonne image des skuas (dont le nom français, moins usité, est labbe). On les avait vus, impitoyables, se jeter sur les poussins de manchots Adélie affamés, abandonnés par leurs parents.

Cet oiseau sans foi ni loi, gros comme une poule, sorte de mélange entre la corneille et le vautour, n'est sans doute pas l'animal le plus sympathique de la région, mais il en est un des acteurs importants et va jouer un rôle dans notre enquête. Les skuas mangent les cadavres des manchots et de tout autre bête en décomposition ; ils harcèlent jusqu'à la mort les malades ou les faibles ; ils chapardent les œufs à la moindre occasion.

Les premiers phoquiers le détestaient. William Dane Phelps lui taille un costard sur mesure en 1817. Il l'appelle le « *peemow* ». « *Telle une bande de filous ou de pickpockets autour d'un nigaud de la campagne, il est amusant de voir ces canailles de "peemows" rassemblés autour de quelque infortuné se déplaçant à la périphérie de la colonie avec son poussin ou son œuf… Une bande de ces sombres scélérats peut venir à bout du naïf manchot : l'un lui vole au-dessus et le bouscule, pendant que les autres se tiennent prêts à planter leur bec dans l'œuf ou à saisir l'oisillon entre leurs serres, puis ils s'envolent au loin pour le manger et reviennent pour en avoir plus. Car ces cannibales font de même avec n'importe quel animal. Nous les tenions en la même estime que les marins tiennent les requins. C'était le seul oiseau de l'île que nous ne pouvions pas manger.* »

Nous avons assisté à une de ces scènes. Nous étions allés observer la colonie de manchots papous en bordure de la grande colonie de royaux. Il avait fallu renouveler le nettoyage de nos bottes avec du biocide de manière à ne pas y introduire de germes éventuels. Le respect des règles de biosécurité à chaque pas étant la condition *sine qua non* pour se déplacer. Les papous, presque deux fois plus petits que les royaux, vivent en groupes restreints. Ils étaient en train de couver et nous regardaient passer, l'air endormi. Je veux exprimer un regret. Pendant que nous les observions, un skua est venu chiper un œuf sur le nid. Cédric Marteau était un peu embêté. Notre présence les avait peut-être perturbés. Il suffit d'une seconde d'inattention. Le charognard à l'affût en avait profité. Il s'est écarté de trois mètres à peine et, crânement, comme pour narguer ses victimes (mais je projette ici sans doute mes sentiments de culpabilité), il a cassé l'œuf et en a avalé le contenu gluant en deux coups de langue. Le papou le regardait, l'air triste, les épaules tombantes, abattu, désolé. Je me suis senti responsable. Charly me dira que cela arrive tous les jours. Pour mille autres raisons.

Dans son récit, Charles Goodridge, en 1820, raconte que lorsque les hommes prenaient des œufs aux manchots, ceux-ci ne réagissaient pas et se remettaient à pondre. Les humains étaient pires que les skuas à l'époque. Ils se servaient dans les nids à une échelle beaucoup plus grande.

Une autre scène à laquelle j'ai assisté témoigne de la menace représentée par les skuas. Un manchot royal, en colère, cou tendu, s'égosillait sur un skua et cherchait à le faire partir, mais ce dernier se contentait de reculer de quelques pas et revenait se poster pour attendre le bon moment. Le manège s'est reproduit dix fois de suite jusqu'à ce que le manchot, de guerre lasse, ravale son indignation et reprenne sa marche.

Au-delà de l'image, l'instinct de survie du skua force le respect. Il a la vertu d'opérer un nettoyage efficace et systématique. Après son intervention, il ne reste guère que des os. Il tient avec brio un de ces seconds rôles qui font le sel des histoires. Il est une des cibles de Jérémy Tornos et Fabrice Le Bouard.

Pour l'hypothèse des maladies infectieuses, le protocole prévoit la capture de vingt individus. Nous avons pu admirer Fabrice déployant des ruses de Sioux, allongé à plat ventre, rampant sur le sable en tenant une perche de trois mètres de long munie d'un crochet à son bout pour attraper l'un de ces oiseaux méfiants par nature. Les voleurs sont toujours sur le qui-vive. Il a échoué maintes fois sans jamais se résigner. Les skuas sont considérés comme une espèce sentinelle parce qu'ils se situent presque au sommet de la chaîne alimentaire et que, par leur mode d'alimentation, des charognes principalement, ils entrent en contact avec toutes sortes de maladies. On peut trouver chez eux des traces d'agents pathogènes qui persistent alors qu'ils ont disparu chez les manchots dont ils se sont nourris. Au bout de deux jours, vingt skuas adultes, mâles et femelles, avaient été capturés, pesés et surtout délestés d'une infime partie de leur sang, de leur salive et de leurs fèces sur des écouvillons qui seront analysés pour chercher des traces d'anticorps.

L'opération dure moins de dix minutes pour chaque individu. Après la science de la capture de Fabrice, j'admire maintenant la dextérité de Jérémy pour effectuer les prélèvements d'un geste sûr et rapide, prendre des notes sur son téléphone portable (pas de carnet *waterproof* contrairement aux grognards de la vieille garde que sont Yves Cherel et Charly Bost) et classer les tubes préalablement identifiés. Suite à la manipulation, les oiseaux sont marqués d'un morceau de scotch sur la patte pour ne pas être pris deux fois, et relâchés. On les voit alors faire quelques pas et regagner leur groupe comme si de rien n'était.

– Je ne pense pas qu'ils soient traumatisés, estime Fabrice. Quand ça ne leur arrive qu'une fois dans leur vie, il n'y a pas trop d'impact.

Un autre charognard est dans le collimateur.

Autant le skua est un bandit, un brigand, un vaurien. Autant celui-ci est un seigneur barbare. On l'imagine à la tête de hordes de Vikings assoiffés de sang. Le pétrel géant.

Après l'albatros hurleur, c'est le plus grand oiseau de ces contrées. Un géant, comme son nom l'indique. Cinq kilos,

2,70 mètres d'envergure, qui lui donnent une allure impériale dans les airs et le rendent pataud à terre. Il se déplace latéralement comme un crabe démesuré, par petits bonds saccadés et grotesques. Ses longues ailes le gênent, il ne peut pas décoller contre le vent. Plumage gris blanc de ciel de traîne. Grosses pattes palmées. Bec allongé en forme de sabre. Il est lui aussi toujours à l'affût.

Son regard vous glace.

Le pétrel géant antarctique et le pétrel géant subantarctique cohabitent sur l'île aux Cochons. Jérémy et Fabrice doivent capturer 20 individus de chaque sous-espèce, 40 au total, pour la pertinence de l'étude. Mais ce n'est pas facile, car nous arrivons en pleine période de reproduction. Les nids sont pleins. Les poussins tout blancs réclament en permanence leur pitance. Certains couples sont encore en période d'incubation, alors Jérémy et Fabrice évitent de les déranger. Ils visent ceux qui se reposent sur la plage.

Plus encore que le skua, le pétrel géant est au sommet de la chaîne. Il dévore, c'est le mot, tout ce qui peut être dévoré. Les phoquiers en étaient impressionnés. William Dane Phelps le trouve « répugnant ». Il l'appelle « dragueur de graisse ». Pour Charles Goodridge, c'est le « Nelly », le vautour des mers : « *Ces oiseaux sont si voraces que lorsque nous tuions un éléphant de mer, ils pouvaient en quelques heures ingurgiter jusqu'à la plus petite parcelle de viande que nous n'avions pas utilisée, laissant les os aussi nets que possible.* » Il présente les avantages du nettoyeur patenté, mais aussi les inconvénients du convive affamé au-delà de toute décence. Il s'attaque aux toits des habitations des phoquiers faites de peau d'éléphant de mer. John Nunn raconte que les hommes étaient obligés d'ensevelir les tranches de graisse qu'ils venaient de découper et qu'ils ne pouvaient toutes transporter, sinon les pétrels géants s'en emparaient en un clin d'œil. Ils creusaient même le sable pour les trouver.

Un jour, sur le chemin du retour, alors que nous étions à Kerguelen, devant la base de Port-aux-Français, un jeune éléphant de mer s'est tué en tombant d'un rocher. Aussitôt, ce fut la curée. Une dizaine de pétrels géants se sont installés sur le cadavre. L'un d'entre eux était à l'intérieur même de la bête. On ne voyait que son corps qui bougeait. Il a ressorti sa tête. Elle était rouge de sang. Il nous a regardés un instant de ses yeux blancs avant de replonger dans la carcasse. Le lendemain, il n'y avait plus rien à manger.

Sur l'île aux Cochons, pendant notre séjour, les pétrels géants étaient surtout occupés à nourrir leurs petits. À terre, il y avait sûrement moins de nourriture disponible pour eux. On les voyait souvent en mer à 200 ou 300 mètres du rivage, former ce que les ornithologues appellent des radeaux. Une vingtaine d'oiseaux collés les uns aux autres, ballottés par les flots, qui, ayant repéré une chasse d'orque, attendent patiemment de pouvoir en récolter les miettes.

Fabrice et Jérémy avaient mis au point toute une stratégie pour les capturer. Un peu comme les skuas qui, par paires, s'attaquent aux prions, ils les prenaient en tenaille en ayant soin, surtout, de leur couper la route. Il fallait les empêcher de s'élancer dans le sens du vent. Fabrice se positionnait dans une direction. Jérémy arrivait de l'autre côté. Le pétrel, incapable avec ses trop longues ailes de courir à contrevent, était obligé de s'enfuir sur les côtés, et Jérémy, d'un bond, se jetait sur lui.

Même procédure ensuite que pour les skuas. Prélèvement buccal et cloacal. Prise de sang. Il fallait à Jérémy une dizaine de secondes à peine pour enfoncer la seringue au niveau de l'articulation de l'aile et retirer quelques gouttes tandis que Fabrice maintenait l'oiseau immobile. Je veux saluer la qualité de ce travail, ainsi que celui d'Yves Cherel et Charly Bost sur les manchots, car souvent les prises de sang sont critiquées par certains défenseurs de la cause animale.

Ils en profitaient aussi pour recueillir des données générales, poids, taille du bec, longueur des ailes, qui ne servent pas forcément directement l'enquête, mais qui alimentent la recherche fondamentale pour mieux comprendre l'écologie de l'espèce.

Le troisième jour, en début d'après-midi, nous avons partagé notre casse-croûte avec eux. Moines soldats en quête de pétrels, Jérémy et Fabrice, tout entiers dédiés à leur tâche, n'avaient même pas songé à manger.

Au bout de cinq jours, l'objectif était atteint pour les 20 skuas et les 20 pétrels géants subantarctiques, mais pas pour les pétrels géants antarctiques, 8 seulement. La technique du duo s'était pourtant améliorée. Il leur a manqué un peu de temps. Et de beau temps.

Le vent siffle, le soleil transperce le plafond nuageux par intermittence, les touches jaunes de nos tentes forment un bouquet au loin sur l'herbe, le morne dessine la courbe de son « M », les vagues roulent sur la plage, la rumeur de la mer couvre tous les bruits, ou presque. Soudain, un cri fuse. Un pétrel géant se pose. Son regard bleu est un ciel sauvage. Son œil où germe l'ouragan m'a vu. Je peux y lire toute une histoire insoupçonnée. L'histoire d'un animal qui abolit les frontières du temps, comme si l'histoire d'un monde antédiluvien survivait à travers lui. Ce pétrel est le plus étrange de tous les animaux que l'on rencontre ici. Les manchots nous sont familiers, les éléphants de mer nous sont connus, les bonbons, avec leurs airs de bébés phoques dodus, aussi ; les albatros, dans leur majesté, sont présents dans nos imaginaires. Mais le pétrel géant, qui le connaît ? Il me regarde. Son œil est si profond qu'il donne le vertige. Il est bleu. Il est blanc. Il est froid, profond comme un puits de glace. Il vous aspire. Vous hypnotise. C'est un pan de la préhistoire qui s'ouvre devant moi. On dirait un ptérodactyle. Dernier représentant d'une espèce dont les oiseaux sont les descendants. En plongeant dans ses yeux, il me semble plonger dans une autre ère. Sur cette île perdue aux bords du monde, on se croirait dans une sorte de Jurassic Park et l'on ne serait pas étonné de voir surgir un vélociraptor pour semer la panique dans la colonie de manchots. Le pétrel géant a l'apparence d'un témoin du monde d'avant notre monde. Un monde d'avant l'histoire et les histoires.

J'ai dû aller trop loin. Faire un pas de trop. Il s'ébroue. L'ombre de son bec dessine une hache sur le sable. Il se positionne dans le sens du vent, ses grosses pattes frappent le sol lourdement, il tangue, son derrière se balance, son cou oscille, on se dit qu'il ne pourra jamais décoller, ses ailes démesurées ne peuvent toujours pas s'étendre, il gagne de la vitesse et puis, après 30 mètres de course, dans une ultime poussée, il gagne les airs et se métamorphose, léger, fuselé, élégant grand voilier qui possède le ciel et va se perdre sur l'immensité des flots.

Concernant les charognards, le constat est le même que pour les manchots royaux. Pas de problèmes ou de carences visibles. Pas de cadavres. Rien de suspect. Les comptages de la mission scientifique de 1974, qui était restée trois mois, donnaient 600 couples reproducteurs de pétrels géants antarctiques et 300 couples de pétrels géants subantarctiques. Des chiffres considérables, de loin supérieurs à ceux des autres îles de l'archipel Crozet. Notre mission n'a pas pu faire un comptage exhaustif, mais, à vue de nez, il y a beaucoup de nids. Ils semblent aussi nombreux, voire plus qu'en 1974. Une grande vitalité. Pas de malades. De la nourriture à profusion.

Les analyses apporteront peut-être des informations impossibles à détecter sur le terrain.

Chapitre 25

Le grésil et le chaudron

Recommandation de Cédric Marteau : « Ne jamais s'éloigner de son binôme et se méfier du brouillard, la colonie est très bruyante et, quand on ne voit rien et sans pouvoir se fier au bruit, on risque de se perdre. »

Cela me fait penser aux jours blancs en Antarctique, quand les nuages épais descendent sur la calotte glaciaire ou la banquise et que, dans la blancheur totale, on perd tous ses repères. Le risque, ici, ce sont les chausse-trappes dans le sol, tomber, se faire une entorse ou une fracture, s'égarer et s'épuiser à retrouver la bonne direction. Le brouillard peut s'installer pendant des heures. Nous en aurons un aperçu un jour, sur la plage. Le ciel était déjà bien sombre depuis le matin. La tempête s'est levée d'un coup comme on prend sa respiration. Le bruit de la pluie sur la toile de nos Flexo, celui du vent sifflant en rafales s'ajoutaient à celui des manchots. Diabolique barouf. Dans ces conditions extrêmes, Jérémy et Fabrice venaient de décider d'arrêter les captures bien qu'il leur restât encore la moitié du lot de pétrels géants antarctiques à attraper et que le temps commençât à compter. Trop mouillé, trop compliqué, mieux valait attendre.

Un autre partenaire de ces contrées est alors entré dans la danse. Le grésil. Ondée vicieuse, entre neige et grêle, qui cingle le visage et qui, mêlée au sable soulevé par le vent, vous étourdit, vous déboussole. Les chasseurs de phoques devaient l'affronter aussi. En 1825, John Nunn, le jeune Anglais embarqué pour une campagne aux Kerguelen où sévit le même climat, le décrit ainsi : « *La neige frappait nos visages et produisait une douleur si vive que nous ne pouvions l'endurer.* » Pour nous ce jour-là, sur Cochons, la tempête avait duré deux heures à peine ; le paysage s'était dilué, les manchots s'étaient évanouis, mes collègues à quelques pas seulement n'étaient plus que des formes fantomatiques aux contours flous, chancelantes, le campement à moins de 600 mètres était comme une planète invisible. Même Charly et Yves, les forçats de la capture, avaient interrompu leur travail sur les manchots.

« C'est Crozet ! me dira Yves Cherel en jubilant, Crozet dans toute sa splendeur ! »

Dans la bourrasque et l'évanescence du décor, je pense à Marion-Dufresne. Le 22 janvier 1772, sur le pont du *Mascarin,* c'est ainsi que lui était apparue l'île aux Cochons de loin, silhouette fébrile, incertaine, profil de chimère, fugitive. Si elle avait daigné se laisser voir quelques instants de plus, peut-être le capitaine aurait-il ordonné de s'en approcher, peut-être aurait-il pu y faire débarquer ses hommes. Sur place, ils auraient pu voir la même scène que nous, la tourmente, le brouillard à couper au sabre d'abordage, les animaux qui font le dos rond en attendant l'accalmie et, planant sur le tout, une atmosphère inquiétante, hostile qui les aurait dissuadés de rester.

Mais le ciel se referma. Ils ne s'arrêtèrent pas. D'autres lieux, une autre destinée étaient promis à Marion-Dufresne.

Du côté du cap Verdoyant, là où un canot viendrait nous chercher en cas d'impossibilité pour l'hélicoptère de voler, des vestiges du passage des phoquiers avaient été aperçus lors d'un survol en 2005. Un chaudron, un bout de cabane sur le rivage. Je voulais aller les voir. Cédric Marteau m'en a dissuadé. À vol d'oiseau, ce n'est qu'à trois kilomètres, mais, compte tenu des difficultés de progression sur ce terrain, il nous faudrait au moins quatre heures de marche, donc huit heures aller-retour. Ce n'était pas envisageable. J'étais assez frustré. J'espérais secrètement que le bateau prenne du retard et qu'une journée se dégage pour organiser cette expédition dans l'expédition. Le cinquième jour, Fabrice vint me voir en souriant.

– Je crois qu'on a trouvé quelque chose pour toi !

C'était le jour du grésil, idéal pour remonter le temps. Il pleuvait en continu. La tempête ne s'était pas encore levée. Au bout de la longue plage des manchots, tout au nord, en lisière de la colline, il attendait. Rouillé, luisant, solitaire. En plein air, sans aucune protection. Posé là, depuis deux siècles peut-être, un grand chaudron d'1,50 mètre de diamètre et autant de hauteur, en fonte, monté sur un piédestal en pierres taillées, rempli d'un liquide verdâtre peu ragoûtant sur lequel flottaient des plumes. Matériel classique. On y faisait fondre les tranches de graisse d'éléphants de mer, puis on versait l'huile obtenue dans des barriques. Des centaines de ces chaudrons ont été disséminées dans les îles subantarctiques. Le bateau les laissait avec une équipe de chasseurs qu'il revenait chercher, avec la marchandise, au bout de plusieurs semaines ou de quelques mois. Le chaudron restait sur place pour la campagne suivante.

Derrière, cachée dans la végétation, nous avons trouvé une petite grotte. Un porche envahi de mousses à travers lesquelles percolait l'eau donnait une vue sur la plage ; à l'intérieur, des morceaux de ferraille mangés par la corrosion témoignaient d'une présence humaine, un espace réduit très inconfortable qui n'a sans doute pas pu servir d'habitation, mais de refuge en cas de gros temps. En y pénétrant, en rampant, protégé par mon bon Flexo et mes bottes étanches, j'essayais d'imaginer la vie de ces hommes. Quel métier !

Charles Goodridge le raconte en 1820 : « *On peut difficilement s'imaginer les difficultés et les épreuves sur ces îles pour collecter les peaux d'otaries… Le canot halé sur le rivage sert de résidence de jour et d'hôtel meublé la nuit. La nourriture est constituée de porc salé, de pain, de mélasse et de café. Avec cette seule nourriture et le canot érigé en cabane, ils restent là quelquefois une quinzaine de jours d'affilée. Rechercher et abattre les otaries tous les jours est un travail exténuant et la rémunération n'est certes pas proportionnée aux efforts déployés à cet effet.* »

John Nunn en parle aussi : « *Les équipages sont soumis aux dangers les plus graves et aux privations les plus déprimantes.* »

Pendant un siècle, leurs méthodes n'ont pas varié. Ils ont opéré de la même façon, quelle que soit leur origine, leur nationalité ; quelles que soient les vicissitudes du climat et les rigueurs de la latitude, les chasseurs de phoques avaient mis au point une technique qu'ils appliquaient. Ils avaient un mode de vie qui leur permettait de survivre dans des conditions brutales et d'accomplir leur tâche sans états d'âme.

Chapitre 26

Une vie de chasseur

Hog Island, 3 juillet 1834

Le vieux Benjamin le lui avait répété cent fois :

– Aiguise ta lame, elle doit toujours être affûtée. Comme toi.

Alors, tous les soirs sur le bateau d'abord, pendant les longues semaines de la traversée, puis à terre, où le *General Jackson* venait de les déposer, il frottait le fer.

– Elle doit être pointue et tranchante, répétait le vieux Benjamin.

Nathaniel Abraham Dyer était parti de Boston le 4 avril 1834 pour sa première campagne dans les mers du Sud. Son père lui avait serré la main à la broyer. Sa mère avait pleuré. Ses frères s'étaient tus. Ses sœurs l'avaient embrassé. Lui ne cachait pas sa fierté. Le capitaine Isaac Percival l'avait enrôlé comme garçon de cabine, un peu mousse, un peu groom, un peu tout. Un début, pensait-il. Percival était une sorte de légende sur le port de Boston. Plus de trente années de bourlingue de Valparaiso aux Shetland du Sud, du cap Horn au cap de Bonne-Espérance, de l'île d'Amsterdam à la Terre de Van Diemen. À 18 ans, Nathaniel voyait ce voyage comme une chance. Il rêvait. Un jour, lui aussi commanderait un bateau, lui aussi guiderait des hommes, lui aussi affronterait des tempêtes et les dompterait.

Alors il avait décidé d'obéir aux consignes et de suivre les conseils de Benjamin Ratcliffe, une figure parmi les marins. Un chasseur reconnu. Reconnaissable. Il ne se rasait en moyenne que deux fois tous les deux ou trois ans, à son retour d'une campagne et la veille du départ. Quand, en ce matin du 4 avril 1834, le *General Jackson* franchit la digue, il n'avait pas de barbe et la peau de son visage, tannée, burinée, craquelée, impressionna Nathaniel.

– Est-ce que tu es un loup de mer ?

Le vieux avait éclaté de rire.

– Oui, et personne ne m'a jamais pris dans ses filets.

Pour cette campagne, le capitaine Percival avait mis le cap sur ce que les marins américains appelaient les « *Crozetts grounds* », terme générique pour désigner la zone immense aux contours un peu flous qui se trouvait au sud de l'océan Indien, en dessous du 40e parallèle. Il visait plus particulièrement une île dont la réputation avait grandi ces dernières années grâce à son nom. Dans ce secteur maintes fois abordé depuis trente ans, il connaissait bien les Kerguelen surnommées la Désolation ; à Crozet, il avait chassé sur la Possession, que les Américains appelaient New York Island depuis sa redécouverte par Henry Fanning en 1805, mais il n'avait vu que de loin Hog Island à propos de laquelle les marins s'échangeaient d'incroyables histoires.

Percival n'était pas à proprement parler un contemplatif. Pourtant, cette île l'intriguait. Il pouvait se vanter d'avoir été le premier à introduire des cochons, en 1799, sur la

Nouvelle-Amsterdam, un peu plus haut sous le 35e parallèle – on racontait qu'ils y pullulaient maintenant – et sa curiosité était aiguisée. Il voulait savoir à quoi ressemblait la fameuse Hog.

De prime abord, elle semblait aussi perdue, aussi désolée, aussi peu engageante que les autres îles du Grand Sud. Aussi mystérieuse dans son halo de brumes ce matin. Le vieux Benjamin, quand ils furent au mouillage, ne parut pas dépaysé.

– Je ne l'ai jamais vue, mais j'ai l'impression de la connaître.

D'après les calculs de Percival, personne n'y était venu depuis six ans.

– Depuis cette histoire du Français et de son bateau. Comment s'appelait-il déjà ?

– L'*Aventure,* capitaine, précisa Benjamin.

Personne depuis six ans. Promesse d'une bonne chasse.

Ils eurent du mal à débarquer. Nathaniel tomba à l'eau et but sa première tasse. C'était le métier qui rentrait. Il insista pour faire partie de l'équipe qui resterait sur place. Six hommes aguerris et lui, le novice avide d'apprendre. Il aida à l'installation du chaudron, à hisser le canot au plus haut sur la plage, à 60 mètres du rivage. Il transportait des pierres et des mottes de terre pour entourer et protéger leur campement. Le nombre de manchots l'avait sidéré, les nuées d'oiseaux dans le ciel également. Devant la masse des éléphants de mer, il s'était senti tout petit. Le soir, il aiguisait sa lance et celle de ses compagnons dans le canot renversé quand il pleuvait et, quand la pluie cessait, c'était rare, dehors, près du feu dont les flammes dansaient dans le vent.

Nathaniel s'étonna. Pas de cochons dans les parages.

– Tant mieux, ces bestioles sont infâmes, répliqua Benjamin en crachant.

Le *General Jackson* devait revenir dans cinq à six semaines après avoir déposé, sur l'île Marion, à 600 milles à l'ouest, une autre équipe de chasseurs. Les Américains disaient des « gangs », comme des gangsters. Nathaniel n'allait pas tarder à comprendre pourquoi.

Le deuxième matin, le vieux Benjamin l'appela et lui désigna un éléphant de mer qui dormait à 100 mètres du camp. Sa barbe lui mangeait le visage et, sous ses poils, Nathaniel vit clairement se dessiner un rictus de malice.

– Tu vois le gros, là-bas ? Il est pour toi.

Le jeune prit sa lance et s'avança vers ce moment qu'il avait si souvent anticipé en usant sa pierre à aiguiser sur le métal. Il se sentait vaillant, un peu fébrile. Les mains crispées sur le manche, il approchait. La bête, étendue de tout son long, ne bougeait pas d'un iota. Elle était énorme. Au moins cinq mètres de long. Pour un baptême, ses compagnons n'avaient pas choisi la facilité. Ils le regardaient de loin tandis que Ratcliffe l'encourageait en gesticulant.

– Tu dois enfoncer la lame dans la poitrine, au niveau du cœur.

Les paroles résonnaient dans la tête de Nathaniel. Il avait répété le geste des dizaines de fois dans le vide. Mouvement ferme des bras vers l'avant. Impulsion sèche. Énergique. Et maintenant qu'il fallait l'accomplir pour de bon, il ne savait plus. L'éléphant était couché sur le ventre. Comment lui percer le cœur ?

Il décida de le frapper au crâne, mais trop ému, trop anxieux sans doute, il rata son coup et la lance se planta dans l'épaule. L'animal se redressa d'un bond en poussant un rugissement monstrueux, sa trompe vibrait, ses canines se découpaient dans le ciel. Il attrapa la lance dans sa gueule et la brisa comme une allumette. Dressé sur sa queue, il dépassait 12 pieds. Il avança par secousses, puis s'abattit sur son agresseur. Nathaniel tomba à la renverse. L'éléphant furieux fonçait vers lui. Le jeune homme reculait sur les fesses. Il se croyait perdu, pensait aux larmes de sa mère, sentait sur ses doigts la pression de la poignée de main de son père à son départ sur le port de Boston, il était en train de leur dire adieu quand ses compagnons se ruèrent sur la bête à coups de gourdins, de lances, puis de couteaux, et le sauvèrent.

L'éléphant marin se défendit, se débattit pendant de longues minutes – Nathaniel avait perdu la notion du temps –, il grognait, grondait, soufflait, jusqu'à expirer dans un râle presque discret, un chuintement qui contrastait avec la violence de la scène précédente. C'était horrible. Par terre, l'éléphant n'était plus qu'un amas de chairs sanguinolentes.

– Tu découpes la graisse et tu la mets dans le chaudron, ordonna le vieux.

Les oiseaux commençaient à tourner autour du cadavre. Il fallut les chasser à plusieurs reprises. Nathaniel plongea son couteau dans la peau dure d'abord, puis molle. Vingt centimètres de graisse enrobaient l'animal. Il en fit des bandes de 30 centimètres de largeur sur 1 mètre de longueur et les porta jusqu'au chaudron. Il n'avait pas imaginé que cette tâche serait si pénible. Il était couvert de sang et de gras.

Il découvrait sur ses vêtements, sur sa peau, une puanteur qui n'allait plus le quitter.

Benjamin lui montra comment tailler la viande et choisir les meilleurs morceaux qu'ils mangeraient le soir même : la langue, le foie, la cervelle, le cœur qu'il n'avait pas pu atteindre.

Ce soir-là, il dormit comme une masse. Le lendemain, remis de sa frayeur, surmontant son dégoût, mettant à profit cette première expérience, il devint un chasseur de phoques.

Au bout de trois jours, il s'était déjà acclimaté au vent, à la pluie, à la neige, à la tourmente incessante. C'est curieux, se disait-il, comme on s'habitue vite. La petite chambre de sa maison natale qu'il partageait avec ses trois frères était si loin qu'elle lui semblait appartenir à un autre monde. Une autre vie. Le seul point commun avec sa vie actuelle était l'huile. Il se souvenait de la lampe dont tous les soirs il s'amusait à tourner la molette le plus lentement possible pour voir la flamme descendre et disparaître afin qu'ils entrent dans la nuit. Il fallait économiser le carburant. Exigence quotidiennement répétée du paternel. Tout le contraire d'ici, où l'huile, la même qu'à Boston, coulait à profusion, brûlait en permanence pour chauffer, éclairer, cuisiner. La ressource était inépuisable. À portée de main.

Le lendemain donc, il repartit au combat. Le vieux Benjamin, qui avait tant ri de ses déboires, le poussait.

– Les trois là-bas près des rochers !

Trois belles bêtes encore. Nouvelle épreuve.

– N'oublie pas de bouger. Tu avances, tu le laisses se lever, tu recules et tu frappes.

Dans la voix de Benjamin, cela paraissait simple. Il marcha vers le plus gros des trois, sa lance sur l'épaule.

– C'est bien, se disait le vieux en le suivant du regard. Il n'a pas peur.

L'éléphant, comme s'il avait assisté à la scène de la veille et comprenait les mauvaises intentions de l'intrus, se mit à grogner, se dressa de toute sa hauteur, leva sa trompe et poussa un barrissement monumental.

Nathaniel recula sans paniquer cette fois. Il s'étonnait de son propre calme. La poitrine de l'animal s'offrait à lui comme une cible. Derrière la peau, la graisse et les muscles, il lui semblait voir le cœur palpiter. Il y enfonça la lame. La bête s'arrêta de crier – une, deux, trois secondes de silence peut-être ! Nathaniel se demandait combien de temps il faut pour entrer dans l'éternité –, puis elle s'écroula dans un bruit sourd. Dans la stupéfaction de réussir si vite et si bien, le jeune homme avait lâché sa lance. Lorsque l'éléphant marin toucha le sol, elle traversa toute droite ses chairs et le corps pour ressortir intacte de l'autre côté, dans le dos. Nathaniel la retira. Elle était gluante. Il comprit que tous les jours désormais il aurait du sang sur les mains. Il ne se doutait pas qu'il en garderait la sensation tout au long de sa vie et que, bien plus tard, lorsqu'il raconterait ses aventures à ses petits-enfants, à chaque fois qu'ils lui réclameraient les histoires de l'île aux Cochons, au chaud dans la maison de Boston éclairée à l'huile de phoque, il ressentirait la présence des éléphants marins et sentirait presque l'odeur de leur sang sur ses mains.

Les deux autres bêtes à côté furent expédiées à la même vitesse et de la même façon. Pour la troisième, une femelle, plus petite, il avait fallu lui taper sur le museau avec le gourdin pour la faire se lever – astuce donnée par Ratcliffe – et offrir sa poitrine à la lance souillée.

– Tu feras un bon chasseur, lui dit Benjamin.

Il était fier.

L'unité de production était maintenant opérationnelle et le camp installé. Le bateau devant revenir les chercher un mois et demi plus tard, ils avaient décidé de ne pas construire de maison. L'abri du canot suffirait. Le soir, Benjamin lui demandait de lire des passages de la Bible à la lueur des flammes : « *Le Verbe était la vraie Lumière qui éclaire tout homme en venant dans le monde.* » (Jean, 1, 9)

Le vieux fut le maître d'un autre apprentissage. En même temps que les hommes, le *General Jackson* avait déposé un stock de bois, des douvelles, des cerceaux et des outils, marteaux, clous, scies. Il fallait fabriquer des barriques. Pour gagner de la place sur le bateau, elles étaient toujours transportées en pièces détachées. Le geste sûr, Benjamin les assemblait en un tournemain. Quand Nathaniel s'y essaya, au moment de placer le cerceau pour tenir les douvelles ensemble, elles s'écroulèrent et plusieurs fois de suite, ce qui déclenchait invariablement le rire du vieux.

– Tu me parais moins doué que pour la chasse !

Ils fabriquèrent 300 barriques de 200 litres chacune dans lesquelles ils versaient, encore chaude, la graisse liquéfiée dans le chaudron. À la fin du quatrième jour, ils en avaient déjà rempli une vingtaine. Le feu devait être entretenu en permanence. Pour l'alimenter, on utilisait la graisse des éléphants, mais c'était gâcher, disait le vieux Benjamin. Alors ils se servaient de manchots, bien gras eux aussi, qui donnaient un bon combustible pourvu qu'on les jetât dans des flammes très vives. Ils n'avaient qu'à se servir. Il y en avait toujours autour d'eux par centaines. Ils les assommaient et les lançaient à moitié étourdis, parfois encore vivants, dans le foyer. C'était devenu un jeu cruel. Les distractions étaient rares sur l'île aux Cochons. Dans une petite grotte à proximité du chaudron, ils trouvèrent un appareil qui facilita ce travail. Une presse à manchots. Après les avoir décapités, on écrasait les bêtes pour en faire des sortes de galettes vidées de leur sang. Cela brûlait mieux. Au moment de raconter ces épisodes à ses petits-enfants, Nathaniel hésiterait. Il se rendrait compte qu'il en gardait un souvenir amer.

– Oh, grand-père, s'exclamerait la petite Sally. Oh les pauvres !

Puis son frère Jonathan se mettrait à se dandiner en imitant la démarche comique des manchots qu'il leur avait apprise, et tout le monde rirait. Après tout, ce n'était que des pingouins !

Au bout d'un mois, ils avaient rempli 200 barriques. Chaque éléphant de mer mâle donnait en moyenne 600 à 700 litres d'huile, près d'une tonne pour les plus gros. Le travail était épuisant. L'odeur s'était incrustée si intimement qu'il ne la sentait plus. Nathaniel avait grandi subitement. Il lui semblait que ses mains avaient doublé de volume, elles étaient dures comme des battoirs. Un peu de barbe lui avait poussé. Ses cheveux partaient dans tous les sens et seule la graisse qu'il appliquait parfois dessus parvenait à les dompter. Que dirait sa mère si elle le voyait ainsi, elle qui veillait à ce que ses sœurs, ses frères et lui fussent toujours propres.

Sur la grande plage autour d'eux, il n'y eut bientôt plus un seul éléphant. Ils les avaient tous tués et plus aucun ne venait, comme si la nouvelle qu'elle était dangereuse s'était répandue. Ils durent élargir le périmètre de la chasse. Nathaniel accompagna Benjamin dans une expédition de repérage de plusieurs jours.

– Ça nous fera du bien de prendre l'air et de nous dégourdir les jambes. Je commence à m'ankyloser ici, avait dit le vieux.

Ils dormaient à la belle étoile, c'est-à-dire au mieux sous la neige, au pire sous la pluie. Un matin, après trois heures de marche, ils tombèrent sur un troupeau dans une crique entourée de falaises. Nathaniel les compta. Vingt-six mâles. Il n'en avait jamais vu autant rassemblés au même endroit.

– De quoi remplir une bonne quarantaine de barriques, avait estimé Benjamin. On va profiter de l'occasion.

Ils les attaquèrent à la massue et à la lance, selon la technique connue, mais les éléphants ripostèrent. Ils faisaient front commun et contre-attaquaient. Pour éviter une morsure, Ratcliffe sauta en arrière, glissa sur un rocher, s'affala et se fit une plaie au bras. C'est lui qui se mit alors à rugir. Il était furieux. Son gourdin tournoyait dans tous les sens. Il était fou. Nathaniel le suivait et portait l'estocade avec la lance. Plus les éléphants résistaient, plus le vieux Benjamin se déchaînait. Les animaux, qui ne voulaient pas céder un pouce de terrain, finirent par tomber l'un après l'autre. Ce fut un atroce carnage.

Les rochers, le sable et l'eau étaient rouges. Les falaises, qui avaient pendant deux heures amplifié les échos de ces combats, se turent. Dans le silence qui suivit, Benjamin, hagard, regardait Nathaniel. Le jeune homme se voyait dans ses yeux et croyait reconnaître, dans le tableau de ce paysage après la bataille, une image de l'Apocalypse dont son père lui lisait des passages tous les dimanches. « *Alors il se donna une grande bataille dans le ciel. Michel et ses anges combattaient contre le dragon, et le dragon avec ses anges combattait contre lui.* » (Apocalypse 12, 7)

– Parfois, tu n'en as pas marre de ce métier ?

– Non, je ne sais faire que ça. Je ne peux faire que ça. Je ne veux faire que ça, répondit le vieux d'une voix caverneuse.

– J'ai l'impression que nous sommes encore plus sauvages que ces bêtes.

– Nous sommes des bandits.

– Des gangsters ?

– Oui, des gangsters, des pirates, fiers de l'être.

Ils dormirent sur cette plage contre une des carcasses encore chaudes. Durant la nuit, les pétrels géants avaient commencé l'ouvrage pour lequel la nature depuis des millénaires les avait conçus. Nettoyer.

– Ces Nellys sont les animaux les plus voraces de la terre, disait le vieux. À côté, les vautours sont des pigeons qui picorent du bout du bec, comme les bourgeoises dans les salons de thé de Boston.

Ils mirent deux jours à découper la graisse des 26 éléphants qu'ils enfouirent sous le sable pour la protéger des oiseaux. Puis cinq jours, avec l'aide des six autres membres du gang, pour transporter, sur le dos, les bardes de lard jusqu'au chaudron. La crique étant inaccessible en chaloupe, on ne pouvait pas utiliser la technique habituelle qui consistait à attacher les morceaux de graisse ensemble et les convoyer par la mer en les tirant comme un radeau. Les pétrels, insatiables, en avaient englouti une partie. Ils les harcelaient sur le chemin.

Ce chargement avait finalement permis d'achever le remplissage des 300 barriques. Trois mois étaient passés. Le bateau ne revenait pas.

Ils chassèrent les otaries. C'était plus subtil. Pour préserver les peaux et la fourrure, il fallait les assommer et les ouvrir d'un seul trait de lame sur toute la longueur du ventre jusqu'à la gorge. Ensuite, on les déshabillait comme des lapins. Les peaux séchaient, tendues sur des piquets de bois. Ils ne prélevaient rien pour manger. L'otarie a mauvais goût.

– C'est de la viande pour Nellys, disait Benjamin.

Nathaniel n'en pouvait plus d'attendre. N'en pouvait plus de chasser. N'en pouvait plus de se lisser les cheveux avec de la graisse. N'en pouvait plus de ne plus sentir son odeur.

Quand, le 30 septembre 1834, le *General Jackson* apparut à l'horizon, un hourra retentit sous le canot où le gang s'abritait de la pluie. Dans la barque qui s'approchait de la côte, des grognements se firent entendre. Au moment où il toucha le rivage, Nathaniel fut stupéfait de voir quatre étranges passagers sauter à terre. Deux couples de cochons qui, aussitôt, filèrent vers le sommet de la plage et commencèrent de leurs pattes fouisseuses à creuser dans les herbes. Benjamin cracha de dégoût. Le capitaine Isaac Percival riait.

– Je suis allé les chercher au Cap quand nous avons déposé une première cargaison de fourrures. On ne pouvait pas laisser l'île aux Cochons sans cochons.

Nathaniel rentra à Boston. Se rasa en même temps que le vieux Benjamin avant de débarquer. Il trouva un poste de commis sur le port, gravit les échelons et devint marchand d'huile. L'encre sur les registres, se demandait-il parfois, est-ce vraiment mieux que le sang sur les mains ? Après Hog Island, il avait renoncé à la dure vie de chasseur de phoques. Il ne repartit jamais en campagne dans les mers du Sud. Mais il continuait à raconter. L'histoire des cochons surtout, qui plaisait aux enfants.

Chapitre 27

Minute papillon

Il court sur le dos de ma main
Le papillon aptère
Il pond à la racine des acaenas
Il butine en rase-mottes
La souris le mangera peut-être
Le vent ne l'emportera pas

On fait de drôles de rencontres sur l'île aux Cochons.

En marchant dans cette jungle tourmentée qui ne dépasse pas 20 centimètres de hauteur, en s'accrochant à la tignasse des herbes qui font pleuvoir leurs feuilles comme un saule pleureur miniature. De drôles de rencontres.

Il se promenait lui aussi, en quête de nourriture, de sucs où plonger sa trompe. Il est passé sans appréhension de la plante qui est son domaine à la paume de ma main. Il trottinait sur ma peau, sautillait dans tous les sens. Subtile chatouille.

Le papillon aptère. Espèce endémique des terres australes. Les insectes présents sur les îles subantarctiques ont développé des caractères propres, qui les différencient des autres. Le papillon en est la parfaite illustration. Comme le secteur est soumis à de fortes et constantes dépressions, comme les vents violents y soufflent en permanence, l'évolution lui a coupé les ailes. Elles le gênaient, ne lui servaient à rien et même le mettaient en danger. En vol, les rafales les détruiraient. Elles se sont atrophiées. On les devine à peine sur les bords de son corps, comme les embryons d'une quatrième paire de pattes.

Le papillon sans ailes. Curieux papillon randonneur dans un pays où il n'y a pas de fleurs à butiner. Aucune fleur à Crozet. La végétation invente d'autres stratégies pour se régénérer. Le papillon aptère y contribue en transportant les semences à pied.

Et je me demande, tandis qu'il descend de ma main et va retrouver son habitat de feuilles et d'ombres, je me demande, avec le dérèglement climatique à l'œuvre en ce moment, si le vent devait s'arrêter, les ailes perdues du papillon se remettraient-elles à pousser ?

Chapitre 28

Les balises

Charly regarde les Apôtres hachés dans le brouillard, incertains, menaçants, terribles, tels qu'il les avait gardés dans sa mémoire. Lors de son premier voyage à Crozet, en 1984, le navire des TAAF était passé d'abord près d'eux, puis devant l'île aux Cochons, sans s'arrêter. Chance rare, il avait pu voir à la jumelle la grande colonie, tache blanche à flanc de colline comme une plaque de neige qui s'attarde au printemps. Moment précieux pour un apprenti chercheur de 25 ans, un jeune ornithologue qui allait consacrer sa vie aux manchots. Poser les yeux un instant, un instant volé, sur un lieu légendaire. Le souvenir est intact et l'émotion remonte maintenant. Charly regarde autour, les montagnes perdues sous les nuages, la pente vers la mer, la manchotière à ses pieds. Pendant trente-cinq ans, il est venu en mission à Crozet presque tous les ans, mais jamais le *Marion Dufresne* n'était repassé par ici. Il en rêvait.

Une éclaircie se dessine. Il va falloir en profiter pour poser les balises. Le temps presse, l'enquête a besoin d'avancer. Curieusement, les préoccupations des chercheurs du XXIe siècle rejoignent sur ce point celles des phoquiers. Joseph Fuller l'explique clairement, il n'y a jamais de temps à perdre : « *Une période de beau temps n'est pas un événement très courant, c'est pourquoi nous devions profiter de l'instant favorable. Il faut moissonner pendant que le soleil brille.* »

Sans vouloir dévaloriser les autres actions entreprises depuis deux jours, l'opération qu'un rayon de soleil permet de lancer est sans doute la plus importante de la mission. La plus délicate aussi, la plus technique, celle dont les résultats sont les plus attendus. Une page de l'histoire scientifique des Cochons est en train de s'écrire.

Il y a dix balises à poser.

Des études sur le comportement en mer des manchots de l'île de la Possession réalisées par Charly Bost ont mis en évidence que ceux-ci partent se nourrir vers le sud, du côté de ce que l'on appelle le front polaire, à la frontière de l'océan Antarctique, où la température des eaux avoisine zéro degré. Aucune information n'est disponible pour la population de l'île aux Cochons. Une des hypothèses émises par le conseil scientifique est qu'ils pourraient se diriger vers le nord, du côté du front subantarctique, qui marque la limite entre l'océan Indien, tempéré, et l'océan Austral, plus froid. Cette zone serait devenue moins favorable à cause des dérèglements climatiques. Un réchauffement sensible des eaux depuis une trentaine d'années, passant de cinq à six degrés, aurait pu entraîner un possible déclin de la biomasse, et donc de la nourriture disponible.

Est-ce que les manchots royaux, malgré cette dégradation, continuent à fréquenter ce secteur par atavisme ? C'est la question à laquelle les balises pourraient répondre.

Charly Bost a mis sa tenue de combat, bonnet, lunettes de ski couvrant la moitié du visage, gants. Il a retiré le Flexo pour être plus agile. Yves Cherel a gardé son ciré jaune de marin breton. Ils arpentent à nouveau la grande colonie.

Ils cherchent. Pour moi, tous les manchots royaux se ressemblent et je serai bien en peine de les distinguer. Pour eux, ils forment, malgré leurs uniformes et leur apparente uniformité, une foule bigarrée, hétéroclite, dans laquelle ils visent certains individus. Pas de place pour le hasard.

Profil d'aigle, regard perçant, Yves s'est écarté pour scruter la manchotière. À l'intérieur, au milieu des oiseaux, Charly avance en suivant ses indications. Ils cherchent ceux qui nourrissent leurs poussins. Yves a repéré une femelle. Il ne la quitte pas des yeux, la pointe du doigt. Charly s'en rapproche. Ils convergent tous les deux vers leur cible qui, pour l'instant, ne se doute de rien. Quand elle les voit fondre sur elle, c'est trop tard. La poigne de Charly l'a saisie au cou, ses mains ont bloqué les ailes. Yves prend le relais. Il la plaque sur le ventre et, pendant que Charly prépare le matériel, il la maintient fermement coincée entre ses genoux. Méthode vigoureuse, rigoureuse et nécessaire selon Yves Cherel.

– Quand on manipule des animaux sauvages, il est très important de les maîtriser de telle sorte qu'ils sachent qu'ils n'ont aucune chance de s'échapper. Car, s'ils ont le sentiment qu'ils peuvent s'en sortir, ils vont tout faire pour y arriver, se débattre, bouger. Cela complique la manœuvre, mais surtout, c'est risqué, car les oiseaux peuvent se blesser.

Le manchot, la tête recouverte par une capuche, ne bouge plus. La balise mesure une dizaine de centimètres de longueur. Elle est attachée et collée aux plumes du dos. Ce sont des balises très bien profilées, qui ne nuisent pas à la nage.

L'opération dure plus longtemps que celle des prélèvements. Vingt minutes environ. Le plus long ayant été de trouver le bon oiseau. Le protocole prévoit d'équiper des reproducteurs en début de cycle, cinq femelles et cinq mâles. Des parents qui commencent le nourrissage de leurs poussins de manière à pouvoir obtenir des données sur la plus longue période possible. Les balises, autonomes en énergie, peuvent émettre théoriquement pendant neuf mois.

Un manchot remonte à bon train, le ventre bien rebondi. Yves reconnaît un mâle. Il a un à deux kilos de poissons à moitié digérés dans l'estomac. La femelle est sans doute déjà repartie.

Une des caractéristiques de ces manchots, auxquels on prête volontiers des attitudes humaines, est qu'ils peuvent représenter un bon exemple d'équité conjugale. Une leçon à tirer. Les parents se relaient pour alimenter le poussin. Sans cela, la reproduction échoue. Pendant que l'un fait des réserves en mer, l'autre donne la becquée, une bouillie de poissons, du fait maison qu'il régurgite dans le bec du petit. Quand le manchot n'a plus rien, il retourne à la pêche. Ce ballet dure neuf mois. Ces oiseaux sont fidèles le temps d'une saison, ensuite ils changent de partenaire.

Un vacarme incessant nous enveloppe. Des dizaines de milliers de cris, de sifflets, d'appels. Cela semble une cacophonie, mais Charly me détrompe. Il s'agit plutôt d'une symphonie où chacun joue sa partition. Les manchots royaux n'ont pas de lieu précis où se retrouver, pas de repère topographique. Ils ne peuvent pas compter sur leur vue, qui est mauvaise. Alors ils se reconnaissent à la voix. Ils chantent pour décliner leur identité. Dès le plus jeune âge, les poussins apprennent à distinguer le timbre de leurs parents qui, eux, enregistrent celui de leur petit. Pour se rejoindre, ils s'appellent.

Quand l'adulte revient de la mer le ventre plein, il chante à l'entrée de la crèche. Le poussin lui répond. Il piaille tout le temps, car il a toujours faim et est toujours en quête de nourriture.

– Ceux qui viennent nous voir sont en train de réclamer, explique Charly Bost. Ils cherchent à se faire adopter. Ils nous interpellent pour voir si, par hasard, nous ne serions pas un de leurs parents.

Le soir, au camp, nous avons croqué des chips, bu une bonne soupe chaude, ouvert des sachets de nourriture lyophilisée. Le *Marion Dufresne* et ses menus, langouste australe, achards de légumes, tartare de mangue à la vanille, appartiennent à un autre monde auquel nous ne songeons même plus. Nous avons parlé de la mission et du bonheur d'être là. Pour Jérémy et Fabrice, le programme tient ; pour Adrien et Cédric, tous les pièges souris et les pièges photo sont installés ; pour Bertrand et moi, la musette se remplit copieusement ; pour Yves et Charly, petite frustration. La première journée des balises est décevante. Deux seulement ont été posées.

Ils ne parviennent pas à trouver leurs clients pour l'étude. Nous arrivons trop tôt dans la saison. La ponte vient de débuter et il n'y a pas assez d'oiseaux correspondant aux critères définis. La mission ne peut pas se prolonger, elle est tributaire du calendrier du navire des TAAF qui doit assurer d'autres missions à la Possession, à Kerguelen et Amsterdam. Les cycles des manchots étant variables d'une saison à l'autre, il était quasiment impossible d'être certain de tomber à la bonne période.

Le temps pressait. Il fut décidé de modifier les critères.

Cinq balises sur des « incubants relayés ». J'adore le jargon des ornithologues, et mon stage sur le terrain me permet de dire qu'il s'agit de parents couvant un œuf et assurant les relais.

Cinq balises sur les « reproducteurs nourrissants en fin d'élevage ». Là c'est plus facile, il s'agit de parents qui alimentent les poussins déjà bien avancés, ces grosses boules de plumes brunes qui voudraient nous faire entrer dans leur famille.

À midi, le compte est bon !

Pendant l'élevage du poussin, les parents partent chacun trois à quatre semaines. Ils parcourent plusieurs centaines de kilomètres. On cherche à savoir où ils vont se nourrir. Les balises permettront aussi de les suivre sous l'eau et fourniront de précieuses données sur leurs comportements et leurs aptitudes.

Nous nous sommes accroupis, les genoux dans la terre mouillée. Les poussins nous encerclent, leurs appels nous enveloppent. Les adultes s'approchent, ils se dandinent, étirent leur cou, croisent leurs becs, moulinent leurs ailerons, palabrent. Ils ont des mimiques comiques. Mais ce que je vois dans les yeux de Charly Bost, ce qu'il nous transmet, c'est de l'admiration. Rien ne laisse penser que ces oiseaux, si gauches à terre, sont des champions hors normes en mer. Ils enchaînent les plongées 30 à 40 fois par jour, peuvent descendre jusqu'à 400 mètres de profondeur, rester en apnée pendant 7 minutes. Et l'on ne comprend pas encore très bien comment, physiologiquement, cela est possible. Charly sourit.

– C'est un autre mystère que l'on essaie de percer aussi, peu à peu.

Les dix balises ont commencé à émettre. Certains des manchots équipés sont sans doute déjà repartis en mer, nous ne pouvons pas le savoir. On ne peut, d'ici, que songer à leurs périples. Ils se dessineront plus tard sur une carte et donneront peut-être une des clés de l'énigme. Reste à espérer qu'ils ne se feront pas croquer par une orque, un requin ou une otarie et que leurs balises retomberont dans l'herbe dans une dizaine de mois, quand ils reviendront muer sur l'île aux Cochons.

Chapitre 29

Un peu d'Histoire

Le nom de Cochons s'est peu à peu imposé dans les années 1830, période de l'apogée de la chasse à l'éléphant de mer.

En 1837, la France, se souvenant du voyage de Marc-Joseph Marion-Dufresne et de Julien Crozet, envoie la frégate l'*Héroïne* pour défendre ses intérêts dans le secteur des terres australes, en particulier l'île d'Amsterdam et l'archipel Crozet. La mission du commandant Jean-Baptiste Thomas Médée Cécille est plurielle.

La rapacité des phoquiers les conduisait parfois à s'affronter pour un bout de plage. Il y eut des batailles rangées, des bateaux coulés. La sauvagerie ne s'exerçait pas exclusivement contre les éléphants de mer. L'*Héroïne* devait porter assistance aux navires baleiniers français que le gouvernement de Louis-Philippe entend protéger. Il y en avait une quinzaine à ce moment-là en campagne de chasse entre l'Afrique du Sud et la Nouvelle-Zélande. Le commandant Cécille doit aussi repérer les mouillages sûrs et dresser des cartes. Il arrive à Crozet en octobre 1837 et va y rester plusieurs semaines, pendant lesquelles il affronte des conditions de navigation terribles, comme tous ceux qui s'aventurent dans les parages. En novembre, il porte secours à deux bateaux américains en perdition, le *Colossus* et l'*Atlas*. Ses équipes descendent sur l'île de la Possession. L'enseigne de vaisseau Martial Fournier effectue des relevés hydrographiques autour de l'île de l'Est, des Pingouins, des Apôtres et de l'île aux Cochons, sans y débarquer. En 1838 seront publiées de nouvelles cartes portant pour chacune des îles les coordonnées et les noms qui seront désormais officiellement les leurs.

Cette documentation servira, deux ans plus tard, à l'un des plus grands explorateurs anglais.

En septembre 1839, à Londres, James Clark Ross se prépare à partir sur l'*Erebus* pour la plus importante mission de sa carrière : il s'est fixé pour but de découvrir le pôle magnétique en Antarctique. Destination très prisée à l'époque puisque, au même moment, Jules Dumont d'Urville sur l'*Astrolabe* était en route vers la terre Adélie et l'Américain Wilkes s'approchait lui aussi du Continent blanc.

Le voyage de Ross promettait d'être long. Dans sa cale, pas de barriques en pièces détachées, pas de baguettes de bois pour tendre les peaux d'otaries, mais des instruments ; dans sa tête, une soif de connaissances ; à son bord, des savants. Sur son chemin, il voulait faire le maximum d'observations scientifiques possible.

En mars 1840, il arrive au Cap pour un ravitaillement. Les Anglais sont maîtres de cette ville clé pour la marine à voile qu'ils ont enlevée aux Hollandais en 1790. Dans la base navale de Simon's Town, James Clark Ross prépare sa prochaine étape : Crozet. Il trouve que la position mentionnée sur les cartes est encore incertaine, malgré les détails apportés par le commandant Cécille. Depuis sa redécouverte par Henry Fanning, en 1805, l'archipel reste le domaine exclusif et jaloux des chasseurs de phoques qui s'ingénient à brouiller les pistes concernant leurs nouveaux territoires. Ross rencontre un armateur marchand d'huile installé au Cap qui lui donne des coordonnées précises et lui demande, en échange, de porter des provisions à une de ses équipes laissées sur l'île de la Possession ou l'île de l'Est. Le 6 avril 1840, après trois semaines d'escale, l'*Erebus* reprend la mer. Dès le passage du Cap, dans la redoutée baie des Aiguilles, il subit la tempête. Ross décrit dans son journal « *un coin de mer épuisant traversé par les courants venus de tous les points de la boussole* ». Il se souvient alors peut-être d'une leçon d'Histoire et comprend pourquoi Bartolomeu Dias, le premier navigateur ayant doublé la pointe de l'Afrique en 1488, l'avait appelé le « cap des Tempêtes », nom que le roi João II du Portugal fit changer en « Bonne-Espérance » pour ne pas insulter l'avenir. Le 25 avril, l'*Erebus* arrive près du « groupe d'îles de Crozet », mais ne voit rien d'elles. Le lendemain, le brouillard se lève, une terre se dessine. Selon la carte que possède Ross, il s'agit de l'île aux Pingouins, appelée aussi à l'époque, par les phoquiers, île Inaccessible. « *Deux noms qu'elle mérite autant l'un que l'autre,* écrit Ross. *Elle était littéralement couverte de pingouins sur toutes les corniches de ses rives accidentées... Avec aucune possibilité d'y accéder.* »

Ils aperçoivent bientôt *« Pig Island »,* notre île aux Cochons, inscrite sous ce nom dans les documents. Elle paraît à Ross plus engageante que les Pingouins, mais la présence, tout autour, de récifs et de rochers affleurants le dissuade d'approcher à moins de trois lieues. Il se dirige alors vers l'est et la Possession. Comme Henry Fanning trente-cinq ans plus tôt, il entre dans la baie la plus calme de l'île, qui n'était pas du tout indiquée sur la carte. C'est comme une redécouverte pour eux aussi : « *Une parfaite masse montagneuse de terre volcanique,* décrit Ross, *des rives agressives, escarpées avec de nombreux rochers en saillie.* » Elle n'offre aucun endroit où habiter, à part un coin de plage, seul point où pourraient se trouver les chasseurs. L'*Erebus* tire plusieurs coups de canon auxquels répond un grand feu allumé sur le sable. Mais une tempête se déclenche et se déchaîne. Le navire ne peut ni approcher ni mettre un canot à l'eau. Ce sont les chasseurs, mieux accoutumés sans doute à ces conditions affreuses, que Ross, de son propre aveu, malgré son expérience de rudes voyages dans l'Arctique, n'a « *jamais rencontrées encore* », qui prennent leur barque pour rejoindre le navire.

Ross confessera sa stupeur devant leur allure dans un passage de son journal devenu célèbre :

« *Mr. Hickley, leur chef, monta à bord avec son équipe. Ils ressemblaient plus à des Esquimaux qu'à des êtres civilisés, couverts des vêtements les plus crasseux que j'aie jamais vus. Ils étaient littéralement imbibés d'huile. Leur odeur était repoussante. Ils portaient des bottes en peau de pingouins avec le plumage tourné vers l'intérieur.* »

Hickley explique qu'ils sont là depuis trois ans et que le mauvais temps les a coincés depuis cinq semaines. Il n'y a plus d'éléphants de mer sur la Possession. Dès qu'ils le pourront, ils se rendront sur l'île aux Cochons pour reprendre la fabrication d'huile. Hickley raconte que les cochons ont été introduits sur cette île en 1834 et qu'ils se sont multipliés de manière incroyable, même si, chaque année, les chasseurs de phoques en tuent un grand nombre pour les manger sur place ou pour les saler et les emporter à bord.

« Encore une île qui n'a pas volé son nom », se dit James Clark Ross. Il ne prendra pas la peine d'y aller. Il fait quelques observations sur l'origine volcanique de Crozet, « *de courtes colonnes basaltiques... et des cratères éteints* », mais, convaincu que la nature de la formation de ces îles ne convient pas à l'enregistrement de données sur le magnétisme terrestre, qui est un des principaux objets de sa mission, Ross écourte son séjour. Il poursuivra sa route vers le sud, frôlera les côtes de l'Antarctique au niveau du 74e parallèle, sans y débarquer. La zone qu'il a traversée sur l'*Erebus* s'appelle aujourd'hui la mer de Ross. Avec 1,2 million de kilomètres carrés, c'est la plus grande aire marine protégée de la planète.

Sur Pig Island (ou Hog Island), après le passage de Ross, on ne trouve plus aucune mention de présence de cochons, sinon les dires du capitaine de la baleinière *Young Phoenix*, David L. Gifford, qui, en 1876, évoque la présence d'une cabane bien entretenue avec un élevage de lapins et de porcs. Les navires qui purent débarquer des hommes, comme le *Comus* en 1880 ou la *Meurthe* en 1887, ne parlent plus de cochons. On ne sait pas comment ils ont disparu. Éliminés par des chasseurs de phoques qui les trouvaient envahissants ? Décimés par une fièvre porcine ? Rien ne permet de l'expliquer. Il n'en reste aucune trace. Ni sous forme d'os. Ni de dents.

Chapitre 30

Le périmètre

Parfois, il est bon de ne pas avoir de choix. Pour marcher sur Cochons, inutile d'envisager des chaussures de randonnée, souples, renforcées, imperméables ou même étanches. Même les meilleures ne sont pas adaptées. Le terrain est trop humide, boueux, fangeux, glissant. Seules les bottes en caoutchouc conviennent. Nous les enfilions le matin et les laissions le soir sous l'auvent de la tente. Bottes de sept lieues pour faire le tour de notre territoire puisque chaque pas avait pour nous quelque chose de magique.

La grande colonie était à 500 mètres environ en direction du nord, ce qui nous demandait vingt bonnes minutes pour l'atteindre. Tout un voyage à chaque fois : il fallait grimper sur un terrain bosselé, se faufiler dans les méandres de routes innombrables en y croisant parfois un manchot qui nous regardait d'un air outré et disparaissait, ou paraissait attendre pour indiquer le chemin. On passait par des sortes de tunnels où pendaient des stalactites de mousse exposant au rare soleil toutes les nuances du vert. On y avançait en agrippant des touffes d'herbe qui chantaient sous le vent, ondulaient, nous caressaient et nous griffaient parfois. Ces plantes donnent au décor un aspect mouvant. Elles ont été décrites par James

Cook en 1776, lors de son troisième voyage autour du monde, quand il est passé aux Kerguelen. C'est pourquoi leur nom lui rend hommage : *Poa cookii*. Mais la toute première mention de cette plante, nous la devons à Julien Crozet. Lorsqu'il descend à terre sur l'île de la Possession, le 24 janvier 1772, il note : « *En revenant sur le bord de mer, j'y remarquai un petit jonc très fin ressemblant à un gramen*... » Crozet confirme là son esprit encyclopédique et sa volonté de faire ce que les naturalistes appellent aujourd'hui des observations opportunistes, soit mettre à profit son séjour pour documenter des choses qui ne sont pas directement le sujet de la recherche. On se souvient aussi que c'était la consigne adressée par Marion-Dufresne à ses hommes, quand ils débarquaient sur une terre inconnue : « Rien n'est indifférent, il ne faut craindre ni les détails ni les descriptions ; tout est digne d'attention ! » Les *Poa cookii* auraient donc pu s'appeler *Poa crozetii*. On les trouve uniquement dans la zone subantarctique, sur la couronne d'îles éparses qui va de l'Afrique du Sud à l'Australie.

Notre périmètre était assez réduit. Environ 1 kilomètre carré sur les 67 que compte l'île. Une infime partie, mais très riche. Un monde en soi. Nous ne sommes jamais montés plus haut que la colonie de l'Amphithéâtre, à 120 mètres d'altitude, et jamais nous n'avons vu le sommet des Cochons, qui culmine à 853 mètres. Il est toujours resté caché. Toujours la brume le voilait, comme si notre secteur d'investigations avait été mis sous cloche.

Le cap de la Déception était situé à un kilomètre du camp, plein sud. Une heure de marche était nécessaire pour y arriver. Il fallait traverser un plateau couvert de grandes prairies en se méfiant, car elles sont truffées de souilles.

Le nom convient parfaitement à l'île aux Cochons, on imagine volontiers des porcs venir s'y vautrer. Ils n'en ressortiraient pas. Les souilles sont des trous qui peuvent atteindre plusieurs mètres de profondeur dans lesquels la terre, l'eau et la boue se sont accumulées. Une couche de végétation les recouvre, si bien qu'on ne les voit pas. Elles engloutissent celui qui y marche, l'avalent comme des sables mouvants. On en trouve sur toutes les îles subantarctiques. Des hommes s'y sont perdus. Les phoquiers connaissaient le danger. À Kerguelen, en 1825, John Nunn raconte le sauvetage d'un de ses compagnons, l'officier Lawrence, tombé dans une de ces fondrières après avoir glissé. Seule sa tête émergeait encore : « *Nous nous avançâmes sur le bord qui était un mur de vase tremblante et lui tendîmes nos mains à l'aide desquelles il réussit à sortir des profondeurs dans lesquelles il disparaissait tout entier. Il aurait pu être aussi bien un éléphant de mer qu'un homme, il avait l'air d'une pyramide mouvante de boue noire comme de la poix et presque aussi tenace.* »

Après la menace des souilles, au bout de la prairie, il y a les falaises. Nous nous y sommes aventurés le quatrième jour avec Cédric et Adrien. Il restait trois heures avant la tombée de la nuit. Le ciel était incandescent de prions. Des myriades de prions de Salvin capturés dans la cage immense de l'horizon. Leurs chants couvraient le bruit du vent. Le vent sifflait sur les rochers. La mer battait 30 mètres plus bas. Nous avons marché sur 500 mètres jusqu'à une anse où, en présence des manchots royaux qui détournaient à peine les yeux, un gros éléphant de mer est sorti de sa léthargie pour venir se poser sur une femelle, la réveiller et la saillir sans autre forme de préliminaires. Il l'enrobait de toute sa masse, les plis de sa graisse généreuse la bordaient. Puis il ne bougea plus.

C'est elle qui, sous lui, écrasée, se mouvait. L'étreinte fut brève. Ils se rendormirent tous deux sans même éructer. La saison des amours tirait sur sa fin.

Les falaises abritent une autre dimension des Cochons. Des criques encadrées de roches noires que des gerbes d'eau viennent blanchir le temps d'une vague ; des échancrures, des promontoires, des arches naturelles que la mer s'acharne à vouloir faire tomber ; des rives taillées à l'explosif où s'accrochent des algues de 30 mètres, forêt aquatique horizontale dans laquelle les orques viennent se frotter avant de passer à l'attaque.

Sur un replat à l'aplomb du vide, deux albatros fuligineux à dos clair couvaient. Sublimes dans leur calme olympien, lumineux dans leur robe grise de soir d'orage avec, autour des yeux, une touche blanche soulignée par un trait noir recourbé qui leur donne l'allure de divinités égyptiennes. À côté, des gorfous macaronis, braillards, turbulents, avec leurs sourcils en forme de pâtes fraîches, en équilibre sur les rochers, se lançaient, cous tendus vers le ciel, becs ouverts, nageoires battantes, dans des parades nuptiales vitaminées, tandis que des gorfous sauteurs, dans une anfractuosité de la falaise, roulaient leurs yeux rouges, frisaient leurs sourcils blancs de savant fou, se débattaient, criaient à tue-tête de leurs voix de crécelle, en invoquant, frénétiques, le dieu des amours manchotes.

Au détour d'un vallon, nous eûmes une surprise. On fait d'agréables rencontres sur l'île aux Cochons ! Un couple de canards d'Eaton se promenait. Discrets, timides, aimables, ils nous ont salués en dodelinant de la tête avant de regagner leur terrier dans la pente où ils travailleraient à la perpétuation de l'espèce qui est en voie d'extinction. Ces oiseaux avaient été vus pour la première fois le 24 janvier 1772 par Julien Crozet, qui en avait ramené un individu sur le *Mascarin* à son retour de l'île de la Possession, en même temps que quelques spécimens de la faune locale. L'écrivain du bord Paul Chevillard de Montesson le décrit comme une « *espèce de canard sauvage* ». Semblable aux sarcelles des étangs d'Europe, à peine plus gros qu'un pigeon, il a beaucoup souffert à l'époque des phoquiers. Il était leur viande préférée. Une proie facile. John Nunn, naufragé en 1825 sur Kerguelen, raconte qu'ils ne s'envolaient pas : « *Après avoir couru un peu, nous les attrapâmes et en abattîmes autant que nous le jugions nécessaire pour nos besoins présents… Nous pouvions nous en procurer un nombre illimité, car les canards ne semblaient pas prêter attention à notre présence et étaient insensibles au danger auquel ils s'exposaient.* » Sur l'île de la Possession, en 1840, le chef de gang Hickley avait dressé ses chiens pour les chasser. Aujourd'hui, la menace vient des chats. Le canard d'Eaton est un symbole de résistance dans les terres australes françaises. Il n'existe qu'à Crozet et Kerguelen. Classé sur la liste rouge de l'Union internationale pour la conservation de la nature comme espèce vulnérable, il s'emploie à survivre. Sous le camouflage brun de leur plumage, ces palmipèdes se fondent dans le décor. Le couple d'amoureux entre dans les herbes. Dans quelques semaines, des œufs vont éclore. L'île aux Cochons joue son rôle de réserve.

Quand on revient de ces falaises, que le chemin chaotique nous ramène sur la plage, quand on quitte le promontoire du cap de la Déception, le paysage apparaît différent. La plage scintille au déclin du jour, presque vide d'abord, puis elle se mouchette de formes sombres, des groupes de manchots royaux apparaissent, circulent, de plus en plus nombreux.

Le sable est envahi. Sur ce rivage, on n'entend que la mer. Elle roule, elle râle, elle ronfle, elle ronronne et rugit. Malgré la présence de milliers de manchots, à la différence de la tonitruante symphonie jouée dans la colonie, ici c'est le silence. Il n'y a pas de poussins, donc pas besoin d'appeler, de crier, de siffler pour se reconnaître. Les manchots se promènent par grappes, s'agrègent ou s'éparpillent sans un mot, sans un bruit, sinon celui de leurs pas. Ils semblent indécis, désœuvrés. Yves Cherel les appelle les « glandeurs ». Des célibataires trop jeunes encore pour avoir une compagne ou un compagnon, qui vont bientôt partir en mer ou qui reviennent pour muer ; de grands poussins ayant achevé leur croissance, débarrassés de leur duvet, qui prendront bientôt leur premier bain. Ils marchent, se croisent. Ce soir-là, j'étais parmi eux. Je marchais avec eux sans but. Parfois, je m'asseyais pour me reposer et les regarder. Ils s'approchaient à me frôler. Des quantités de plumes étaient emprisonnées, incrustées dans le sable. D'autres, échappées, libérées, volaient dans l'air autour, le ciel en fourmillait. Une lumière de soie drapait l'île. Les Apôtres se perdaient dans un fondu au bleu. Les points jaunes de nos tentes se devinaient au loin. Je flottais. Grisé peut-être par la brise. Porté par les plumes qui palpitaient dans le ciel rose.

Chapitre 31

NAUFRAGE

Encore de longues marches sous la toile de nos Flexo. Chuintement des bottes, claquement des flaques, sifflement de la respiration. Ce qui compte, c'est le chemin. Tituber dans les herbes, s'y coucher, ramper, se relever. Au bout, le paysage est une récompense.

Un jour, ou plutôt un instant, à la faveur d'une éclaircie, les Apôtres avaient montré leurs vrais visages, comme pour afficher leurs intentions, dents noires parfaitement incrustées sur l'horizon. Douze îlots plus belliqueux les uns que les autres auxquels les cartographes se sont amusés à donner des noms qui se passent de commentaires : le Torpilleur, la Sentinelle perdue, la Sentinelle du diable, le Donjon, l'Enclume, l'Obélisque, Rocher fendu, Rocher percé, Petite Aiguille, Grande Aiguille…

Un jour comme celui-ci, le *Strathmore* serait passé sans encombre, les passagers auraient sans doute jeté des regards inquiets sur les roches à fleur d'eau, les pitons sombres où les vagues furieuses viennent se briser et qui semblent attendre patiemment, résolument, leur prochaine victime comme un monstre assoupi qui soudain se réveille pour se jeter sur une proie.

Un jour comme celui-ci, le *Strathmore* aurait poursuivi son chemin. Je l'imagine, fragile coque de noix, dessiner l'ombre tremblante de sa voile à l'ombre des rochers, bousculé, chahuté, avant de franchir l'obstacle et de se perdre au loin sur l'océan, petit point rétrécissant jusqu'à disparaître pour arriver à bon port.

Seulement, le 31 juillet 1875, le brouillard avait mangé le ciel, mangé la mer et, dans la nuit noire de l'hiver austral, les Apôtres ont mangé le *Strathmore*.

*

Botley, Oxfordshire, 12 avril 1875

En franchissant le seuil, Elizabeth Goodrich retint ses larmes. Elle jeta un dernier regard sur la maison où elle avait vécu avec son mari et leurs huit enfants. Sur le pas de la porte, leur logeuse, Mrs Gillian Harris, faisait un signe de la main.

Mrs Harris leur avait fait cadeau des trois derniers mois de loyer qu'ils ne pouvaient pas payer. Depuis un an, la situation financière d'Edward Goodrich s'était détériorée. De mauvais placements. Plus de travail. Plus d'argent. L'impasse. Dans la rue qui mène à la gare, la famille formait un cortège. Devant, Edward et le fils aîné Frederick, 18 ans, chargés chacun d'un sac et de deux valises, suivis par les autres enfants portant tous leurs propres affaires, Rebecca, 11 ans, Hester Jane, 9 ans, Eddie, 6 ans, et même la petite Berthe, du haut de ses 5 ans. Elizabeth, la mère, et la fille aînée, Liz, 14 ans, fermaient la marche avec les deux dernières, Florence, 2 ans, et Louisa, 1 an. Ils emportaient le strict minimum. De toute façon, ils n'avaient plus rien. Tout était vendu.

À Londres, sur le quai d'East India, quand ils virent le navire flambant neuf, ils furent impressionnés.

– C'est notre maison, Papa ? demanda Berthe.

– C'est notre chemin, répondit le père.

Le *Strathmore* venait de sortir des chantiers de Dundee en Écosse. Il appartenait à la dernière génération des bateaux à voile qui, bientôt, seraient remplacés par les vapeurs. Il avait fière allure avec 75 mètres de longueur, 1 471 tonneaux, trois mâts en fer, deux ponts. Les articles le décrivaient comme « solide, bien construit, alliant un aspect élégant à une grande capacité de charge ». Son portrait, brossé par un peintre de la Marine, paru dans la presse, attira l'attention d'Edward Goodrich. La Dundee Clipper Line annonçait un voyage vers la Nouvelle-Zélande.

À cette époque, l'Australie et la Nouvelle-Zélande, comme un Eldorado aux confins de l'Empire britannique, voyaient arriver une vague d'immigrants en quête d'une nouvelle chance.

Edward y croyait. Il avait réussi à convaincre sa femme. Un cousin, d'abord sceptique, avait fini par lui prêter une petite somme. De quoi acheter dix billets en troisième classe. Ils s'installèrent dans la cale sans hublot.

– C'est notre chambre ? demanda Berthe.

– On ne sera pas gênés par le soleil, dit Frederick en grimaçant.

Le 17 avril 1875, le *Strathmore* appareilla, salué par la foule massée sur le quai. Les grands départs suscitaient l'enthousiasme. En plein air, tous les membres de la famille Goodrich, rassemblés sur le gaillard d'arrière, regardèrent s'éloigner

Londres. Ils virent défiler les paysages inconnus à leurs yeux du Sud de l'Angleterre et, après que le remorqueur leur eut fait franchir l'embouchure de la Tamise, ils sentirent le vent du large.

Pour son voyage inaugural, le *Strathmore* cinglait vers la destination la plus lointaine. Une traversée de 12 000 milles pour atteindre Dunedin, sur l'île sud de l'archipel néo-zélandais. Tout juste de l'autre côté de la Terre. Le navire transportait 2 300 tonnes de fret : ciment, ferraille, rails, cargaison de vivres et d'alcool ; 38 hommes d'équipage, 50 passagers dont 32 en troisième classe. Les autres avaient des cabines.

Le 3 mai, ils passèrent à côté de Madère. Début juin, la monotonie du voyage fut rompue par la cérémonie du passage de la ligne.

– C'est quoi, la ligne ? demanda Hester Jane.

– L'équateur, répondit sa mère.

Une leçon de géographie et un moment d'euphorie pour les enfants Goodrich. Les petits sautaient, applaudissaient, riaient aux éclats devant les simagrées du matelot déguisé en roi Neptune qui, éructant, gesticulant, accueillait le commandant du bateau dans ses possessions océaniques. La fête dura deux jours. Elle se termina par un bal. Elizabeth et Edward s'accordèrent le plaisir de danser au son du violon comme le soir de leur mariage. L'espoir renaissait. Les alizés des tropiques ne les poussaient-ils pas vers le cap de Bonne-Espérance ?

Fin juin, changement brutal de décor, le *Strathmore* entra dans l'océan Austral. Pluie glaciale. Neige. Mer noire. Ambiance lugubre. Plus question pour les enfants Goodrich d'aller courir sur le pont. Comme tous les passagers de troisième classe, ils étaient confinés dans la cale. Le navire avait plongé vers le sud en dessous du 40ᵉ parallèle pour prendre la nouvelle route, plus favorable pour les voiliers qui profitaient des vents d'ouest. Cela permettait de gagner un bon mois sur le trajet entre Londres et Dunedin. L'inconvénient, les marins le connaissaient bien, les passagers le découvraient. L'inconvénient majeur venait de l'influence de l'Antarctique. Froid vif. Dépressions quasi constantes. Mer déchaînée. Chemin semé d'embûches. On y croisait des icebergs à la dérive. On y frôlait des îles réputées dangereuses : Heard, Kerguelen, Crozet. À partir des années 1870, les phoquiers fréquentaient beaucoup moins l'archipel que les Anglais et les Américains appelaient toujours les « Crozetts ». Il était devenu un point de repère sur le chemin des colonies, comme une borne kilométrique plantée au beau milieu de l'océan dont les navigateurs se servaient pour vérifier leur position.

Le commandant du *Strathmore*, Charles MacDonald, n'était jamais venu dans les parages. Il ne connaissait Crozet que de réputation. Un jour, Liz Goodrich, qui s'échappait de la cale dès qu'elle le pouvait et s'amusait à explorer le bateau, surprit une conversation qui l'intrigua entre le commandant et Mrs Wordworth, une passagère de première classe qui ne cessait de se plaindre des conditions de voyage « effroyables ». En plaisantant, il la menaçait de la déposer au passage sur l'île aux Cochons si elle continuait, et même pire, sur les îles des Douze Apôtres.

– C'est quoi les Douze Apôtres ? demanda Liz à son père.

– Je n'en sais rien, ma fille.

– C'est peut-être une escale sur le chemin du paradis.

– Peut-être.

Ce soir-là, avant d'éteindre la lampe, Edward, Elizabeth et leurs enfants, serrés les uns contre les autres, lurent un passage des Évangiles : « *Je suis la lumière du monde, qui me suit ne marche pas dans les ténèbres, mais il aura la lumière de la vie.* » (Jean, 8, 2)

Le 31 juillet 1875, le brouillard qui les enveloppait depuis deux jours s'était encore épaissi. Pas de visibilité au-delà de 100 mètres. Le bateau avait ralenti sans mettre à la cape. Le capitaine MacDonald voulait avancer. De longues algues venaient lécher la coque. Des oiseaux couvraient le ciel. La terre n'était pas loin. Frederick Goodrich, comme sa sœur, désobéissait aux consignes et sortait sur le pont en cachette avec Liz. Ils aimaient la gifle du vent. Elle s'accrochait aux bras de son frère. À l'intérieur de la cale, la vie était pénible. L'atmosphère tendue. Irrespirable. Le roulis permanent épuisait tout le monde. Le moral d'Edward baissait. Pourquoi les avait-il embarqués dans cette galère ? Elizabeth tentait de la rassurer.

– Ce n'est qu'un mauvais moment à passer. La lumière est au bout du chemin.

– Oui, tu as raison. Quand il y a un chemin, il y a une lumière.

Ils purent s'endormir sur cette pensée.

Mais, à 4 heures du matin, Elizabeth fut réveillée en sursaut par une secousse, accompagnée d'un bruit déchirant, démesuré comme le râle d'un monstre blessé. Elle perçut d'autres hurlements venus du pont : « Bâbord toute !… Tribord toute !… » Puis, rien qu'elle ne pût distinguer. Une confusion. Les petits commencèrent à pleurer. Les lampes s'allumèrent.

Tout le monde était debout dans la cale. Les questions fusaient. Ils se regardaient. Il y eut un instant de silence. Deux ou trois secondes à peine. Un vide. La panique s'y engouffra. Un énorme fracas leur explosa aux tympans. Le navire pencha d'un coup. Ils roulèrent les uns sur les autres. Jurèrent tous les dieux. Tous les occupants foncèrent vers l'escalier sans prendre ni leurs habits ni leurs chaussures. Des cris fusaient. Les parois de la cale leur donnaient un écho funeste. « On a touché… On va couler… » On n'entendait rien du dehors. Le bateau pencha un peu plus. Il s'enfonçait. L'eau commençait à monter. Elle montait vite. Dans l'escalier, on s'agrippait. Furieuse bousculade. Les parents Goodrich savaient depuis toujours qu'avec huit enfants, la vie serait plus belle, et plus rude aussi. Elizabeth prit Louisa dans ses bras. Le bébé ne pleurait pas. Les yeux grands ouverts, il regardait tout autour de lui. Edward portait Florence. Les autres s'accrochaient à leurs jambes. Le premier réflexe de Frederick avait été de se ruer dans la mêlée de l'escalier, puis il était revenu en arrière pour prendre Berthe et la hisser sur ses épaules. Ils avaient de l'eau jusqu'aux genoux. Et l'eau montait toujours. Quand ils atteignirent le bas de l'escalier, elle arrivait à la taille d'Edward, qui glissa en essayant d'attraper Eddie pour le prendre sur son dos. Le bateau s'enfonça encore. Liz ne songeait plus du tout à l'escale aux portes du paradis, elle se croyait projetée en enfer. Une lampe flottait au milieu des vêtements, des chapeaux, des valises. Une faible lumière vacillait à la surface de l'eau. Quand elle s'éteignit, Elizabeth sut que le chemin s'arrêterait là.

Ils moururent ensemble. Noyés. Comme neuf autres malheureux de la troisième classe, comme tous ceux de la deuxième classe, piégés dans leurs cabines, comme la moitié des personnes embarquées.

Ils ne virent jamais les îlots des douze Apôtres que le *Strathmore* venait de percuter. Ce roc insignifiant à l'échelle de l'océan ; impitoyable à l'échelle humaine, qui devenait leur pierre tombale. Elizabeth, Edward Goodrich et leurs enfants n'entendirent pas le capitaine MacDonald, hagard, voix blanche dans la nuit noire, répéter : « Je vous avais dit que cela allait arriver. Je vous l'avais dit… » Ils ne surent rien des efforts surhumains déployés par les survivants pour atteindre le rivage en canot ou à la nage dans une eau à cinq degrés. Ils n'eurent pas la possibilité de constater que l'inconfort du bateau leur serait apparu comme un luxe royal à côté de ce qui suivit. Le calvaire des rescapés leur fut épargné.

*

Grande île des Apôtres. 21 janvier 1876. 45° 57' sud – 50° 26' est.

Il restait 49 passagers et membres de l'équipage. Trempés. Transis. Vivants. Chanceux. Le *Strathmore* aurait pu se briser sur un des minuscules îlots inaccessibles, inhabitables qui composent le redoutable ensemble des Apôtres, ce qui les aurait condamnés. Il sombra au bord de la plus grande des îles. Deux kilomètres de long, un kilomètre de large. Une montagne escarpée jetée dans la mer sans un seul terrain plat. On y trouve de l'eau douce, de la végétation semblable à celle de l'île aux Cochons et le même type d'habitants, principalement des oiseaux. Un garde-manger naturel. Aucun des rescapés, pas même parmi les marins, n'était préparé à affronter cette situation.

Pendant 205 jours interminables, ils se battirent. Sans arrêt, ils se battirent contre le froid, contre les éléments qui se déchaînaient, contre la vermine qui gagnait leurs cheveux et leurs vêtements mouillés ; ils se battirent pour trouver de la nourriture – durant l'hiver elle se fit rare, au printemps elle fut abondante ; ils se battirent pour ne pas glisser sur les rochers, pour ne pas tomber à l'eau. Ils se battirent parfois entre eux. Ils se battirent pour garder espoir.

Ils avaient construit six cabanes avec des pierres, du guano, des planches et de la toile. Abris de fortune où l'on pouvait à peine s'allonger et qui protégeaient mal de la pluie. Le cuisinier du *Strathmore* tentait de varier les menus en utilisant les plantes locales, notamment une sorte de chou au goût amer qui relevait le plat. La plante de leurs pieds, elle, avait durci à force de marcher sans chaussures sur les cailloux. Pourtant, malgré ces conditions en apparence insupportables, seulement cinq moururent durant ce séjour forcé. Ils firent preuve d'une capacité de résistance inouïe, d'une volonté de vivre qui en dit long sur la nature humaine.

Pendant sept mois, les naufragés du *Strathmore* eurent sous les yeux l'île aux Cochons. De loin, elle paraissait ronde, douce, accueillante. De loin, elle donnait envie. Ils avaient envisagé de s'y installer, mais les deux canots épargnés par le naufrage furent très vite broyés par une tempête sur les récifs. L'île aux Cochons était devenue leur seul horizon. Ils savaient qu'elle était fréquentée par les phoquiers et que, forcément, des bateaux passeraient. Ils guettaient. Plusieurs fois ils aperçurent des voiles. À chaque fois, elles s'enfuirent. Dans ce monde austral, ils apprirent que tout est fugitif. Pour les navigateurs, les îles sombrent dans la brume aussitôt entrevues ; pour les naufragés, c'est l'inverse, le brouillard avale les navires qui s'évanouissent dès qu'on les appelle. Au sommet de l'île, à 292 mètres, ils érigèrent une sorte de tour de six mètres de hauteur avec des cailloux. Ils attendaient.

Le commandant David L. Gifford sillonnait les mers du Sud depuis sept mois quand il arriva dans les parages de Crozet. Sa baleinière, le *Young Phoenix*, était partie de New Bedford le 3 juillet 1875. La campagne avait été mauvaise. Plusieurs matelots restaient postés en permanence pour scruter l'horizon et le commandant lui-même montait souvent dans la mâture en espérant voir poindre le souffle d'un évent. Le 21 janvier 1876, à 6 heures du soir, il vit, à la lunette, un curieux monticule de pierres au sommet de la Grande Île des Apôtres qu'il avait pris soin de ne pas trop approcher. Dans le rond de sa lunette s'ajouta bientôt un feu de détresse, puis des êtres humains agitant les bras là où, d'ordinaire, on ne voyait que des manchots.

Les canots ramenèrent 44 personnes à bord du *Young Phoenix*. Gifford n'avait pas hésité une seconde à leur porter secours, mais il était soucieux pour sa campagne de chasse très mal engagée. Il leur fit une proposition qui les stupéfia et les indigna. Pour pouvoir continuer à chercher des baleines dans le secteur, il voulait les transférer sur l'île aux Cochons où, disait-il, ils trouveraient de confortables cabanes entretenues par les phoquiers, de quoi se chauffer, de quoi se nourrir à volonté avec des lapins et même des porcs sur place. Il reviendrait les reprendre dans trois mois ou enverrait un autre bateau. Ils refusèrent en bloc. Gifford n'insista pas. Le *Young Phoenix* fila vers l'île Maurice, laissant derrière lui l'ombre des Apôtres, hantée par le souvenir du *Strathmore*.

À 70 mètres de profondeur, l'épave du navire retient toujours le rêve brisé de la famille Goodrich sur le chemin d'une nouvelle vie.

Chapitre 32

Un rêve de cartographe

Le vent siffle sur la toile de notre igloo synthétique, gros champignon noir et jaune posé sur la tourbière, prêt à s'envoler si une tempête se déchaînait. Bertrand, moulé dans un collant au bout duquel ont poussé de grosses chaussettes de laine, fait le compte des batteries qu'il nous reste. Les réserves fondent. La caméra, aussi vorace qu'un pétrel géant, se gave d'images. Je gratte quelques notes et je déplie la carte. L'île se déploie, entière dans la déchirure de son trait de côte, dans les courbes de niveau qui, par cercles irréguliers, l'emplissent et font de son horizontalité une éminence ; elle se décrit et se raconte dans la toponymie : la *Falaise du toboggan*, les *Mille coulées*, la *Cocotte-minute*, le *Millefeuille, le Passage*… Un centimètre correspond à 250 mètres, ce qui permet de rejoindre des lieux inaccessibles. Ainsi, du bout du doigt, sans effort, je gravis le *Grand Versant* jusqu'au sommet du *mont Richard-Foy* à 853 mètres et je redescends par la *Coulée ridée* jusqu'au *Grand Mur du sud* et le *Cap des flasques*.

Voyage facile dans les plis du papier, rendu possible par un travail de longue haleine auquel je veux rendre hommage. L'établissement de la carte de l'île aux Cochons est une aventure en soi, qui a pris plus de deux siècles.

Julien Crozet en avait esquissé la silhouette le 22 janvier 1772 sur un bout de feuille qui s'est perdue. Les phoquiers se gardaient de divulguer sa position exacte et les secteurs abordables. Elle est à peine mentionnée, et de manière très imprécise, cinquante ans après sa découverte, dans l'atlas Horsburgh's East India Pilot de 1826-1827, qui recensait à l'époque toutes les routes maritimes de l'océan Indien.

À son retour en France après le naufrage de l'*Aventure*, Guillaume Lesquin envoie un rapport au ministère de la Marine. Dans une lettre datée du 8 août 1827, il décrit les dangers de la navigation autour de l'île. Il note qu'elle est « *hérissée de récifs sur toute sa partie orientale* » et que « *les abords sont très difficiles* », car « *elle n'a que deux grèves sur lesquelles on puisse se risquer à débarquer* ». De fait, il n'y mit pas lui-même les pieds et, pendant les trois semaines où il resta devant l'île, il tenta de faire une ébauche de travail hydrographique : « *Tous les jours, j'y observais les hauteurs méridiennes, mais l'obscurité du temps ne me permit pas toujours de compter.* » Il accompagne sa lettre d'une carte de l'archipel Crozet qui, dans son allure générale, est assez fidèle sauf pour les noms. L'île aux Cochons est appelée île Dauphine et l'on reconnaît sa forme ronde sommairement dessinée.

En 1838, le service hydrographique de la Marine publie une carte de l'archipel enrichie des observations faites durant le voyage de reconnaissance de la corvette l'*Héroïne*. Le lieutenant de vaisseau Martial Fournier lève le plan des îles et de leur position. Cochons y ressemble à un petit cumulonimbus tout rond et boursouflé. Ils n'ont fait que l'apercevoir de loin au cours de cette mission. L'ensemble reste très schématique.

Suite au voyage de la *Meurthe* à la recherche des naufragés du *Tamaris*, le commandant Frédéric Richard-Foy rédige un compte rendu qui paraît dans les annales hydrographiques de 1888. Ses observations, ajoutées à celle du navire anglais *Comus*, passé en 1880 pour déposer des vivres, serviront à établir une nouvelle carte qui a surtout la vertu de préciser les coordonnées de l'île (latitude 46° 7' 15" sud, longitude 47° 56' est) et situer les dangereux brisants qui l'entourent. Mais rien sur l'intérieur des Cochons, sinon quelques commentaires de Richard-Foy qui entretiennent sa légendaire âpreté : « *Rien, assurément, ne peut pousser : il fait trop froid, il vente trop. Et la meilleure raison encore, c'est qu'il n'y a pas, ou très peu, de terre végétale. Ce ne sont que des poussées de roches volcaniques, des coulées de lave…* »

Longue période de vide.

En 1939, le *Bougainville* s'approche sans pouvoir, on l'a vu, débarquer. Il améliore la description de la côte est, mais les tentatives pour effectuer des mesures se heurtent aux rageuses conditions météorologiques. Le sextant de bord est perdu durant un coup de vent. Le commandant Fabre de la Ripelle note : « *De jour, la brise, trop violente, faisait vibrer l'horizon artificiel, de nuit, où la brise était tombée, le ciel couvert n'a pas permis l'usage de l'astrolabe.* »

En 1957, un autre moyen entre en scène. Le colonel Genty installe, à bord d'un hélicoptère Djinn de l'armée, des appareils de prises de vues verticales stéréoscopiques et un appareil pour des vues obliques. Il photographie ainsi la moitié de l'île. Les données sont utilisées pour améliorer la carte existante du SHM, le service hydrographique de la Marine.

En 1962, les TAAF déposent la première expédition scientifique sur Cochons. Équipe réduite : un naturaliste et un médecin, qui restent douze jours. Les deux explorateurs, en plus de leur travail d'observation de la faune, parviennent à monter jusqu'au sommet de l'île. Leurs relevés permettront de faire une ébauche provisoire de la crête sommitale qui n'avait jamais été dessinée ni même approchée. Pendant leur séjour, aucune photo verticale n'a pu être prise. Plusieurs fois, l'hélicoptère stationné sur le bateau a tenté de profiter d'une éclaircie pour survoler l'île sans jamais pouvoir l'atteindre avant que les nuages ne la recouvrent à nouveau. Le bateau a dû changer 27 fois de mouillage durant les 12 jours de l'expédition à cause du vent et de la mer démontée ! À force de relever son ancre, il avait fini par remonter, devant l'île aux Cochons, une très grosse ancre de voilier abandonnée là depuis longtemps, à en juger par son état. L'anecdote nous ramène à notre histoire. C'est peut-être l'ancre que Joseph Johnson Fuller s'était résolu à couper, la mort dans l'âme, le 8 octobre 1873, geste de dernière extrémité pour éviter le naufrage du *Roswell King* face à la tempête, après la mésaventure du débarquement et la nuit de cauchemar qu'il venait de passer sur le rivage de l'île aux Cochons.

En 1967, une carte d'attente au 1/200 000 fait le point des connaissances. Encore très incomplète et trop large à cette échelle.

Deux siècles après la découverte de Marion-Dufresne, l'île restait dans le vague. Devant toutes ces difficultés, Henri de Corbiac, ingénieur de l'Institut géographique national, l'IGN, fait des propositions dans un article : « Le problème de la carte des îles Crozet », publié en 1971 dans la revue des TAAF. Les conditions météorologiques interdisant l'emploi des méthodes traditionnelles de levé direct, il recommande de faire appel à un personnel spécialisé pour utiliser la photographie stéréoscopique verticale. Il note dans son rapport : « *Une baraque sur l'île aux Cochons faciliterait bien des choses en abritant d'abord l'astronome qui devra sans doute passer plusieurs jours ou plutôt plusieurs nuits à attendre une occasion favorable pour observer.* »

C'est sur la base de ce rapport que fut montée l'expédition dédiée à la cartographie en 1982. Je fais une pause ici pour dire que l'histoire de l'île aux Cochons est décidément pleine de surprises. Elle regorge d'épisodes insoupçonnés qui méritent eux aussi le détour.

Pour moi, 1982 était la date de la photo mythique de la grande colonie, prise par Jean-Claude Stahl, qui enthousiasmait les ornithologues. Mais dans les plis de cette année-là, comme dans les plis de la carte et ceux des courbes de niveau, se cachait une autre expédition.

En décembre 1981, Gilles Troispoux, jeune technicien géomètre, répond à une annonce de l'IGN pour une mission hors normes dans les îles Crozet dont il n'a qu'une vague connaissance. Le 29 janvier 1982, il embarque avec l'ingénieur géographe François Borel à La Réunion sur le *Marion Dufresne*, premier du nom. L'objectif est de réaliser une cartographie enfin sérieuse de l'archipel, et de l'île aux Cochons en particulier.

Le 6 février, le bateau arrive devant les îlots des Apôtres. Jour de chance pour Gilles Troispoux, il monte dans un hélicoptère qui survole la Grande Île, et va se poser au sommet, à 300 mètres, là où les naufragés du *Strathmore* avaient dressé leur tour de pierre pour attirer l'attention des navires. C'est un petit plateau de 100 m^2, incliné en pente douce vers l'est. Ils y restent à peine deux minutes, le temps de prendre quelques photos, dans le bruit des rotors qu'il ne faut surtout pas couper, celui de la mer qui rugit en dessous et du vent déjà vif qui pourrait se lever plus fort. L'idée d'y laisser une équipe pour faire des mesures est vite abandonnée. Trop risqué, car il n'y a aucune garantie de pouvoir venir la récupérer. Jamais un hélicoptère n'était venu à cet endroit, jamais aucun autre n'y est revenu depuis. Lorsqu'il découvrira plus tard le sort des passagers du *Strathmore*, les sept mois d'enfer qu'ils vécurent, Gilles Troispoux ressentira encore plus profondément l'émotion de ces instants furtifs passés sur ce rocher, deux minutes pour mesurer sa chance et leur calvaire.

Le *Marion Dufresne I* stationne ensuite pendant quatre jours autour de l'île aux Pingouins. Les géographes en vérifient la longueur. Elle est en réalité plus petite que sur les cartes marines : deux milles nautiques au lieu de trois. Mais la brume persistante empêche tout survol et la violence de la mer, tout débarquement.

Le sujet principal de la mission se présente le 12 février 1982 : l'île aux Cochons. Le navire des TAAF mouille face au cap Verdoyant.

Pour Jean-Claude Bousquet, qui dirigeait la logistique à bord, cela reste une des plus belles des nombreuses opérations qu'il a menées dans les Terres australes. Toute la journée, de 7 heures à 21 heures, deux hélicoptères Alouette II ont effectué des rotations souvent interrompues par le mauvais temps pour acheminer à terre des vivres, de l'eau, du matériel scientifique et surtout des containers qui serviraient de cabanes pour héberger 21 personnes pendant dix jours sur place.

L'expédition est composée de trois entomologistes, deux ornithologues, deux géologues, deux biologistes, deux électroniciens qui doivent installer un sismographe, deux agents des TAAF pour l'organisation et nos géographes Gilles Troispoux et François Borel. Les hélicoptères stationnent à terre, près du campement, sur les hauteurs du cap, avec les six membres d'équipage. Ils sont à la disposition prioritaire de l'équipe de l'IGN pour la mission cartographique.

Les deux géographes vont vivre une expérience rare. Ils se retrouvent devant ce qu'on appelle « un blanc sur la carte ». Une terre dont on connaît à peine les contours, qui a été décrite, certes, étudiée en partie pour sa faune et pour sa flore, mais qui, pour le domaine qui les concerne, est quasiment vierge. François Borel intitulera le compte rendu de la mission : « Un rêve de cartographe. » On ne saurait mieux dire.

Le temps est mauvais. Les Alouettes sont prêtes à bondir à la moindre ouverture.

Au campement, la vie s'organise. Les hommes s'abritent dans leur refuge fait de caisses de bois retournées, ouvertes à la scie, recouvertes de bâches en plastique amarrées au sol par des cordes et des filins. Elles ont résisté à une énorme tempête de force 11. On joue aux cartes, on parle, on échange. Les autres chercheurs, en particulier les biologistes, parviennent tant bien que mal à travailler sur le terrain. Gilles Troispoux, qui n'avait jamais imaginé participer à une telle aventure au bout du monde, les accompagne et les aide parfois.

La force de la nature lui saute au visage, comme elle le fait pour nous. La pluie incessante, le vent démesuré, les lumières crépusculaires ; les albatros qu'ils attrapent pour les baguer, les éléphants de mer qui se dressent d'un coup et s'aplatissent tout aussi vite, les manchots omniprésents, par le brouhaha et l'odeur. Il n'a pas pu aller jusqu'à la grande colonie dont il entendait parler. Trop éloignée de leur base. Il fallait essayer d'engranger le maximum de données. Poser leurs trépieds et leurs théodolites. Mesurer les distances. Noter des points en XYZ pour faire des triangulations et relever les hauteurs. Ils ont beaucoup marché. Ils disposaient d'un nouvel appareil qui facilitait le travail, le JMR, un récepteur satellite, ancêtre du GPS, donnant la position à trois mètres près. Pour calculer l'azimut, c'était plus difficile, car il fallait que le soleil ou les étoiles soient visibles. Les hélicoptères sont restés cloués au sol pendant les trois premiers jours.

Le 15 février, branle-bas de combat. Miracle. Le soleil brille. L'Alouette décolle aussitôt parmi les skuas et les pétrels et va pouvoir voler pendant trois heures. François Borel l'a équipée pour la photographie verticale et oblique. Dans le ciel bleu, où quelques nuages semblent s'être égarés, l'hélicoptère monte à 2 700 mètres d'altitude. Pour la première fois de son histoire, l'île aux Cochons est vue dans son ensemble et, par le hublot, le géographe la contemple comme un astronaute regarderait la Terre. Ça vibre, ça bouge, secousses, trous d'air, mais François Borel, grâce au gros viseur, comme un canon, installé à l'arrière de l'hélicoptère, mitraille pendant toute la durée du vol. Une photo toutes les dix secondes. Plus de 300 au total, avec des angles différents qui assurent la couverture par bandes de toute la surface.

Le soir, au campement, c'est la fête. Mission accomplie. Les pellicules sont placées dans des caisses hermétiques pour les préserver de l'humidité comme on enfermerait un trésor dans un coffre. Les négatifs – n'oublions pas que la photographie était argentique à l'époque – révéleront par recoupements les courbes de niveau et des détails insoupçonnés. Ils serviront à publier la carte de l'IGN au 1/25 000 que j'ai sous les yeux. Dans sa première version, de grandes parties avaient été laissées blanches à cause des nuages présents au moment du survol, comme si l'île aux Cochons n'avait tout de même pas consenti à tout livrer d'un coup, conservant sous un voile de pudeur un peu de son intimité. Ces trous ont été comblés depuis, grâce aux images satellites.

Sur la carte, je regarde le mouillage de la *Meurthe*, la petite anse entre le cap Négligé et le cap Verdoyant, près de laquelle le campement de 1982 avait été monté, là où Joseph Fuller avait en 1873 perdu quatre hommes, là où le *Comus* avait déposé en 1880 les vivres qui avaient aidé les naufragés du *Tamaris* à survivre. Du bout du doigt, je longe la côte vers le nord-est. On passe sous le morne Rouge, on arrive à la falaise où nous avions vu les gorfous macaronis en pleine effervescence nuptiale, je revois les pentes déchirées, les rochers percés où s'engouffrait la mer, j'aperçois la grande plage et son bruissement de plumes, au loin se dessine le morne du Tamaris et la colonie de l'Amphithéâtre dont le vent du sud masque le bruit et les effluves. Je remonte vers notre campement, j'enlève mes bottes, je rentre sous la tente. La toile frissonne dans le noir complet et je m'endors, la carte dans la main.

Chapitre 33

Statistiques et discussion

Entre 1805 et 1865, l'historien anglais Robert K. Headland a recensé une centaine de bateaux ayant signalé une campagne de chasse aux phoques à Crozet. Il y en a sans doute eu beaucoup plus qui vinrent discrètement sans le faire savoir. La période la plus chargée fut celle entre 1830 et 1850. On se souvient du *General Jackson* en 1834 et d'Isaac Percival, à qui j'ai prêté l'idée de réintroduire des porcs sur l'île aux Cochons. En 1844, le *Bolton* du capitaine Elleny Nash venant de Stonington, près de Boston, rapporte des Crozetts 1 400 barils d'huile, soit 224 000 litres. La plupart de ces navires venaient de la côte est des États-Unis, parfois d'Angleterre ou d'Afrique du Sud, et beaucoup plus rarement de France. On note, en 1844, la présence du capitaine Le Cozannet, du Havre, sur le *Narval*.

Les lieux où ils débarquaient ne sont pas précisés. On ne sait pas exactement combien d'entre eux sont allés sur l'île aux Cochons. On ne peut qu'imaginer les ravages qu'ils ont pu y commettre partout où ils sont passés. Une furie meurtrière.

Au cours de son voyage vers l'Antarctique, le russe Fabian Gottlieb von Bellingshausen arrive en novembre 1820 à l'île Macquarie (54° 37' 00" sud, 158° 51' 00" est), au sud de l'Australie, qui a sensiblement les mêmes caractéristiques que

Crozet. Il collecte des échantillons de flore et de faune et, surtout, il observe de près le travail des phoquiers. Sur Macquarie, découverte depuis dix ans seulement, il n'y a déjà plus d'otaries à fourrure et les éléphants de mer vivent leurs derniers jours. Quelques mois plus tard, en février 1821, dans les îles Shetland du Sud tout récemment découvertes, Bellingshausen constate une situation similaire. Des gangs de chasseurs massacrent sans limites les phoques de toutes sortes, quelle que soit leur taille : les adultes, les femelles, les petits. L'explorateur russe pressent la disparition de ces espèces et s'en alarme.

Dans les années 1860, la ressource s'épuise. En janvier 1865, William C. Fuller de New Bedford, sur le *Java*, ne trouve que quatre éléphants de mer à Crozet. La même année, le capitaine Manuel Enos de New Bedford note aussi la rareté des phoques. Les campagnes s'espacent. On verra encore, en 1873 et en 1887, sur l'île de l'Est, notre ami Joseph J. Fuller, à qui l'on doit le récit du *Maître de la Désolation*. Dans les dernières années, il recherchait surtout des otaries à fourrure, elles aussi en voie d'extinction. Puis les expéditions scientifiques prennent le relais. Le *HMS Challenger* en 1873 ; le *USS Swatara* en 1874 avec, à bord, l'astronome George P. Ryan pour suivre le transit de Vénus dans l'hémisphère sud ; l'expédition polaire allemande de 1901 sur le navire *Gauss* commandé par un capitaine au nom digne d'une chevauchée de Walkyrie, Erich Dagobert von Drygalski ; des Norvégiens en 1907.

À la fin du XIXe siècle, Crozet verra passer également des navires envoyés pour secourir des naufragés : le *HMS Wolverine* en 1876 pour le *Strathmore* ; le *HMS Comus*, en 1880, qui, on l'a vu, déposa des vivres sur toutes les îles de l'archipel ; la *Meurthe* à la recherche du *Tamaris*, en 1887.

La France envoie, en 1893, l'aviso l'*Eure* pour réaffirmer sa souveraineté sur Crozet, mais personne ne débarque sur les Cochons. L'île sera approchée plusieurs fois dans les années suivantes, par les steamers *Thermopyle* en novembre 1895 et *Moravian* en décembre 1901. Les deux vaisseaux ont aperçu de loin la hutte servant de maison des vivres qui semblait intacte et n'ont pas noté de signes récents de présence humaine. Sur les plages et la frange côtière, ils signalent des oiseaux et des phoques en abondance. En mars 1910, le *Wakefield* débarque des hommes à terre. La cabane est en ruine, toutes les provisions sont pourries, les vêtements rongés par l'humidité. Ils rapportent avoir vu un chat. C'est la dernière mention d'une visite sur l'île aux Cochons.

Une dernière campagne de chasseurs de phoques à Crozet est signalée sans plus de détails en 1929 avec le *Kilfinora,* du Cap. À compter de ce moment, les animaux ne sont plus attaqués et les populations se reconstituent tant bien que mal.

Il est difficile de déterminer exactement l'impact qu'a pu avoir un siècle de chasse sur la faune, mais il est sans doute considérable. Tout l'écosystème a été bouleversé. Même pour les manchots, qui n'étaient pas directement visés, car ils servaient de combustible pour chauffer les chaudrons. La rafle des œufs, dont les phoquiers se nourrissaient, a eu de graves conséquences sur leur reproduction. Ils ont mis longtemps à récupérer.

Se pose alors une question : est-ce que la diminution de la grande colonie de manchots royaux de l'île aux Cochons pourrait trouver son origine dans le fait qu'à l'époque des chasseurs de phoques, son écologie, sa dynamique auraient été cassées en profondeur ? Un peu comme pour la morue sur les bancs de Terre-Neuve, trop pêchée, dont les stocks, malgré les mesures de protection, ne remontent pas, parce qu'un seuil a été franchi de manière irréversible.

Yves Cherel et Charly Bost ne croient pas à cette hypothèse. Le problème est que les données sur le long terme n'existent pas. Les rares témoignages directs, ceux de Goodridge et de Fuller, parlent de masses considérables de manchots.

En 1931, le séjour furtif de l'*Antarès* dresse le même constat visuel, « *beaucoup de manchots* », sans plus de précision. Il n'y a pas de comptage. Pas d'historique.

Depuis, seulement trois missions scientifiques ont été menées sur l'île aux Cochons.

La première a duré huit jours, entre le 27 décembre 1963 et le 8 janvier 1964. Le compte rendu commence ainsi : « *L'île aux Cochons, dans l'archipel Crozet, n'avait jamais été visitée par un naturaliste…* » Le biologiste Philippe Dreux, du laboratoire de zoologie de la Ligue pour la protection des oiseaux, souligne le fait que, tout au long du XIXe siècle, elle a été « *le théâtre de massacres insensés… On assiste à une lente reconstitution des effectifs de toutes ces espèces animales qui s'étaient réfugiées en quelques îlots et falaises inaccessibles à l'homme* ». Dreux confirme l'existence de la grande colonie « *dont l'immense tache blanche avait été observée à plusieurs reprises du bord de bateaux de passage* ». Il note que, de par sa situation loin de la mer, elle présente « *des caractéristiques qui la différencient curieusement de toutes les autres colonies de manchots royaux* ». Il n'a pas le temps ni les moyens d'effectuer un comptage précis. Il estime qu'il y a au moins 400 000 oiseaux, « *ce qui en fait peut-être*, écrit-il, *la colonie la plus importante du monde* ».

La deuxième mission est plus longue. Une équipe de quatre chercheurs dirigée par Philippe Derenne va passer trois mois et demi sur l'île entre le 8 janvier et le 21 avril 1974. L'objectif est de dresser le premier inventaire complet de l'avifaune. Derenne dénombrera 29 espèces, dont 19 nichent sur place. Les manchots royaux sont les plus nombreux, partout présents sur les plages. Derenne pense que les chiffres de 1964 sont sous-estimés. Il dénombre 300 000 couples reproducteurs et un effectif total d'un million de manchots pour l'ensemble de l'île.

La troisième et dernière mission est celle de 1982. Dix jours entre le 12 et le 21 février 1982. Une équipe conduite par Jean-François Voisin du Muséum national d'histoire naturelle constate que la grande manchotière est à peu près de la même taille que celle décrite en 1974.

Ces observations sur le terrain ne permettent pas d'obtenir des chiffres fiables. En décembre 1962, le glaciologue Albert Bauer expérimente une nouvelle méthode, mise au point pour l'étude des glaciers, la photographie verticale. À 1 600 mètres d'altitude, il survole la grande colonie et compte 325 000 couples reproducteurs.

La technique de la photo aérienne va progresser. En février 1982, un hélicoptère de l'IGN dénombre 502 400 couples. C'est l'apogée. Les satellites prennent le relais et confirment cette masse exceptionnelle, unique au monde, de manchots royaux.

L'île aux Cochons conservera ce chiffre mythique comme un titre de gloire jusqu'à la chute vertigineuse de décembre 2016 et les photos de Fabrice Le Bouard, qui donnent 76 000 couples au total.

On a donc enregistré une nette augmentation, plus 54 % en vingt ans, entre 1962 et 1982. Une dynamique très forte.

– C'est tout à fait plausible, explique Charly Bost. Lorsque les conditions sont réunies, la progression peut être très rapide.

En raison de l'absence de données entre 1988 et 2016, on ne peut pas savoir si la chute s'est produite de manière progressive ou subite. C'est bien l'écueil auquel se heurtent, comme un bateau sur les récifs, les scientifiques de l'opération Cochons.

Peut-être cette île mystérieuse a-t-elle la particularité d'être sujette à une forme d'inconstance qui la rend d'autant plus captivante, comme lorsqu'elle se plaît à surgir du brouillard pour disparaître aussitôt en laissant l'impression qu'elle n'était peut-être qu'une illusion ?

Chapitre 34

Belles plantes

On fait de jolies rencontres sur l'île aux Cochons. Parfois de manière maladroite et brutale.

J'ai marché sur une azorelle. Curieuse impression. Elle s'est affaissée sur elle-même dans un soupir résigné. Je l'ai sentie et presque entendue me dire : « Espèce d'idiot analphabète, j'ai mis des années à atteindre cette taille, cette rondeur, à former ce cône de 30 centimètres de diamètre et voilà qu'avec tes pieds de lourdaud, d'ignorant, tu me détruis. »

Pour les plantes aussi, nous sommes des intrus. L'azorelle est une Apiacée sublime, fragile, vulnérable. Elle forme de petits monticules sur la lande ressemblant un peu à ceux qui signalent la présence de taupes dans un jardin. Elle est d'un vert vif, un beau vert éclatant au printemps austral. Elle tourne au brun durant l'hiver, mais reste vivante. Elle se compose de sortes de boules avec de toutes petites feuilles imbriquées en écailles, comme des brocolis, qui s'agrègent les unes aux autres. Sa particularité est de grandir de manière extrêmement lente. Un cycle au ralenti. Hors du temps. Pourquoi serait-elle pressée ? Adrien Chaigne m'explique que, si l'on marche dessus, tout son système de croissance se dérègle et s'interrompt. Le subtil équilibre qui lui permettait de se développer est rompu. Elle s'effondre. Elle meurt. Lorsque leur croissance n'est pas perturbée, les azorelles peuvent atteindre un mètre de diamètre. Par touches, elles occupent le paysage.

Dès lors, j'ai lutté contre l'inadvertance en faisant attention où je posais les pieds et, souvent, je me suis arrêté pour regarder les azorelles. Elles ont la douceur de collines en miniature, la couleur du blé en herbe, la fraîcheur d'un extrait de chlorophylle. Elles ne vivent que dans les régions froides de l'hémisphère sud. Il en existe une demi-douzaine de variétés. Le naturaliste Joseph Philibert Commerson fut le premier à en collecter lors du passage de l'expédition de Bougainville dans le détroit de Magellan en 1763. Jules Dumont d'Urville en repère d'autres sous-espèces, en 1838, sur les rivages de la Terre de Feu lors d'une étape de son *Voyage vers le pôle Sud sur l'*Astrolabe.

Dans les îles subantarctiques, on ne trouve que l'*Azorella selago*. Le savant Joseph Dalton Hooker, qui accompagnait James Clark Ross sur l'*Erebus*, l'identifia en 1840 à Kerguelen, où elle était très abondante : « Couvrant le sol rocheux jusqu'au plus près de la mer, en masses brunes de plusieurs pieds d'épaisseur et souvent si molles que le voyageur s'y enfonce ou passe au travers jusqu'à la moitié de son corps. » Elle a maintenant pratiquement disparu de Kerguelen à cause des lapins qui en raffolent. Sur l'île aux Cochons, elle s'accroche. Parfaitement adaptée à l'âpreté du milieu. Elle croît sur sa propre matière en décomposition. Elle enfonce ses racines dans cet humus. Les pétrels bleus y font parfois leurs nids. Les azorelles nous regardent de leurs yeux verts éclos sur la lande.

Promesse de jolies rencontres.

Les phoquiers la faisaient sécher pour s'en servir de tabac qu'ils fumaient dans des pipes fabriquées avec des os d'albatros et des dents d'éléphants de mer creusées.

Nous sommes des intrus pour les plantes, mais, parmi les plantes, il y a aussi des intruses. L'œil averti de Cédric Marteau les a repérées.

– Ça, c'est joli, mais ce n'est pas normal. Les plantes d'ici ne fleurissent pas de cette manière.

Il montre un parterre de fleurs blanches qui s'étale sur un mètre carré à côté des acaenas. Une espèce invasive identifiée comme la *Stellaria media* ou mouron blanc. Une opportuniste. Elle entre en compétition avec les plantes locales qui ne sont pas armées pour se défendre et a tendance à prendre leur place.

La sagine, *Sagina procumbens*, elle aussi, est présente. Elle aussi invasive. Sur l'île du Prince Edward, elle s'est développée de manière incontrôlée et est en train d'en modifier l'écosystème.

– Ce n'est pas notre mission aujourd'hui, mais il faudrait s'en débarrasser, comme pour les chats et les souris, poursuit Cédric.

La présence de céraiste des fontaines est notée, ainsi que celle du *Poa annua*, le gazon commun qui recouvre les terrains de sport en Europe et que l'on voit former d'indésirables petits tapis verts par endroits. Le dernier matin, alors que l'hélicoptère se préparait à venir nous chercher, Fabrice Le Bouard, comme s'il n'avait pas assez gambadé dans les prés salés pendant cinq jours à la poursuite des pétrels géants, comme s'il voulait utiliser jusqu'à l'ultime minute le temps de Cochons, comme s'il voulait rester peut-être, est soudain parti en courant. Une urgence. « Quelque chose à vérifier. »

Il est revenu, au bout d'un quart d'heure, tout joyeux, avec un brin d'herbe dans la main.

– Je l'ai retrouvée. Il me semblait bien l'avoir repérée. Je ne crois pas qu'elle soit vraiment du coin, celle-là.

Même si, en théorie, on ne peut absolument rien emporter de l'île puisqu'elle est classée réserve naturelle intégrale, le brin d'herbe fut mis dans un sachet. L'analyse révélera qu'il s'agit d'une *Rumex acetosella,* plus communément appelée la petite oseille. Plante comestible d'origine méditerranéenne, qui a voyagé peut-être dans les soutes d'un brick phoquier ou d'un navire scientifique, sur le canot qui débarqua les hommes, accrochée à leurs vêtements et qui s'est fait une place modeste dans le vent des Cochons. Cette invasion botanique reste limitée en superficie et en nombre. L'île, comme les autres Crozet, abrite une vingtaine d'espèces végétales natives, principalement l'azorelle, l'acaena ou le *Poa cookii,* qui occupent encore l'essentiel de l'espace. La mission Cochons n'a pas pu établir un inventaire complet, mais n'a trouvé ici que six espèces introduites, contrairement à l'île de la Possession, où il y en a plus de 70. Cédric s'en réjouit. C'est tout de même rassurant.

L'isolement préserve. On voit nettement la différence entre une île très peu fréquentée (quatre missions à peine depuis quasiment un siècle à Cochons) et une île occupée par les hommes, avec une base permanente depuis soixante ans, comme la Possession. La biosécurité n'était bien entendu pas la préoccupation des chasseurs de phoques, ni des missions scientifiques jusqu'à une date récente. Maintenant, elle est devenue la priorité des priorités.

L'azorelle patiente
Grandira
Gravement belle
Loin de nous

À un kilomètre du rivage, le *Marion Dufresne* progresse vers l'île aux Cochons noyée dans la brume, comme lorsqu'elle fut aperçue pour la première fois, en 1772. (Photographie de Bertrand Lachat)

La première description des manchots royaux les dépeint ainsi : « Ils se tiennent bien droits, ils nagent avec une vitesse surprenante, ont le cri très perçant et très désagréable. » (Photographie de Jérémy Tornos, Ceva Biovac-CNRS-UM-IPEV-RNTAF)

La plage de sable volcanique est la porte d'entrée de l'île. Les manchots royaux y débarquent dans le fracas des vagues. (Photographie de Michel Izard)

La grande colonie à son apogée, le 21 février 1982 : 500 000 couples reproducteurs (Photographie de Jean-Claude Stahl)

Le même endroit, près de quarante ans plus tard. Au sein de ces grands espaces, on ne compte plus que 60 000 couples. (Photographie de Charles-André Bost)

Les poussins, toujours curieux, s'approchent sans crainte. Les adultes restent quant à eux en retrait dans le centre de la colonie qui paraît encore dense. (Photographie de Jérémy Tornos, Ceva Biovac-CNRS-UM-IPEV-RNTAF)

L'ombre des îlots des Apôtres plane toujours sur le décor, à une distance d'environ 6 milles au nord-est de l'île aux Cochons. (Photographie de Bertrand Lachat)

La vie est foisonnante et le bruit incessant, entre le rugissement de la mer, le ronflement des pachas et la conversation des manchots. (Photographie de Bertrand Lachat)

Tous les matins, en sortant de la tente, nous contemplons le spectacle du vent sur l'océan Austral. Notre camping, en pente douce, est posé sur un tapis d'acaenas, la plante la plus commune présente sur l'île. (Photographie de Jérémy Tornos, Ceva Biovac-CNRS-UM-IPEV-RNTAF)

Notre voisin, le poussin d'albatros hurleur, cheveux au vent, nous a observés en silence pendant quatre jours. Il devait s'envoler trois semaines après notre départ. (Photographie de Bertrand Lachat)

C'est tout un voyage pour aller du point où l'hélicoptère a déposé le matériel jusqu'au campement, à contrevent, dans les herbes molles où les pieds s'enfoncent. (Photographie de Bertrand Lachat)

Faire parler la terre. Les chercheurs prélèvent des sédiments aux abords de la grande colonie dans le but de retracer le régime alimentaire des manchots au cours du temps. (Photographie de Bertrand Lachat)

Vue du ciel, l'île révèle ses multiples visages : la mousse et les falaises, les souilles et la lande peuplée d'azorelles. (Photographie de Fabrice Le Bouard, Réserve naturelle des Terres Australes françaises)

Chapitre 35

SÉDIMENTATIONS

Elles se croisent dans mon esprit
Elles s'entremêlent, se superposent
Les histoires de l'île aux Cochons
Et dans le sol, la tourbe noire
Sur des fragments d'os, de coquilles
Diluée dans la boue
Gît son histoire

Mis à part les trois chaudrons répertoriés – celui que nous avons vu sur la plage en contrebas du camp ; celui signalé, en 2005, sur celle du cap Verdoyant, et un troisième aperçu dans la baie de l'Aiguille, au sud de l'île et photographié par Adrien Chaigne le 20 novembre 2019 lors d'un vol de comptage des populations d'oiseaux – qui signalent, par leur présence, une dimension historique humaine, l'île, en apparence, n'a pas de passé. Elle vit au présent. La nature se renouvelle constamment, jamais tout à fait la même ni tout à fait une autre.

Amphithéâtre du morne du Tamaris, 18 novembre 2019, 14 heures

Cédric Marteau est ravi. Avec Charly, Yves et Adrien, après un petit encas avalé en vitesse, ils sont remontés vers la grande colonie. Pelles et bêches sur l'épaule, tamis à la main, pleins d'entrain.

– Là c'est du plus, nous dit Cédric. On l'avait envisagé, mais, franchement, on ne pensait pas avoir le temps de le faire.

Tôt le matin, Yves et Charly avaient fini leur lot de douze jeunes en fin de mue pour compléter les échantillons de salive et de sang ; vers midi, ils avaient posé la dernière balise en se dépêchant, car une dépression s'annonçait. Mission accomplie. Ils pouvaient se lancer dans un autre volet de l'enquête.

Creuser.

En aval de la manchotière, à dix mètres d'un nid où un pétrel géant nourrit son poussin, à dix mètres du chemin où s'étire sans discontinuer le fil des colonnes de manchots, ils ont tracé un carré d'un mètre de côté. Cédric donne le premier coup de pelle. La terre ne résiste pas. Molle, humide. Noire.

« Magnifique ! » Trois fois rien suffit à l'extase sur l'île aux Cochons. Ils sont excités comme des enfants pour une chasse au trésor. Ils me font penser aux hommes qui sont allés rechercher la bouteille enfouie dans le sol par Henry Fanning, en 1805, avec les coordonnées des Crozetts.

– La formation géologique de l'île n'offre aucune chance de trouver de l'or ou des minerais précieux, explique Charly Bost.

– Ni de pétrole, ajoute Cédric Marteau.

– Heureusement, conclut Yves Cherel. Sinon elle serait convoitée et sa protection deviendrait plus difficile.

Ils découpent des couches de dix centimètres d'épaisseur, de manière régulière, jusqu'à atteindre la roche mère, à 60 centimètres de profondeur. La terre est passée dans un tamis.

« Le voilà, le trésor ! » Charly montre des morceaux d'os et de coquilles. Les restes de manchots qui sont morts là et que la terre a avalés. Couche par couche, on peut remonter sur plusieurs dizaines d'années au moins, plusieurs centaines peut-être. Les analyses et la datation au carbone 14 le diront. Les fossiles ainsi collectés sont méthodiquement répertoriés et placés dans des sachets en plastique. Il y a très peu d'activité de dégradation dans la tourbière, la matière organique est bien préservée, les os et les coquilles sont en bon état. Le but est de déterminer leur composition, ce qu'on appelle leur « signature carbone », qui devrait permettre de retrouver les zones océaniques où ils sont allés s'alimenter au cours des différentes époques. Ensuite, il s'agira de comparer ces données avec celles des balises. On pourra savoir si les manchots ont changé de secteur pour trouver leur nourriture.

En parallèle, Yves Cherel entreprend un autre type de prélèvement complémentaire. Des échantillons de terre déposés sur des spatules stériles à chaque niveau de la fouille pour étudier l'ADN environnemental. C'est une nouvelle technique encore expérimentale mise au point par des chercheurs néo-zélandais. La terre étant pleine de déjections, on peut essayer, en comparant le contenu de chaque couche, de retrouver quel était le régime alimentaire des manchots au cours du temps.

Une manière de tester, d'avancer, d'espérer. Trouver, peut-être, une réponse à l'énigme.

La fouille se poursuit à un kilomètre de là, vers l'ouest, de l'autre côté de l'Amphithéâtre, dans un des paysages les plus étonnants et les plus spectaculaires de l'île. On y arrive en traversant une grande prairie tapissée d'acaenas, qui débouche sur une vallée que rien ne laissait soupçonner. Un canyon taillé en « V » de 20 mètres de hauteur, dont les pentes raides sont entièrement couvertes par la végétation. Il s'étire sur plus d'un kilomètre et demi en sinuant selon une légère déclinaison, de la base du morne du Tamaris jusqu'à la mer. Au fond de ce décor bucolique, on s'attendrait à voir couler un torrent, mais il n'y a rien qu'un trait de terre noire. Pas d'eau. Pas de rivière.

– C'est l'ancienne autoroute des manchots, explique Cédric Marteau. Ils l'ont creusée au fur et à mesure de leur passage, comme l'autre.

Elle est abandonnée depuis plusieurs centaines d'années probablement. Elle mène aussi à la grande colonie de l'Amphithéâtre.

Que s'est-il passé ? Pourquoi les manchots ont-ils changé d'itinéraire ? Pourquoi ont-ils modifié leur stratégie d'accès ? Des fouilles et l'analyse des ossements donneront peut-être une partie de la réponse.

Mais ce canyon soulève une autre question.

Si les manchots sont capables de bouleverser radicalement leurs habitudes, comme on le voit dans ce site, ne peuvent-ils pas avoir tout simplement quitté l'île aux Cochons pour s'installer sur une autre île, ce qui expliquerait la diminution de la population ?

Charly Bost est sceptique. D'une part, dans les autres îles subantarctiques de ce secteur – le reste de l'archipel Crozet, les Kerguelen et le groupe Marion-Prince Edward –, le nombre de manchots royaux a augmenté, certes, mais pas du tout en proportion de la chute observée à Cochons. D'autre part, les manchots royaux, à quelques rares exceptions près, reviennent nicher là où ils sont nés. Ils peuvent coloniser d'autres lieux, mais cela reste marginal. Dans l'état des connaissances, avec les études menées depuis cinquante ans sur l'île de la Possession, l'hypothèse d'un départ massif des manchots pour une destination nouvelle est très peu probable.

Les disparus de la grande colonie, les quelque 400 000 couples manquant à l'appel, sont bien morts ici ou en mer et, pour en arriver à la situation actuelle, la reproduction a dû être un échec pendant plusieurs cycles.

Chapitre 36

Le Tamaris

Paris, 15 juin 1889

– Achetez, achetez *L'Illustration*, une incroyable histoire dans *L'Illustration* !

La voix tentait une percée dans la rumeur de la ville. Les rues étaient déjà frémissantes à 8 heures du matin. La foule se pressait à l'entrée du Champ-de-Mars : des élégantes en longues robes et bottines dont les ombrelles pendues au bras se déplieraient plus tard ; des messieurs habillés, frappant le pavé de leurs cannes, dont les chapeaux se soulevaient à intervalles réguliers pour saluer des connaissances ; le petit peuple de Paris aussi, les femmes en jupes et fichus, les hommes, leurs gros pantalons et leurs casquettes, et des ribambelles d'enfants impatients.

– Une histoire fabuleuse !

Charles Saurine cherchait à capter leur attention. Avec sa figure toute ronde, ses grands yeux noirs, ses cheveux en pétard sous sa casquette de travers, on lui eut donné 15 ans à peine. Il en avait 17. Il brandissait le journal en criant.

– Vous n'en reviendrez pas !

Depuis un mois et demi, l'Exposition universelle, le plus grand événement jamais organisé, disait-on, remportait un immense succès.

– Ne manquez pas *L'Illustration* !

Le sifflet de la locomotive Decauville couvrit sa voix. On avait vu grand pour montrer au monde le génie français. Une ligne de chemin de fer provisoire reliait le Trocadéro au Champ-de-Mars. Le train débarqua un flot de passagers. Charles reprit sa harangue de plus belle.

– Les naufragés du *Tamaris*, les naufragés du bout du monde !

Le temple d'Angkor reconstitué, le village nègre comme une brousse en pleine ville, la galerie des machines, témoin des progrès techniques, la grande tour de Gustave Eiffel attiraient chaque jour des dizaines de milliers de visiteurs. Charles, lui, se passionnait pour autre chose. Il n'avait pas une grande instruction, mais il savait lire et sa curiosité était insatiable. La veille, en allant chercher son paquet de journaux au dépôt, il avait feuilleté *L'Illustration*, comme il le faisait tous les vendredis. Dans ce n° 2416 de l'hebdomadaire, une histoire l'avait captivé. Il voulait la partager.

– Des naufragés sauvés par un albatros !

L'article n'était pourtant pas à la une, consacrée à l'Exposition universelle avec un article sur l'art annamite. Il se cachait à l'intérieur. Charles Saurine avait été happé par les premières lignes :

« *Au sud de l'océan Indien, dans cette zone balayée sans cesse par le grand souffle des bises d'ouest, loin de tout continent, quelques îlots, quelques cailloux, sont jetés dans l'immensité…* »

– Un albatros les a sauvés, lisez *L'Illustration* !

À cette époque, on vantait l'exotisme et les richesses de l'Afrique noire, du Sahara ou du Tonkin, mais on ne disait rien des contrées perdues dont parlait l'article : Crozet, l'île aux Pingouins, les Apôtres, et celle qui lui paraissait, entre toutes, la plus mystérieuse.

– Un naufrage sur l'île aux Cochons !

Il avait dévoré le récit : « *Lorsque, par l'ouest, on aborde ces terres, au milieu d'un tourbillon d'oiseaux de mer, c'est le sommet de l'île aux Cochons que l'on aperçoit d'abord, sommet noirâtre, émergeant de la brume blanche…* »

– Un grand voyage pour 75 centimes !

Le sort des rescapés le fascine : « *Enfin, ils abordent l'île, longeant la côte déserte, hantés seulement par le vol muet des albatros et des alcyons bleus, tournoyant par bandes, au-dessus de leurs têtes ; ils aperçoivent une cabane…* »

La vie n'était pas tous les jours facile pour lui, à Paris. À 17 ans, il lui fallait tout seul gagner sa croûte. Mais le naufrage du *Tamaris*, le sort des 14 rescapés, les conditions qu'ils avaient dû affronter, la manière dont ils avaient survécu lui paraissaient – il ne trouvait pas comment le dire –, lui paraissaient – il cherchait – et puis un mot lui revint du fond de ses lectures. Il le cria en présentant le journal à bout de bras.

– Lisez, c'est incommensurable !

Une dame qui passait à ce moment-là en toilette de sortie s'arrêta net pour regarder le garçon. Il y avait une sorte de décalage entre son allure, casquette de poulbot, foulard rouge, blouse bleu nuit, et son vocabulaire.

– Comment as-tu dit ?

– Dit quoi, madame ?

– Le mot que tu as employé.

– Incommensurable ?

– Vraiment ?

– Oui, madame, pas de doute, c'est vraiment incommensurable.

Charles se mit à raconter. Les naufragés, infortunés parmi les infortunés, piégés sur une île minuscule, déserte. Leur désespoir, leur rage sans doute pour tenir pendant plusieurs mois.

– Comme des Robinson.

– Oui, mais des Robinson dans le brouillard, la tempête et le froid, madame.

Charles s'enflammait. On ne l'arrêtait plus.

– Ils ont eu une idée. Une idée… comment dire ?

– Magnifique ?

– Sublime.

La dame sourit. Quel drôle de garçon !

– Un albatros les a sauvés. Ils avaient attaché un message à son cou. On l'a retrouvé à des milliers de kilomètres de là. Rendez-vous compte !

La pile de journaux avait fondu. Il ne lui en restait plus qu'un exemplaire. La dame l'acheta et, dans ce numéro de *L'Illustration* du samedi 15 juin 1889, quand elle lut l'article « Les naufragés du *Tamaris* », elle s'aperçut que le garçon s'était laissé emporter par son enthousiasme. Ce garçon qui rêvait à de grands voyages, à de nouveaux horizons, ce garçon dont l'esprit s'était mis fiévreusement à vagabonder vers les régions polaires, avait enjolivé l'histoire. Ce serait un aventurier ou un romancier, se disait-elle. Tout, dans ce qu'il racontait et criait sur les toits des pavillons de l'Exposition universelle, était vrai : le *Tamaris*, le naufrage, la survie, l'improbable île aux Cochons, l'albatros, le message. Tout, sauf le dénouement. Beaucoup moins heureux que ce que Charles Saurine avait voulu croire.

*

Quelques mois plus tôt, de l'autre côté de la Terre, un garçon de son âge avait fait, sur la plage de Fremantle près de la ville de Perth en Australie, une découverte qui fit sensation.

Le journal *West Australia* rapporta l'événement dans son édition du 21 septembre 1887 : « *Il arrive parfois que d'étranges messages nous parviennent de personnes en détresse en mer, mais aucun n'a jamais été aussi extraordinaire que celui qui est arrivé dimanche sur les rivages de notre colonie.* »

Trois jours plus tôt, le dimanche 18 septembre 1887, le garçon profitait de son repos dominical pour se promener au bord de la mer. L'article ne donne pas son nom. Nous l'appellerons John. Il était arrivé de Glasgow avec ses parents, comme beaucoup d'Écossais qui, depuis une quinzaine d'années, venaient peupler l'Australie. Il travaillait comme commis chez Mr. K. E. Nesbit, dans un magasin de Haystreet, dans le centre-ville de Perth. John venait souvent sur la longue plage de Fremantle. Il passait des heures à regarder les oiseaux, il suivait leur vol et tâchait de les reconnaître. Lui aussi rêvait de voyages. En marchant ce jour-là, il vit, gisant sur le sable, un oiseau blanc qui lui parut énorme. Il n'en avait jamais vu d'aussi gros. Ses ailes s'étalaient chacune sur près de deux mètres. Le bec aussi était démesuré. John se dit que ce devait être un grand albatros. Celui dont les marins parlaient. Il peut suivre, disait-on, pendant des jours et des jours, le sillage des navires. Mais, normalement, on ne le voit pas dans cette région. Le corps était encore chaud. L'oiseau venait probablement de tomber. John remarqua qu'un ruban de métal, une sorte de collier, faisait le tour de son cou. Une inscription était gravée, mais il ne parvint pas à la lire. L'albatros devait le porter depuis longtemps, car il avait des traces de rouille sur les plumes. John eut quelque peine à le ramener chez lui. Il n'imaginait pas qu'un oiseau, si léger dans les airs, put être aussi lourd dans ses bras. Quand ils le pesèrent, le lendemain, chez son patron, Mr. Nesbit, la balance afficha 24 livres. Dans la gorge de l'albatros, ils trouvèrent un coquillage coincé.

– Il a dû l'avaler trop vite ou le prendre pour un poisson, diagnostiqua Mr. Nesbit.

– C'est peut-être ce qui a causé sa mort.

– Peut-être, John, car ce sont des oiseaux résistants.

Mr. Nesbit détacha le collier. C'était une bande de fer-blanc découpée sommairement au couteau dans une boîte de conserve. Avec une pointe, un clou peut-être, quelques mots étaient poinçonnés. Il fallut déchiffrer lettre par lettre. Lorsqu'il fut parvenu à reconstituer le message, Mr. Nesbit poussa un soupir.

– Mon Dieu !

– Qu'est-ce que c'est ? demanda John.

– Un appel au secours. C'est écrit en français.

Il lui lut le texte et le traduisit approximativement : « *13 naufragés sont réfugiés sur les îles Crozet.* » Une date était gravée : « *4 août 1887.* » Mr. Nesbit avait quelques notions de français ; John quelques connaissances ornithologiques, mais aucun d'eux ne savait où pouvaient se trouver les îles Crozet. Une chose était certaine : l'urgence de la situation. Cela faisait 47 jours que la plaque avait été accrochée au cou de l'albatros. Il n'était peut-être pas trop tard. Ils l'apportèrent au Colonial Secretary. Malcolm Fraser, le représentant de la couronne britannique en Australie, se moqua gentiment.

– Comment, mon cher Nesbit, vous ne vous rappelez pas des Crozetts ? C'est cet endroit horrible par lequel nous passons en venant d'Angleterre. Une plaie. Mon pire souvenir en mer.

– Ma mère m'en a parlé, dit John. Je ne m'en souviens pas, mais il paraît que j'ai pleuré tout le temps.

Malcom Fraser montra un petit point perdu sur la carte sans rien autour. Mr. Nesbit et John étaient stupéfaits. L'albatros avait parcouru plus de 5 000 kilomètres pour arriver à Fremantle.

La nouvelle prit alors un chemin diplomatico-administratif plus classique. L'amirauté de Sa Majesté à Sydney fut prévenue. Elle contacta l'ambassadeur de Grande-Bretagne à Paris, qui lui-même informa le ministère français des Affaires étrangères jusqu'à ce que le ministre de la Marine et des Colonies fût averti. On se souvint alors que les Crozet appartenaient à la France.

Île Sainte-Marie, Madagascar, 16 octobre 1887

– Commandant, un télégramme pour vous !

Le lieutenant de vaisseau Frédéric Richard-Foy, en prenant son poste sur l'aviso la *Meurthe*, basé à l'île Sainte-Marie, au nord de Madagascar, pensait que sa mission se bornerait à la surveillance des possessions françaises dans l'océan Indien et le détroit du Mozambique : Comores, Mascareignes et Madagascar. Le télégramme, signé par le ministre de la Marine et des Colonies en personne, le sortit de la torpeur tropicale dans laquelle il commençait à fondre : ordre de départ sans retard vers l'archipel Crozet. Il dut, lui aussi, consulter la carte pour vérifier la position de ces îles qu'il ne connaissait que de nom.

Après quelques jours de recherches et de recoupements, les services du ministère de la Marine avaient pu établir que les naufragés de l'albatros pourraient être l'équipage du trois-mâts le *Tamaris*, commandé par le capitaine Majou, parti de Bordeaux pour Nouméa le 28 novembre 1886 et dont on était sans nouvelles. Sa route passait par Crozet.

« *Vous ferez soigneusement le tour de chacun de ces îlots pour vous assurer si des naufragés y sont réellement réfugiés, et il est inutile que je vous recommande la prudence dont vous devrez entourer vos mouvements dans ces mers dont l'hydrographie n'a pu être faite qu'imparfaitement* », précisait le ministre dans ses instructions. Il ajoutait que le navire de guerre anglais *Comus* avait constitué, en 1880, sur les trois principales îles de Crozet des dépôts de vivres destinés aux éventuels naufragés et qu'il conviendrait de les réapprovisionner s'ils avaient été utilisés.

Le 18 novembre 1887, la *Meurthe* appareilla, chargée de charbon et de nourriture. On embarquait six bœufs vivants en prévision d'une longue mission. Cap plein sud. Le navire français avançait à vive allure sous voile et sous vapeur, et le lieutenant de vaisseau Richard-Foy découvrait la région des mers du Sud inconnue pour lui. Il décrira « *une impression de froid, de solitude, de désolation, comme dans un monde expirant* ». Il décida de commencer les recherches sur l'île aux Cochons, la plus à l'ouest, la première, en toute logique, qu'avait pu rencontrer le *Tamaris* sur son chemin depuis Bordeaux. Le 1er décembre 1887, elle fut en vue. « *Elle se montrait dans son horrible nudité : pelée, vidée, hérissée, sans arbre, sans verdure…* », écrira le commandant. La *Meurthe* longea la côte au plus près, à 600 mètres. Aucun signe de vie humaine. Aucun endroit où aborder. Richard-Foy se demandait comment des hommes auraient pu s'y réfugier et commençait à désespérer quand une lueur apparut : « *Nous voici maintenant devant un cap, arrondi en double bosse, tout recouvert d'une herbe agréable à voir. Nous le baptisons aussitôt "le cap verdoyant". À peine l'avons-nous dépassé que nous apercevions derrière lui auprès d'un ruisseau, une cabane…* » Sans doute la « maison des vivres » du *Comus*, se dit Richard-Foy.

L'aviso jeta l'ancre. Tira des coups de canon tous les quarts d'heure. Aucune réaction. Le lendemain, un canot de la *Meurthe* parvint à atteindre le rivage dans un coin de plage, entre des rochers acérés, où la rage des vagues était atténuée par des paquets d'algues et de goémon. Richard-Foy se précipita vers la cabane. C'était bien le dépôt laissé par le *Comus*. La porte donnant sur l'arrière, à l'abri du vent, était fracassée. À l'intérieur, des caisses éventrées, des peaux de phoques pendues à des clous, des pierres noircies, de gros coquillages ayant servi d'écuelles. Pas âme qui vive. Pas de cadavres non plus. La petite maison avait été occupée récemment. Où étaient-ils ? Mystère.

Dans une boîte en fer-blanc, Richard-Foy raconte qu'ils trouvèrent une lettre écrite sur un papier humide et jauni. Les rescapés du *Tamaris* avaient habité ici. La lettre, signée par le capitaine Majou, expliquait le naufrage du 9 mars 1887 et l'installation sur l'île aux Cochons le 11 mars : « *Nous avons été bienheureux de trouver une maison qui contenait des vivres et des vêtements, car le froid était glacial et il le devint encore plus par la suite. Voyant diminuer les vivres, mes malheureux compagnons ont supposé que, sur l'île de la Possession, dans la baie du navire, ils trouveraient un dépôt semblable à celui-ci… Nous partirons demain ou après-demain, si le temps est beau.* » La lettre était datée du 30 septembre 1887.

Quelle folie, se dit Richard-Foy. Prendre cette mer déchaînée pour une traversée de 60 milles nautiques. Ils devaient être à bout, épuisés physiquement et moralement après sept mois de survie durant la saison la plus rude, l'hiver austral.

*

Quand il lut le récit complet des aventures de la *Meurthe*, paru sous forme d'épisodes romancés dans *L'Illustration* à l'automne 1890, le jeune Charles Saurine comprit sa méprise sur le sort des rescapés du *Tamaris* et en vint à la même conclusion que Richard-Foy.

Quelle folie ! Ils avaient quitté l'île aux Cochons dix jours à peine après que l'albatros fut tombé sur la plage de Fremantle. Comme ils avaient simplement indiqué pour les localiser « les îles Crozet », ils pouvaient toujours espérer que, si le message était retrouvé, on pourrait aussi bien venir les chercher à l'île de la Possession. Charles les imaginait en train de fabriquer fiévreusement les colliers en taillant les boîtes de conserve du *Comus*. Il les voyait se jeter sur les albatros, plusieurs sans doute pour multiplier les chances, leur attacher le ruban de métal autour du cou, et les regarder s'envoler, s'éloigner, disparaître pour entretenir la flamme de l'espérance. Les naufragés faisaient flèche de tout bois. Ceux du *Knowesey Hall*, en 1879, avaient lancé des bouteilles à la mer qui furent retrouvées bien des années après sur une plage d'Australie. Ceux du *Strathmore*, en 1875, échoués sur les Apôtres, avaient employé une méthode plus improbable et plus aléatoire encore, des appels à l'aide enfermés dans des estomacs d'oiseaux qu'ils avaient confiés à l'océan, petits ballons flottants, en comptant que les courants les portent sans percer l'enveloppe. Personne ne les a jamais repêchés.

L'équipage de la *Meurthe*, avant de refermer la cabane de l'île aux Cochons, la réapprovisionna avec 1 tonne de bœuf en conserve, une 1/2 tonne de biscuits, 20 couvertures, 15 paires de chaussures et 15 pantalons fourrés, le tout bien empaqueté dans des boîtes. Sur l'île de la Possession, aucune trace de passage récent. La « maison des vivres » n'avait pas été ouverte depuis le *Comus*, sept ans plus tôt. Sur l'île de l'Est, Richard-Foy crut un instant au miracle. Un canot. Un groupe d'hommes sur le rivage. Ce n'était qu'un gang de phoquiers déposé là deux mois plus tôt par Joseph Johnson Fuller, le maître de la Désolation. Son bateau, le *Francis Allyn*, était donc dans les parages depuis plusieurs mois, pendant que ceux du *Tamaris* attendaient du secours sur l'île aux Cochons ou dans leur folle traversée. La cruauté de la situation bouleversait Richard-Foy : « *Une réflexion me hante, à laquelle je n'arrête pas de penser sans terreur. Il est possible de venir dans cet archipel, de passer près de toutes ces îles, d'être vu par des naufragés et de ne pas les voir.* »

– Quelle histoire !

Charles Saurine venait d'achever sa lecture. Il cherchait un slogan pour vendre le journal sans dévoiler la fin tragique.
– Un albatros à la rescousse des naufragés !

C'était bien tenté.

❊

De l'autre côté de la Terre, à Perth, le jeune John pensait souvent aux naufragés des Crozetts. Le premier juin 1888, le jour de son dix-huitième anniversaire, il eut une surprise en guise de cadeau. Son patron, Mr. Nesbit, lui tendit le journal.
– Il y a quelque chose pour toi.

L'article titrait : « Les suites de l'histoire de l'albatros. » La presse australienne s'était passionnée pour le destin « extraordinairement romantique » de l'oiseau et du message. John apprit que la marine française, en dépit des efforts déployés, n'était pas parvenue à retrouver les naufragés. Il songea au *Tamaris* et à sa coque d'acier découpée par les récifs comme une boîte de conserve. Il revint souvent se promener sur la plage de Fremantle, mais n'y revit jamais de grand albatros.

❊

Un matin, un instant où le ciel, libéré de nuages, s'était élargi, jusqu'à laisser deviner la courbure de la Terre, j'ai eu l'impression d'assister à un spectacle en technicolor sur écran géant, comme aux premiers temps du CinémaScope. Les vedettes du film dessinaient le générique du bout des ailes dans le bleu roi. Ils y traçaient des lettres de noblesse que le vent chasserait. Les grands albatros, les albatros hurleurs, comme celui du *Tamaris*, portent aujourd'hui d'autres messages et continuent à raconter des histoires sur l'île aux Cochons.

La scène se déroulait sur le plateau qui surplombe, côté nord, la grande plage. Nous étions partis, ce matin-là, avec Cédric Marteau, faire des observations et des comptages en marge de l'enquête. Les chiffres de 1974 donnaient 884 couples de grands albatros. Notre expédition n'aura pas le temps de tout vérifier, mais les albatros sont nombreux et semblent en parfaite santé. Au bord de la falaise, un poussin attend. Il attend là, ignorant le vertige. D'une taille sidérante, lisse, sans plus aucun duvet sur sa robe blanche et noire. Calme. Seul. Plus pour longtemps. La forme blanche qui venait d'inscrire sa signature dans l'azur a grandi à toute vitesse et est venue se poser à côté du poussin.

– C'est le père, me dit Cédric.

Sans se précipiter, le petit s'est approché de lui jusqu'à ce que leurs têtes soient l'une contre l'autre. Leurs becs se croisent, se touchent comme s'ils s'embrassaient après une longue séparation. Le poussin s'est mis à pousser de petits cris aigus.

– Il réclame à manger, il claque du bec pour stimuler le père.

Dans la bouche grande ouverte de son géniteur, le jeune albatros est allé puiser un mélange de poissons et de calamars régurgités. Ce manège de l'estomac à la gorge s'est reproduit quatre fois. Un skua guettait, au cas où il y aurait quelques gouttes à glaner. Le poussin réclamait toujours. Il houspillait le père, le suivait quand il s'écartait. Les Apôtres, drapés cette fois dans un manteau gris anthracite, formaient une haie de spectateurs. Le petit tenta encore sa chance. Le père claqua son bec et le garda fermé. Fin du repas. Il fit quelques pas vers la falaise et, sans autre forme d'adieux, se laissa tomber dans le vide pour s'envoler.

– C'était probablement son dernier repas à terre, me dit Cédric. Ils ne se reverront pas.

Chez les albatros comme chez les manchots, le mâle et la femelle se relaient pour assurer la croissance du poussin. Sans ce partage équitable, la reproduction serait en échec. Mais, contrairement aux manchots, les couples de grands albatros restent fidèles toute leur vie durant. Ils ont au mieux un poussin tous les deux ans, qu'ils élèvent pendant onze mois. Dans quelques jours, demain peut-être, celui-ci quittera le nid.

Nous étions, sur ce plateau nu, dans l'antichambre de l'envol, au seuil d'une nouvelle vie. Pendant huit ans, il volerait sans jamais se poser à terre ; il ferait 100 fois le tour de l'Antarctique, des marins le verraient suivre le sillage de leur bateau, des poissons l'entendraient plonger sur eux, et puis, un jour, à l'âge où sans doute on se lasse de la solitude, il reviendrait chercher une compagne sur cette île où il est né.

Cédric Marteau s'est penché sur son nid. Un cercle d'un mètre de diamètre.

– Il y en a. Ici aussi, il y en a. Il y en a, répétait-il en prenant entre ses doigts de petits morceaux de plastique.

Un autre, un autre encore. Une dizaine, de la taille d'une pièce de monnaie. En mer, les oiseaux prennent le plastique pour de la nourriture, l'avalent et le régurgitent à leur poussin. Ce qui peut les rendre malades et même les tuer s'ils n'arrivent pas à l'évacuer.

– On le constate de plus en plus fréquemment.

Cédric range la menue monnaie de plastique dans sa poche. La pollution parvient à toucher les endroits les plus isolés. Les albatros de l'île aux Cochons ne portent plus à leurs cous les messages de naufragés désespérés qui lancent un appel au secours. Leur message, aujourd'hui, est un cri d'alarme. Danger pour la nature. Danger pour la planète. Le jeune albatros nous regarde. Et nous regarde encore. Nous allons bientôt partir, nous aussi.

Chapitre 37

Les adieux

Je crois que nous nous sommes rendu compte du phénomène le matin du troisième jour seulement, en ouvrant la fermeture Éclair de la tente. Je n'y avais pas prêté attention, mais cela avait dû commencer avant. Il devait être 6 heures. Ciel gris plutôt clair. Pas de pluie. J'ai sorti ma tête enfarinée de sommeil et je les ai vus, à 20 mètres à peine. Bertrand était en train d'enfiler un pantalon par-dessus son collant.

– Ils sont là.

– Qui ?

– Regarde !

Il a sorti sa tête aussi. Ce devait être comique, nos deux visages superposés dépassant de la toile jaune, les yeux écarquillés. Un groupe d'une quarantaine de manchots royaux s'était écarté de l'autoroute et s'approchait de nous. Comme une escouade d'éclaireurs indécis, une compagnie égarée. Ils semblaient faire une pause, tranquilles, nonchalants, silencieux.

Le quatrième jour, ils étaient à dix mètres de nous. Le cinquième à cinq mètres. Au matin du sixième jour, alors que nous nous préparions à démonter le camp, leur nombre avait grandi et ils frôlaient nos tentes. Certains s'arrêtaient face à l'auvent, comme s'ils attendaient qu'on les invite à venir prendre un thé. Yves Cherel me dit que cela lui est souvent arrivé. Leur absence de crainte les pousse. Ils sont sans limites. Notre jardin n'avait pas de barrière, alors ils y sont entrés. Une centaine de « juvéniles », pas de poussins, pas d'adultes couveurs. Une bande de grands ados en goguette, ceux que Charly et Yves appellent les « glandeurs ». Ils entouraient le campement. Nous étions cernés. Comment mieux dire que l'île aux Cochons nous avait pris dans ses filets.

Ce qui me parut le plus curieux ce jour-là n'est pas tant leur présence tandis que nous avalions notre dernier petit déjeuner, mais celle du *Marion Dufresne* qui, à 8 heures du matin, fit sa réapparition. Petit point sombre sur la mer qu'un éclat de soleil irisait. Une tache de métal dans le décor. Une incongruité nous rappelant la civilisation au moment même où l'île était en train de nous digérer. Une anomalie qui contrastait avec la proximité que les manchots instauraient en s'avançant parmi nous.

En les voyant pointer leur bec sur nos caisses – non pas qu'ils y cherchassent la moindre nourriture, contrairement à d'autres animaux sauvages attirés par l'odeur des vivres –, ils le faisaient par pure curiosité, en toute liberté ; en les voyant ainsi, si libres, si proches de nous, je me suis dit qu'il serait difficile de les quitter. Difficile de rompre le lien qui s'était créé entre nous, physiquement par la présence visuelle, le bruit, l'odeur ; psychologiquement par l'affection que nous nous étions mis à leur porter.

Je ne veux pas me bercer d'illusions. Je sais très bien que ce sentiment n'est absolument pas réciproque et que, si je me suis attaché à eux, l'inverse n'est pas valable. Ce sont des animaux sauvages au milieu desquels nous étions totalement transparents, à part pour les quelques-uns attrapés et vite relâchés pour les besoins de l'enquête. Le principe de l'expédition était justement de faire en sorte d'être neutres, déranger le moins possible. Et c'est bien parce que nous avons adopté cette attitude, sans chercher à créer de relation avec ces manchots que, paradoxalement, cette relation s'est créée, du moins dans mon esprit, et que, de manière ingénue, mais sincère, je veux les remercier aujourd'hui de nous avoir si bien accueillis.

En moins d'une heure, les tentes étaient pliées, transportées avec les caisses et les sacs jusqu'au point où l'hélicoptère nous avait déposés cinq jours plus tôt. Cinq jours. Cinq nuits. Cinq fois 24 heures exactement, puisqu'il est 9 heures du matin. Cent vingt heures sur Cochons. Mais je ne veux pas compter ainsi. Cela réduit la dimension du séjour. Qu'est-ce que 120 heures ? Un chiffre qui ne dit pas combien le temps s'était arrêté.

Sur le campement, il ne restait plus qu'Adrien Chaigne, inspectant le sol pour n'y rien laisser et prenant des photos pour en attester.

– On voit que l'herbe est un peu aplatie, mais il n'y a pas de détérioration. C'était l'objectif. Ne causer aucun dommage au milieu.

Bientôt, dans une semaine ou deux, rien n'y paraîtra. Plus rien de nous. Ce que nous allions y laisser, chacun de nous l'emportait avec lui.

Les acaenas délivrées du tassement que leur imposaient nos gîtes se redresseront pour mieux se courber à nouveau sous le vent.

Le jeune albatros du premier jour, toujours sur son nid, s'est levé, perturbé par nos va-et-vient pour ramener le matériel. Je jurerais qu'il a moins de duvet sur la tête. Signe du temps qui passe. Gardera-t-il un souvenir de nous ? Dans quelques jours, quand il prendra les airs pour ne plus se reposer à terre pendant huit ans ; quand il ira se perdre dans les nuées ; quand, dans son grand voyage autour de l'Antarctique, il croisera des bateaux, les suivra et reverra des êtres humains, les images de nos silhouettes lui reviendront-elles en mémoire ? Il nous regarde comme un prince.

Jérémy Tornos confesse un pincement au cœur.

– C'est un peu frustrant. On aurait voulu rester plus longtemps pour faire un inventaire complet de l'île. Je pense que l'on pourrait envisager de revenir une fois tous les dix ou vingt ans. Pour faire un état des lieux.

Dix minutes encore. Dix minutes à peine. Cédric Marteau a mis son gilet jaune. Signe du départ.

– C'est toujours triste de terminer une mission aussi intense. Toujours triste de quitter un lieu aussi fort que celui-ci. On a encore la chance d'avoir des îles avec une telle naturalité. Un territoire français qui plus est. On se doit de le protéger. Ne serait-ce que par respect pour cette beauté.

Les azorelles en leurs coussins, les papillons sans ailes, la conversation des manchots, l'œil livide des pétrels géants, la friandise des bonbons, la grâce des éléphantes marines, la classe des grands albatros.

On se doit, oui, de les protéger, ne serait-ce que pour donner l'exemple. Charly Bost retient son émotion. L'île aux

Cochons est en lui. Il en avait rêvé et cette campagne le marque. Elle condense toutes les recherches qu'il mène depuis trente ans pour essayer de comprendre le comportement des oiseaux dans un environnement qui change.

– C'était vraiment une campagne unique. Super équipe, super ambiance, super travail. On a engrangé beaucoup de données. Maintenant, il va falloir analyser tous ces résultats.

Le bruit de l'hélicoptère couvre sa voix. Un vrombissement nous arrache à Cochons. L'espace d'un instant, un kilomètre, quelques secondes, pour passer d'un monde à l'autre.

Les poignées de main vigoureuses qui m'accueillent sur le *Marion*, les premiers mots échangés sur le pont réveillent l'émotion qui était tapie au fond de moi, comme un chat de Cochons prêt à bondir sur un prion de Salvin. Je regarde ma tête de loup de mer flapi dans le miroir de notre cabinet de toilette, nez rougi, visage bruni, grandes rides, poches sous les yeux, cheveux aplatis par le bonnet avec des pointes jaillissant par touffes comme le duvet rebelle d'un poussin en fin de mue. Je ne veux pas me laver. Je voudrais rester dans cet état pour ne pas revenir encore, pour garder sur moi la peau de l'île aux Cochons, cette légère couche qui m'enveloppe depuis cinq jours, si légère comparée à la crasse des phoquiers, je ne veux pas l'enlever, je ne veux pas reprendre une vie normale. Et pourtant, le bateau sur lequel nous sommes remontés est lui aussi un monde à part, si différent de la normalité de nos vies.

Le *Marion* a repris sa route. L'île s'éloigne. J'ai l'impression de l'abandonner, ou plutôt d'y abandonner quelque chose, comme si j'y avais oublié, cela m'arrive souvent, un sac, un vêtement, un carnet. Un bout de moi. Certains diront qu'il n'y a pas de hasard. Si l'on oublie quelque chose, c'est pour s'en rappeler ou qu'elle se rappelle à nous. Pourtant, j'ai bien vérifié, revérifié, houspillé par Bertrand. Je n'ai rien oublié. Rien laissé. Sinon une pensée.

Le ciel s'est dégagé. Derrière le bouillonnement du sillage, je la vois pour la première fois dans son ensemble. Bien au-dessus du morne en « M » de l'Amphithéâtre, les sommets de l'île aux Cochons sont couverts de neige.

Troisième partie

Troisième partie

Chapitre 38

Questions en suspens

Le *Marion* porte les histoires. Le *Marion* remporte les questions. Dans la salle des sciences, Charly Bost qui, comme moi, a attendu un long moment avant de prendre une douche, a endossé l'habit du savant de laboratoire. Sur son ordinateur apparaissent les premiers trajets des manchots. Certains sont déjà partis en mer. Excellente nouvelle, les balises fonctionnent. À 36 000 kilomètres au-dessus de nous, un satellite renvoie le signal qu'ils émettent. Dix manchots en vadrouille pour chercher leur nourriture préférée, les *Myctophidae*, petits poissons-lanternes, comme des lumières dans la nuit. Dix manchots lancés en assistants-détectives pour résoudre l'énigme. Ils ne sont peut-être pas loin. Quelque part autour tandis que le bateau longe la côte sud de l'île de la Possession, puis les falaises de l'île de l'Est, réchauffées par un beau soleil d'été, couchant, doré, paisible, qui donnerait presque une allure idyllique à ces lieux. Je pense à Charles Goodridge et à Guillaume Lesquin qui y passèrent des mois interminables avant d'être secourus, aux naufragés du *Tamaris* qui errèrent éperdument dans ces eaux avant d'y sombrer. Le navire des TAAF poursuit plein est vers les Kerguelen, sur la même route que les immigrés qui allaient peupler l'Australie et la Nouvelle-Zélande à la fin du XIXe siècle ; la même que James Cook au cours du troisième voyage ; la même exactement que Marion-Dufresne et Crozet. Le 24 janvier 1772, à bord du *Mascarin*, l'écrivain Chevillard de Montesson consignait sur son journal : « *Nous avons quitté ces terres au soleil couché et nous avons fait portée entre le sud et l'est dans le dessein d'attraper les 47 degrés et 48 de latitude sud pour voir si nous apercevrions d'autres terres.* »

Sur le pont, le métal froid du bastingage. Le vent. La nuit. Dans l'onde, les manchots. Ils fusent sur les vagues à la vitesse du *Marion*.

Charly suivra les trajectoires des balises pendant toute la durée du retour, mais il est trop tôt pour en tirer des enseignements. Les échantillons dorment au fond de la cale dans le congélateur de l'Institut polaire où Jérémy Tornos les a placés dès son retour sur le bateau. Ils seront débarqués à La Réunion, puis repartiront vers la métropole sur un cargo dans un container - 20 °C. Le voyage n'est pas terminé.

*

Les Cochons nous poursuivront longtemps. Longtemps, nous les aurons sur les talons, à nos trousses. Longtemps, nous sentirons leur présence, leur haleine, malgré la distance qui nous éloigne d'eux chaque jour un peu plus tandis que les hélices du *Marion* brassent les flots à sept mètres sous l'eau.

Les vagues se fracassent contre la coque, des gerbes d'écume giclent en jets sur le pont avant. La tempête se contemple à la passerelle, sur la vitre qu'elle vient cogner, où de valeureux essuie-glaces tentent péniblement de ménager un semblant de vue. Vent de face, vent de dos, vent des deux bords, vent debout, le navire avance. Il surfe sur le courant circumpolaire qui roule d'un trait comme une seule vague depuis l'ouverture complète du passage de Drake. Insondables abîmes sous nos pieds.

Un soir de grand tremblement, par force 7 sur l'échelle des vents et celle des émotions, les falaises de Kerguelen nous apparurent, sorties du néant, telles qu'elles se montrèrent, en février 1772, à Yves-Joseph de Kerguelen de Trémarec, telles que les manqua Marion-Dufresne dans sa course quelques milles marins plus au nord.

Une escale à Port-aux-Français, la capitale des Terres australes, nous permit de voir la curée des pétrels géants dépeçant un jeune éléphant de mer imprudent qui s'était blessé contre un rocher. Elle nous offrit le vertige horizontal de la plage de Ratmanoff où, sur plus d'un kilomètre de longueur, 140 000 couples de nos manchots royaux forment désormais la plus grande colonie au monde de ces oiseaux. Une étendue de sable en pente douce, facile d'accès tout au bord de l'eau, où ils se massent en une mousse de plumes et de cris qui remplissent l'horizon.

Nous laissâmes à Kerguelen Yves Cherel et Adrien Chaigne, qui devaient participer à un programme sur le suivi des albatros hurleurs. Après un détour par le nord au pied de l'arche effondrée que James Cook avait vue entière, tel un monument célébrant le triomphe de la nature, le soir de Noël 1776, le *Marion* cingla, cap au nord-est, vers Saint-Paul. Île en amphithéâtre dominant un cratère englouti où, depuis l'éradication des rats, les populations de gorfous sauteurs se reconstituent et les prions de MacGillivray, petits oiseaux endémiques, revivent. Le navire fit halte sur Amsterdam où les otaries à fourrure reprennent du poil de la bête depuis qu'elles ne sont plus la proie des chasseurs. Jérémy Tornos y resta pour compléter ses recherches dans le cadre de sa thèse sur les albatros à bec jaune affectés depuis vingt ans par le choléra aviaire, qu'il soutiendrait brillamment à Montpellier en juin 2021.

Et si cette maladie avait aussi touché nos manchots de l'île aux Cochons ? Les tubes congelés devraient bientôt parler.

Le navire des TAAF remonte maintenant vers La Réunion sous un grand ciel bleu. Tiens, un paille-en-queue ! Le Port en vue. La sirène. Le feu du soleil sur le quai. Alors je ferme les yeux pour garder en moi la brûlure du vent, le frais, grand frais des australes.

Chapitre 39

Une autre intruse

Après le temps passé sur l'île, le temps réel et celui ressenti, nous entrons dans le temps scientifique, hors du temps commun. Plus long. Plus lent. Plus sage. Dans l'attente des résultats, deux sentiments, opposés, viennent se conjuguer, se superposer, s'entretenir l'un l'autre. La patience et l'impatience. Jérémy Tornos a laissé les boîtes d'échantillons prélevés sur les oiseaux aux soins de l'Institut polaire Paul-Émile Victor, qui assurera la chaîne du froid pour le transport jusqu'au laboratoire. Mais il a emporté avec lui, dans une petite glacière qu'il n'a pas voulu mettre en soute, des sous-échantillons de chacun des 48 charognards. Quarante-huit petits tubes qu'il avait soigneusement préparés le soir, dans la tente jaune, sur les pentes du morne du Tamaris, au moment où l'île aux Cochons s'endormait. Il était pressé. Début janvier 2020, aussitôt revenu à Montpellier, au Centre d'écologie fonctionnelle et évolutive, le CEFE, il a expédié les tubes pour analyses au laboratoire SEVA BIOVAC d'Angers. Une analyse à spectre large n'étant techniquement pas possible, il fallait cibler un pathogène. Jérémy avait une intuition. Impatience. Les premières données arriveront en mai 2020 et signaleront une présence de choléra aviaire. Mais ce n'est pas assez pour en tirer des conclusions. Il faut attendre le retour des autres lots. Patience. D'autant que la crise du Covid-19 et le confinement ont ralenti toutes les opérations.

En septembre 2020, le *Marion Dufresne* dépose à La Réunion, sur les quais du Port, le container - 20 °C contenant les échantillons de la mission Cochons. Aussitôt, ils sont embarqués vers Le Havre, sur le cargo *GH Zéphir*. En novembre, ils arrivent à Plouzané, près de Brest, à l'Institut polaire, d'où ils repartent dans un camion frigorifique pour un tour de France des laboratoires : Paris, Strasbourg, Lyon, Chizé... Le voyage ne s'arrête jamais. Fin novembre 2020, un an après la « mission Cochons », ils arrivent à Montpellier. Jérémy Tornos va pouvoir poursuivre l'étude. Enfin. Les échantillons de sang, globules rouges et plasma, sont reconditionnés dans des centaines de petits tubes de 50 millilitres et envoyés au laboratoire d'Angers. Quelques gouttes sur une plaquette, quelques semaines pour cultiver la bactérie et la reconnaître. Jérémy avait vu juste. C'est bien la *Pasteurella multocida*. Nouvelle intruse sur l'île aux Cochons.

Après les plantes, les souris, les chats, les porcs, les hommes : la bactérie du choléra aviaire ! Comment est-elle arrivée sur l'île ? Le choléra aviaire est une maladie qui circule sur toute la surface de la planète. Elle est présente depuis une vingtaine d'années sur l'île d'Amsterdam, où elle fait de gros dégâts sur les populations d'albatros à bec jaune. Amsterdam se situe à 2 000 milles au nord-est de l'archipel Crozet, dans un secteur subtropical largement au-dessus de la convergence antarctique. Il y a peu d'échanges entre ces îles. Des pétrels géants viennent parfois sur Amsterdam et ils auraient pu rapporter la maladie à Crozet, où elle n'avait jamais été signalée. Rien n'est certain. Selon Jérémy Tornos, elle peut aussi bien venir d'Afrique du Sud *via* les îles Marion et Prince Edward, ou même de plus loin, car les pétrels géants sont des migrateurs qui, en hiver, vont parfois jusqu'en Australie ou en Inde.

Le constat, lui, est clair : 100 % des oiseaux capturés par Jérémy Tornos et Fabrice Le Bouard sont touchés. Les 20 skuas, les 20 pétrels géants subantarctiques et les 8 pétrels géants antarctiques ont des anticorps de la bactérie. Les charognards mettant, par définition, leur bec dans tout ce qui est le plus sale, jusque dans des carcasses en décomposition, leur système immunitaire se doit logiquement de les protéger contre tout ce qui peut traîner. Mais s'ils ont des anticorps, c'est forcément qu'à un moment donné ils ont été confrontés à la maladie.

Autre constat : on retrouve les mêmes anticorps chez un tiers des 72 manchots prélevés. Le choléra aviaire a donc circulé sur Cochons. Mais il est difficile de savoir quand exactement et dans quelles proportions. Le fait de n'avoir vu sur place aucun animal malade, aucun cadavre qui aurait pu être autopsié ne permet pas de déceler quelle est la souche du pathogène. C'est le paradoxe de la situation. La colonie de manchots royaux était trop saine au moment de notre passage et le fait qu'elle soit en bonne santé empêche de comprendre comment elle a pu être affectée dans le passé.

Nous serions arrivés après la bataille. Plusieurs années, peut-être dix, peut-être plus, peut-être moins. Impossible à déterminer à ce stade. La nature, force de la nature, la vie ont effacé presque toutes les traces.

Pour Jérémy Tornos, compte tenu de la concentration d'animaux, leur promiscuité, leur circulation et leurs échanges dans la grande colonie, un épisode de choléra aviaire peut avoir causé d'énormes ravages, de manière brutale et ponctuelle. D'autant plus que les oiseaux sont extrêmement sensibles et vulnérables. Face à une nouvelle bactérie qui n'existait pas dans leur environnement, ils n'ont pas de défense, comme les Indiens des Caraïbes et d'Amérique du Sud décimés par les épidémies à l'arrivée des colons européens au XVIe siècle. Les investigations vont se poursuivre.

D'autres missions seront lancées à Crozet, sur l'île de la Possession, pour chercher sur les manchots la présence du choléra aviaire et faire des comparaisons. D'autres recherches seront menées sur les échantillons de sang en direction, non pas de bactéries, mais de virus dont on soupçonne l'existence, celui de l'*influenza*, la grippe aviaire ou un coronavirus (qui n'a rien à voir avec notre Covid-19). Des analyses moléculaires seront tentées pour essayer de remonter le temps et espérer trouver l'origine de la maladie en étudiant l'ADN des oiseaux. C'est un travail de longue haleine.

*

De son côté, Yves Cherel a reçu des résultats concernant la piste alimentaire. Le constat est sans appel. Laconique. Asséné avec toute la rigueur et l'objectivité scientifique qui le caractérisent. Rien à signaler. Un coup de scalpel sur une hypothèse. Les prélèvements de salive dans la bouche des manchots et de matières fécales dans leur cloaque sont parfaitement normaux, comme s'ils avaient été faits dans une colonie où rien ne s'était passé. Leurs déjections sont les mêmes que celles des manchots royaux des autres îles subantarctiques. La nourriture qu'ils avalent aussi : les *Myctophidae*, ces poissons-lanternes dont la bioluminescence éclaire les abysses, n'apportent pas la moindre étincelle d'explication à notre problème.

Chapitre 40

TRAJETS ET TRAJECTOIRES

En venant de Villiers-le-Bois, dans les Deux-Sèvres, la départementale 53 perce, rectiligne, un des plus vieux massifs forestiers de France. De part et d'autre de la route, les rangées de hêtres de 20 mètres de hauteur affichent les couleurs changeantes des saisons. C'est le paysage que traversent Charly Bost et Yves Cherel quand ils vont au bureau. Le Centre d'études biologiques de Chizé (CEBC) est installé dans un ancien camp militaire américain au milieu de la forêt de Chizé. Comme une île au milieu des arbres. Ce laboratoire du CNRS se penche depuis cinquante ans sur une question qui, à l'heure où les dérèglements climatiques sont de plus en plus visibles, est devenue cruciale : comment les espèces s'adaptent-elles aux changements de leur environnement, qu'ils soient d'origine naturelle ou induits par les activités humaines ? Comme pour être en phase avec son sujet, le centre est situé à la lisière d'une réserve biologique intégrale qui abrite des dizaines d'espèces de mammifères, de reptiles, d'oiseaux et plus de 500 espèces de papillons (avec des ailes !). L'homme n'y mène aucune action, n'y pénètre pas, sinon pour observer la nature évoluer en liberté. Un sanctuaire, un peu comme l'île aux Cochons, mais plus proche, plus accessible, et donc moins protégé.

Dans le cadre de sa fenêtre, Charly peut voir le frémissement des feuillages sous le vent du Poitou. Sur l'écran de son ordinateur, il voyage avec les manchots.

Les balises ont bien fonctionné. Huit sur dix ont fourni des données pendant dix mois. Des dizaines de trajets aller-retour. L'intuition de Charly Bost se confirme. Pendant dix-huit ans, de 1992 à 2010, il avait suivi, avec le même genre de balises, les déplacements des manchots royaux de l'île de la Possession à Crozet, qui descendent vers le sud pour se nourrir au niveau du front polaire dans des eaux glacées en dessous de 5 °C. Ceux de l'île aux Cochons ne vont pas dans les mêmes zones. Ils montent au contraire vers le nord, au niveau du front subantarctique qui sépare les eaux tempérées des eaux froides, en dessous de 8 °C. Ils ne se mélangent pas. Ce parcours est inscrit dans leurs gènes depuis des centaines, des milliers d'années sans doute et, selon Charly Bost, cette répartition s'est faite naturellement, pour éviter la concurrence entre les colonies.

Les lignes horizontales se croisent sur la carte. Les lignes verticales s'impriment sur un schéma. L'abscisse et l'ordonnée de leurs trajectoires à la surface et dans les profondeurs racontent la vie des manchots. Le plus long voyage est de 1 750 kilomètres, 3 500 kilomètres aller-retour. Trois mois d'absence à nager à la vitesse de six nœuds, s'arrêter pour plonger des dizaines, des centaines de fois, chasser, manger, faire des réserves.

Les balises posées sur Cochons montrent que les manchots, pendant la période de couvaison des œufs, puis durant le nourrissage des poussins, parcourent en moyenne 300 kilomètres vers le nord. Ils passent plus de temps sous l'eau, mais plongent moins profondément que ceux de la Possession, à 118 mètres en moyenne. Cela signifie qu'ils n'ont pas de mal à trouver de la nourriture. La piste d'un problème d'alimentation pour expliquer la chute de la population semble devoir être écartée. Pourtant, rien n'est certain, car nous sommes, là encore, dans une situation paradoxale. Aujourd'hui, il n'y a plus que 80 000 couples. Ils trouvent donc plus facilement à manger que lorsqu'ils étaient 500 000 à fréquenter les mêmes lieux. Il est possible que la grande colonie ait pu rencontrer des difficultés au moment de son apogée, on ne pourra simplement pas le prouver scientifiquement. Nouvelle frustration pour nos chercheurs. Mais Charly Bost garde une carte dans sa manche.

Le mystère de l'île aux Cochons nous conduit à faire un autre détour dans l'espace et dans le temps.

Chapitre 41

Au gré d'une oscillation

En l'an 600 après J.-C., les Indiens du peuple Moche offraient aux divinités des sacrifices humains pour les préserver des pluies diluviennes qui ravageaient régulièrement leur territoire au nord-ouest du Pérou. À la fin du XIXe siècle, les pêcheurs péruviens, sur la côte Pacifique, constataient la présence récurrente d'eaux anormalement chaudes qui faisaient fuir le poisson au mois de décembre. Le phénomène culminait au moment de Noël, c'est pourquoi, entre eux, ils lui avaient donné le nom de l'Enfant Jésus : El Niño. En 1923, le physicien anglais sir Gilbert Walker apporta une explication à cette anomalie en mettant en évidence ce qu'on appelle l'oscillation australe. La pression atmosphérique au niveau de la mer est soumise à des variations qui changent la circulation des vents. En temps normal, les alizés poussent d'est en ouest et maintiennent autour de l'Australie et de l'Indonésie une masse d'eau chaude. Une fois ou deux par décennie, le mouvement s'inverse, les eaux chaudes traversent le Pacifique pour venir se coller aux côtes du Pérou, comme l'avaient constaté les pêcheurs. Conséquence, la dépression s'installe, entraînant les pluies catastrophiques, les inondations, les glissements de terrain que redoutaient les Indiens du peuple moche.

Les climatologues ont conservé le nom d'El Niño pour désigner cette oscillation et les observations semblent montrer que le phénomène s'intensifie depuis une trentaine d'années, avec des répercussions non seulement en Amérique du Sud, mais aussi sur toute la planète. En Australie et en Indonésie, El Niño entraîne une sécheresse et des incendies ; en Inde, il dérègle le cycle des moussons. Il touche également les îles subantarctiques, ce qui nous ramène à Crozet.

En 1997, l'épisode El Niño a été particulièrement fort, avec des conséquences sur les manchots, car leur cycle de reproduction est long. Ils doivent être nourris pendant 12 mois et la moindre difficulté, même passagère, peut leur être fatale.

Les études menées par Charly Bost sur les déplacements des manchots royaux de l'île de la Possession entre 1992 et 2010 montrent qu'en 1997 l'augmentation des températures de surface de l'océan les a lourdement affectés. Le réchauffement a entraîné une baisse de la production primaire de phytoplancton, qui constitue la base de leur chaîne alimentaire et, par suite logique, la masse de krill a diminué, ainsi que le nombre de poissons. Cela a obligé les manchots à descendre d'environ 86 milles plus au sud et à plonger plus profondément, occasionnant la mort de 34 % des poussins cette année-là. Les adultes trouvant moins de poissons assurent d'abord leur propre survie.

Une autre hypothèse surgit donc. Les manchots de l'île aux Cochons étant plus au nord que ceux de la Possession, allant se nourrir dans des zones elles aussi plus au nord, qui sont par définition plus chaudes, ils auraient pu être aussi victimes d'El Niño au moment de son pic, en décembre 1997. Cela aurait pu entraîner un échec de la reproduction d'autant plus important que le nombre des poussins à nourrir était dix fois plus grand à l'époque. Il y a eu depuis plusieurs autres épisodes sévères d'El Niño, en 2003-2004, 2009-2010 et 2015. Ils n'ont pas affecté les manchots de la Possession, dont la population régulièrement suivie s'est reconstituée et a même progressé. Mais l'île aux Cochons, en dehors de tout radar, à l'écart de tout contrôle, soumise en partie à d'autres régimes, aurait pu être à nouveau frappée par El Niño avec, pour conséquence, une fragilisation de la colonie du morne du Tamaris qui pourrait expliquer la situation actuelle.

– À ce stade, rien ne permet de le dire de manière ferme, admet Charly Bost. C'est une possibilité.

Une chose est sûre : l'augmentation de la température de l'eau, même minime, de quelques dixièmes de degré, a des répercussions directes sur les manchots. Au cours de leur histoire, ils se sont toujours adaptés de manière remarquable, mais ces adaptations se sont faites sur des centaines de milliers d'années. La vitesse à laquelle se produisent aujourd'hui les changements, la brutalité des épisodes, la fréquence des anomalies représentent une menace pour tout l'écosystème austral et pour les manchots royaux qui, au sommet de la chaîne alimentaire, sont particulièrement sensibles aux variations et risquent de ne pas avoir le temps d'évoluer pour y faire face.

Un autre constat s'impose après la « mission Cochons ». Cédric Marteau et tous les scientifiques de l'équipe l'ont compris. Le problème n'est pas sur l'île même, la solution ne se joue pas sur place, mais à l'échelle de la planète.

⁂

À ce jour, les sédiments, les os et les coquilles prélevés dans le sol de l'île n'ont pas été analysés. Ils fourniront peut-être de quoi combler quelques trous dans le puzzle de l'histoire des manchots au cours du siècle passé. Mais les membres de la mission le savent maintenant, ils n'apporteront pas d'éléments déterminants.

Charly Bost confronte toutes les données recueillies. Il pèse les arguments. Il pense avoir trouvé, sinon la clé de l'énigme, au moins une explication plausible. La chute de la population de manchots serait due à une combinaison de facteurs. Un cocktail meurtrier avec deux ingrédients principaux : les effets dévastateurs d'El Niño et l'arrivée au même moment du choléra aviaire sur l'île. Avec autant d'oiseaux concentrés au même endroit, par un effet domino, le déclin peut être fulgurant. La grande colonie, fragilisée comme l'Empire romain par sa propre démesure, n'aurait pas pu y faire face. Je suis obligé d'utiliser le conditionnel. La prudence scientifique et le bon sens l'imposent. C'est peut-être une des leçons à tirer de cette histoire. Puisque l'île a été classée réserve intégrale, puisqu'on l'a laissée sans visites, sans surveillance, pendant près de quarante ans, puisqu'on a décidé que la nature y suivrait son cours hors de tout contrôle humain, on ne peut pas tout savoir. Il faut accepter de ne pas tout comprendre. L'île aux Cochons nous invite à une forme de sagesse. Rester à notre place.

Avant le XIXe siècle, l'océan Austral était le domaine de l'inconnu et de l'imaginaire. Les savants, les navigateurs, les explorateurs fantasmaient sur cette zone du monde ignorée sous le 40e parallèle sud. L'île aux Cochons, terre perdue dans la solitude de cet immense espace maritime, aperçue par hasard, exploitée en secret, oubliée, puis sanctuarisée, est un peu la quintessence de ce monde étranger, de cette autre planète sur notre planète, en lisière de l'Antarctique. L'île aux Cochons, dont la localisation et les contours sont longtemps restés flous, dont le nom est le fruit d'un usage qui s'est imposé au fil des ans plus que d'une décision ou d'un choix, appartient au mythe des mers du Sud que les hommes entretiennent depuis 2 000 ans. Elle en est une des illustrations les plus saisissantes, les plus discrètes aussi.

Et quand on s'emploie à vouloir la faire parler, à l'ausculter, il est rassurant de voir qu'elle garde, fidèle aux brouillards, fille du vent et du feu, une part de mystère.

Chapitre 42

Rebondissement

Le 2 février 2020, la frégate *Nivôse* de la Marine nationale se présente dans la baie du Marin face à la base Alfred-Faure. Elle effectue une mission ordinaire de surveillance de la pêche clandestine dans les eaux françaises autour de l'archipel Crozet. Lors de son escale de deux jours à l'île de la Possession, les bonnes conditions météorologiques rendent possible une opération demandée par Cédric Marteau, en tant que directeur de l'environnement des TAAF. Le 3 février 2020, deux agents de la réserve naturelle des Terres et mers australes, Mathis Prioul et Pauline Le Hyaric, montent à bord de l'hélicoptère Panther dont dispose la frégate. Une heure de trajet et les voilà au-dessus de l'île aux Cochons. Le but est de compter les manchots couveurs. Pendant huit minutes, à l'altitude réglementaire de 350 mètres, l'hélicoptère survole les différentes zones que nous avions arpentées deux mois et demi plus tôt.

Mathis Prioul prend 367 photos avec une focale de 250 millimètres, Pauline Le Hyaric, 344 photos avec un plus grand angle de 44 millimètres. Le recoupement des clichés assure la couverture totale et exhaustive du site de la colonie. Lors du comptage, un sentiment de joie gagne les équipes de la réserve. Il faut bien sûr vérifier, revérifier. La joie peut éclater.

On dénombre 98 859 couples de manchots royaux en train de couver. Une nette augmentation, au moins 20 000 couples en plus, par rapport aux comptages qui avaient donné l'alerte en 2016 et par rapport à ce que nous avions observé sur place.

La grande colonie, la colonie mythique du morne du Tamaris serait peut-être en train de se reconstituer peu à peu, après une longue période de déclin.

Les royaux pourraient commencer à retrouver un équilibre.

Résistance
Résilience
Force de la nature

Chapitre 43

Derrière le mur blanc

La bobine tourne sur son axe, la pellicule passe dans la lumière, les pages défilent sur l'écran. J'avais espéré voir le manuscrit original, le papier jauni, l'encre fatiguée, l'empreinte de la plume, mais le document est trop fragile, usé, il ne sort pas. Il n'est pas encore numérisé. Pour le consulter, il faut aller dans le quartier du Marais à Paris, monter au troisième étage du bâtiment des Archives nationales ouvert aux lecteurs, pousser la porte de la salle des microfilms. Meubles en métal gris alignés au fond de la pièce, tiroir lourd qui s'ouvre avec tout juste ce qu'il faut de grincement pour donner un léger frisson. On est toujours ému au moment d'entrer dans l'histoire. Section des archives de la Marine. Cote MAR/4JJ/142. Une boîte, deux microfilms. Le premier est le journal de Bouvet de Lozier qui découvrit le cap de la Circoncision, en 1738, au sud-est de l'océan Atlantique. C'est la seconde bobine qui m'intéresse. Mains gantées de latex, masque chirurgical sur le nez, assis devant la visionneuse, je vois le texte surgir du passé, vibrionnant, lettres en blanc sur fond noir, comme des poissons-lanternes qui fourmilleraient dans l'obscurité des fonds marins. Elles vont peut-être m'éclairer sur un instant, fragile lui aussi.

Longues jambes des consonnes, arrondi des voyelles, la graphie, nous transporte. Le titre donne le ton : *Journal du voyage fait sur le vaisseau du Roi le* Mascarin *commandé par Mr Marion-Dufresne, chevalier de l'Ordre royal et militaire de Saint-Louis, capitaine de brûlot, accompagné de la flûte le* Marquis de Castries *pour faire le voyage de l'isle de Taity ou de Cythère en faisant la découverte des Terres australes, passant à la Nouvelle-Hollande, à la Nouvelle-Zélande, etc., etc., par le Sieur Jean Roux lieutenant sur le susdit vaisseau le* Mascarin.

L'enseigne Roux est l'officier qui, le 25 janvier 1772, accompagnait Julien Crozet sur l'île de la Possession et fut chargé de placer la bouteille contenant le document attestant de la prise de possession de l'île au nom du roi Louis XV. « *Je montai sur des rochers*, écrit-il, *où je posai la bouteille dans un endroit d'où le vent ne pouvait la tirer.* »

Mais je recherche, encore et encore, l'instant d'avant. Avant que l'expédition n'atteigne l'archipel Crozet, avant que l'île aux Cochons n'entre dans l'histoire des hommes.

Ils font route vers l'est, flirtent avec le 46e sud. Ils avancent dans l'ignorance totale, une incertitude mâtinée d'attente dans l'espérance d'une découverte. Le 17 janvier 1772, Jean Roux écrit : « *Le ciel est continuellement brumeux, nous avons des indices de terre ; il faut remarquer qu'aussitôt que l'on voit des loups marins, pingouins, plongeons et divers oiseaux… ce sont des indices de terre.* » Je me souviens de ma propre excitation, mon désir, mon impatience, sur le *Marion*, à l'approche de Cochons. Sa position est parfaitement connue aujourd'hui, même sans la voir nous la trouverions, alors j'imagine la force de ce qui pouvait être ressenti par les marins quand elle ne figurait sur aucune carte. Quand elle n'existait pas encore.

Le 19 janvier 1772 : « *Nous eûmes tant de ces indices que l'on diminua la voile parce que la brume était si épaisse que l'on ne distinguait pas le devant du vaisseau de l'arrière.* » Les deux bateaux, côte à côte, qui ne se voient pas, tirent en l'air pour ne pas se heurter. « *Nous nous conservions au bruit du canon* », précise Roux.

Le 20 janvier, il note un temps « *assez beau* », des vents « *frais du nord* » et des signes de terre qui se multiplient.

Le mécanisme pousse le microfilm comme le vent poussait les vaisseaux, les boutons de la visionneuse font rouler la pellicule jusqu'au 22 janvier : « *Nous la vîmes dans le nord, trente degrés est, à très grande distance ; elle nous parut d'abord fort élevée et ne former qu'une seule île, mais ayant couru environ cinq lieues, nous découvrîmes dans le sud de la première, une seconde isle plus haute et plus étendue…* » Dans le chaos des vagues, les voiles du brouillard, la confusion règne. Il ne s'agit probablement que de deux parties d'une seule terre. Lors de cette toute première apparition, l'île aux Cochons semble déjà insaisissable.

Jean Roux poursuit : « *Les vents du nord nous empêchèrent d'approcher davantage.* » Ils restent au moins à quatre lieues de distance, mais la distance est incertaine. Ils tentent de calculer sa position « *46 degrés 40 minutes de latitude* », mais la position est floue : « *Le soleil, qui ne se montra que peu, rendit cette observation douteuse.* »

Douteuse.

Le doute. L'île aux Cochons reste fidèle à cette impression primale. Nimbée de mystère, toujours. Toujours fuyante comme pour nous échapper. Elle a longtemps flotté dans l'espace. Elle flotte dans le temps. Elle continue à se dérober. Ceux de la « mission Cochons » l'ont compris ou plutôt ressenti. Profondément. L'expédition rapporte des informations, quelques réponses et surtout un lot de questions au moins autant qu'elle en avait posé avant le séjour. Le doute fait partie de la démarche scientifique et la science, en doutant ainsi, entretient la légende de l'île.

En novembre 1888, le commandant Frédéric Richard-Foy, dans son voyage à la rescousse des naufragés du *Tamaris,* raconte, lui aussi, son premier contact avec les Cochons. Il décrit, sur le chemin, la brume « grise » qui recouvre tout. Il explique que lorsque le baromètre monte et que baisse le thermomètre, cette brume devient un « *brouillard blanc laiteux, d'aspect solide qui se dresse à l'horizon, comme un mur aux bords découpés* », « *un mur tout autour de l'horizon* ». Les hautes terres arrêtent ce brouillard qui se colle à elles, les masque, ne laissant parfois, par temps clair, que percer des pitons rocheux au-dessus du « mur blanc ». Il écrit : « *C'est ainsi que m'apparut l'île aux Cochons le 1er décembre dans la matinée... Elle ne fut aperçue que vers 11 heures presque par le travers, à tribord, sous la forme d'une petite calotte noire très élevée au-dessus des nuages. Avec une moins grande surveillance, on aurait pu la doubler sans s'en douter.* »

Et si elle s'était toujours dérobée à la vue, si elle s'était ingéniée à se cacher, si, ayant échappé à tous les regards, à tous les navigateurs, les explorateurs, les chasseurs, les pêcheurs, elle était découverte aujourd'hui, vierge, vraiment vierge, inviolée, aurions-nous, nous les hommes du XXIe siècle, la sagesse, ou plutôt l'audace, de contenir nos élans, notre soif inextinguible de découverte pour la laisser tranquille, dans les plis de ses brumes, derrière le brouillard, à l'abri du « mur blanc » ?

Dernier regard

À court de batterie après dix mois et demi de bons services, le 1er octobre 2020, la dernière balise a cessé d'émettre à 1 000 milles de l'île aux Cochons. L'oiseau qui la portait était une femelle. Une manchote royale. Une reine. Elle a continué à nager pendant quelques semaines avec cet instrument désormais inutile auquel elle ne faisait plus attention. Sans penser à son poussin qui n'avait plus besoin d'elle depuis longtemps, elle a plongé, plongé, plongé, pour se gaver de *Myctophidae*. Elle en a fait des ventrées. Un jour, après avoir parcouru en mer plus de 3 000 milles depuis que Charly et Yves lui avaient collé la balise sur les plumes, elle a pris, elle aussi, comme nous, puisqu'il faut bien se décider à rentrer, le chemin de son île natale.

Elle a déboulé sur le sable gris à la fin de l'hiver austral. Elle a erré, un peu secouée par la soudaine stabilité du sol, gagnée peut-être par le mal de terre, sonnée par le grésil. Elle s'est mêlée à ses congénères sur la plage puis s'est engouffrée dans la foule qui montait vers le morne du Tamaris. Arrivée sur le site de la grande colonie, elle n'a pas chanté, pas sifflé, pas crié. Pas besoin d'appeler son poussin, qui était, à ce moment-là, parti en mer à son tour. Elle ne le reverrait sans doute jamais, ne le reconnaîtrait pas dans la masse concentrée de la manchotière, puisqu'il ne l'appellerait plus non plus et se confondrait avec les autres.

Alors, n'ayant rien à faire là, elle s'est écartée du groupe pour s'abriter derrière une touffe d'herbe accrochée à une petite butte comme une perruque sur un champignon. Elle s'est endormie la tête dans le cou, le bec dans les nageoires et elle a commencé sa mue. Autour, la colonie commençait sa reconquête sur quelques ares de terres abandonnées, occupées à nouveau. Notre manchote n'avait, elle, d'autres soucis que de muer. Cela prendrait quatre semaines. Au cours de son périple en mer, elle avait accumulé dans ses réserves suffisamment de protéines pour se fabriquer un nouvel uniforme. Sous les plumes poussent d'autres plumes et la poussée provoque un événement notable pour notre histoire : la balise est tombée sans même que la manchote s'en aperçoive. Je la vois de ma longue, longue longue-vue, je la vois, cette balise, gisant parmi les herbes, noire sur les cailloux ; je vois les pattes, des milliers de pattes la piétiner. Elle sera avalée par le sol, digérée par la nature, engloutie, ensevelie, oubliée. Une équipe d'explorateurs à qui prendrait la curieuse idée de revenir et de creuser dans vingt ans, quarante ans, cent ans, en retrouvera peut-être la trace, débris de métal, bout de plastique en désagrégation, vestige ultime de la « mission Cochons ».

Notre reine a maintenant maigri de trois kilos. La mue s'achève. Les vieilles plumes sont toutes tombées ou presque. Quelques touffes rebelles résistent sur le crâne et sur le jabot, comme les îles d'un archipel que le vent balaiera. Elle redescend par le chemin avec les autres, en file indienne ; elle rejoint les « glandeurs » qui ont fait de la promenade indécise un art de vivre, puis, après quelques jours de cette déambulation méditative, elle retournera dans les vagues, libérée de tout appareil, hors de toute surveillance. Elle nagera vers le nord en laissant derrière elle, en suspension, comme une pluie qui ne tomberait pas, sur fond de mornes et de nuages, semée dans la lumière du soir, légère dans la pourpre de l'air, l'escadrille duveteuse et tournoyante de son plumage qui, longtemps après son départ, continuera à flotter, là-bas, loin de tout, loin de nous, sur les rivages de l'île aux Cochons.

Remerciements

Je veux d'abord remercier R2, compagnon et personnage dans cette histoire.

L'équipe « Cochons », Cédric Marteau, Adrien Chaigne, Fabrice Le Bouard, Jérémy Tornos, Yves Cherel et Charly Bost.

Le personnel de bord et les passagers de l'OP3 2019 sur le *Marion Dufresne*, en particulier Adrien Eyssautier, Thierry Clot et Jean-Baptiste Hery.

Évelyne Decorps, préfète des TAAF, pour avoir autorisé notre participation à l'expédition.

Pierre Couesnon, Jacques Nougier, Jean-Claude Bousquet et Gilles Troispoux, membres de l'AMAEPF (Amicale des missions australes et polaires françaises), pour leur aide précieuse et chaleureuse.

L'administration des Terres australes et antarctiques françaises et l'Institut polaire français Paul-Émile-Victor.

La direction de l'information de TF1 et la direction de Ushuaïa TV pour leur confiance.

Thierry Thuillier pour avoir osé nous envoyer dans ces lieux dont on ne revient pas tout à fait.

Jean-Pierre Pernaut pour ses encouragements et son amitié.

Laure Giroir et Roger Marmus pour la bienveillance sans complaisance de leur regard sur ce texte.

Bibliographie

Livres

Trois naufrages pour trois îles – Terres Australes Françaises au XIXe siècle, recueil des histoires de Guillaume Lesquin, John Nunn et du *Strathmore*, par l'AMAPOF, Association amicale des Missions australes et polaires françaises, Aix-en-Provence : éditions de la Dyle, 1998.

Henri-François Buffet, *L'Explorateur port-louisien Julien Crozet, éponyme des îles Crozet dans la mer des Indes, 1728-1780*, Rennes : Impr. Oberthur, 1944.

Julien Crozet, *Nouveau voyage à la Mer du Sud*, Paris : Barrois l'aîné libraire, 1783.

Edward Duyker, *Marion Dufresne, un marin malouin à la découverte des mers australes*, Rennes : éditions Les Portes du Large, 2010.

Edmund Fanning, *Voyages round the world; with selected sketches of Voyages to the South Seas, North and South Pacific Oceans, China, etc.*, New York : Collins & Hannay, 1833.

Joseph J. Fuller, *Le Maître de la Désolation : 35 ans aux îles Kerguelen (1860-1895)*, Le Mesnil-le-Roi : éditions du Gingko, 2009.

Charles M. Goodridge, *Naufragé des 40e rugissants*, Paris : éditions Paulsen, 2010.

Philippe Haudrère, *Les Français dans l'océan Indien, XVIIe-XIXe siècle*, Presses universitaires de Rennes, 2014.

R.K. Headland, L.C. Bliss, A.C. Clarke *and al.*, *Chronological List of Antarctic Expeditions and Related Historical Events*, Cambridge : Cambridge University Press, 1989.

Joseph Dalton Hooker, *The Botany of the Antarctic Voyage of HM Discovery ships Erebus and Terror in the years 1839-1843 under the command of Captain Sir James Clark Ross. Flora Antarctica*, London : Reeve Brothers, 1844 ; Berlin : Nabu Press, 2011.

René Jeannel, *Au seuil de l'Antarctique : croisière du* Bougainville *aux îles des manchots et des éléphants de mer*, Paris : éditions du Muséum/Presses universitaires de France, 1941.

Jacques Nougier, *L'Albatros et le* Tamaris, Basse-Goulaine : Airelle éditions, 2013.

Raymond Rallier du Baty, « *On peut aller loin avec des cœurs volontaires* », Paris : Livre de Poche, 2012.

Sir James Clark Ross, *A Voyage of Discovery and Research in the Southern and Antarctic Regions, During the Years 1839-43*, Cambridge : Cambridge University Press, 2012.

South Indian Pilot 1917 – eLibrary of Minnesota.

Jean-René Vanney, *L'Exploration de l'Antarctique*, Paris : éditions Paulsen, 2012.

Articles

L'Illustration, n°s 2416, et 2483 à 2495.

Nombreux articles dans la revue des TAAF et dans la revue de l'AMAEPF (Amicale des missions australes et polaires françaises) :

W.D. Phelps, « Les pérégrinations d'un jeune novice dans les îles subantarctiques », traduction Jean-Claude Bousquet, *Revue Australe et Polaire* de l'AMAEPF n°s 87 à 89.

Nicolas Poirier, « La marine au secours des baleiniers : la campagne de l'*Héroïne*, Capitaine Cécille (1837-1839) », *Chroniques d'Histoire maritime*, n°s 56/57, 2004, publication de la Société française d'Histoire maritime (SFHM).

Maurice Recq, « Julien Marie Crozet, sa rencontre avec James Cook », revue de l'AMAEPF n° 85, juillet 2019.

Lt de vaisseau Richard-Foy, « Voyage de la *Meurthe* de Sainte-Marie de Madagascar aux îles Crozet », Annales Hydrographiques, 1888.

Thomas A. Stevens, « *The First American Sealers* » in *The Antarctic 1812-1819 and The First Voyage of The Brig* Hersilia*, of Stonington, Conn., 1819-1820*, Deep River, Connecticut.

Sites

www.pierre-poivre.fr : tenu par Jean-Paul Morel, source fabuleuse pour l'histoire de l'Isle de France à la fin du XVIIIe siècle.

Articles scientifiques

« *Genome-wide analyses reveal drivers of penguin diversification* », Juliana A. Vianna et al., Harvard University, Cambridge, MA, July 8, 2020.

« *Massive decline of the world's largest king penguin colony at Ile aux Cochons, Crozet* », Henri Weimerskirch, Fabrice Le Bouard, Peter G. Ryan and C.A. Bost © Antarctic Science Ltd 2018.

Archives expédition de Marion-Dufresne

France :
Journal de l'enseigne Jean Roux : AN MARINE 4JJ 142 n° 18
Journal de Le Jar du Clesmeur : AN MARINE 4JJ 142 n° 19
Journal de De Lez (1er lieutenant) : AN 155 AP/3, dossier 2, pièce n° 3 (papiers de Bougainville)

Nouvelle-Zélande :
Chevillard de Montesson, 1772 : Extrait du Journal de la Campagne de M. Marion du Fresne, Réf. MS-Papers-0990

Table des matières

Achevé d'imprimer par Ermes Graphics
à Turin (Italie), en février 2023
Dépôt légal : mars 2022
ISBN : 978-2-37502-144-6